河南师范大学学术专著出版基金资助
河南师范大学青少年问题研究中心资助

大学生就业指导模式研究

冯峰◎著

人民出版社

目　　录

序

　　就业是民生之本,就业稳则心定、家宁、国安。大学生是国家宝贵的人才资源,是社会主义现代化建设事业的重要生力军。做好大学生就业工作,事关亿万家庭福祉、经济转型升级、社会和谐稳定大局,也是建设"美丽中国"、实现"中国梦"美好愿景的重要组成部分。当前,受各种因素影响,出现大学生"就业难"的问题,引起了党和政府、社会、高校的高度重视和广泛关注。如何有效地开展高校毕业生就业工作,最大限度地促进大学生充分就业,推动实现更高质量的就业,构建切实有效的就业指导模式是根本途径。

　　现阶段,在我国大学生就业指导模式的理论研究和实践探索中,一些理论研究成果值得借鉴,如宋长春提出建立全过程渗透的就业指导服务模式;赵北平认为高校的就业工作要想有所作为,就必须探索新的就业指导模式;赵天武设计了"五位一体"的"钝"形个性化就业指导模式;张光辉在综合研究管理取向模式、指导取向模式和服务取向模式的基础上加以整合,提出以学生为本的理念,以全程职业生涯指导与服务为主要内容,形成"三层四阶"指导策略,创设"两级管理+专家辅助"领导体制,构建"校—院—系—专业"四级运作的就业指导综合模式。在实践探索中涌现出一批就业指导模式建设工作好的典型,如北京大学模式、清华大学模式、武汉理工大学模式、兰州大学模式等。也有几所特色鲜明的高校,如中国石油大学的思想教育模式、北京师范大学的"全程就业指导"模式、上海商学院的"三全"模式、复旦大学的生涯发展教育模式等。这些对促进和完善大学生就业指导模式起到一定的作用和影响。但从总体上看,我国大学生就业指导模式的理论研究与实践探索起步较晚,不同层次、类别、属性的高校发展也很不均衡,各自为战的特征较为明显,尚处于无序化、分散化、雷同化和片面化状态,其实效性和针对性有待进一步提升。为切实提升大学生就业指导的作用和效果,亟须建立、发展和完善符合我国国情和适合高校特色的大学生就业指导模式。

笔者从开展大学生就业指导模式研究的选题背景、意义和现状等入手,在对国内外相关研究成果进行综述的基础上,系统阐述大学生就业指导模式的构成、建设理念和原则、运行机制等基本构成要素,选取部分高校,开展大学生就业指导模式现状问卷调查,进而全面整理、统计、归纳和分析,探寻我国不同层次、类别和属性高校大学生就业指导模式存在的问题,剖析影响大学生就业指导模式建设的原因。进而从我国国情和高校实际出发,结合国内一些高校的成功经验,借鉴美国、英国、德国和日本等发达国家大学生就业指导模式的理论研究成果和实践经验,大胆创新,去芜存菁,提出构建"五位一体"大学生就业指导综合模式的基本思路和策略。

"五位一体"大学生就业指导综合模式由政府、高校、社会、家庭和大学生等诸要素构成,主要由大学生就业指导组织模式、运行模式、课程教学模式、思想政治教育模式、网络化模式等五部分组成。在政府宏观调控下,高校起核心作用,社会和家庭等积极参与,大学生处于主体地位,共同构建理想状态下的大学生就业指导模式。各种模式之间绝不是孤立的,而是相辅相成的有机统一整体,各种模式相互联系、相互影响、相互制约和相互作用,共同促进大学生的职业发展。

大学生就业指导模式研究是对我国大学生就业指导与服务进行创新的初步尝试。开展大学生就业指导模式研究,形成一定的研究成果,可在一定程度上发展、丰富和完善我国大学生就业指导模式理论,为广大从事大学生就业指导理论与实践工作者提供一定的借鉴和参考。希望借此引起更多管理者、学者和一线就业指导队伍对大学生就业指导模式的广泛关注和思考。

绪　　论

第一节　研究背景与研究意义

一、研究背景

党中央、国务院始终坚持把高校毕业生就业摆在就业工作首位。党的十八大报告指出："推动实现更高质量的就业。就业是民生之本。要贯彻劳动者自主就业、市场调节就业、政府促进就业和鼓励创业的方针,实施就业优先战略和更加积极的就业政策。引导劳动者转变就业观念,鼓励多渠道多形式就业,促进创业带动就业,做好以高校毕业生为重点的青年就业工作……。"[1]习近平总书记多次作出重要指示,强调要切实做好以高校毕业生为重点的青年就业工作,强化就业创业指导服务体系建设,支持帮助学生们迈好走向社会的第一步。2015 年 4 月 10 日,李克强总理视察吉林大学就业创业中心时指出,政府、学校和社会都要营造良好环境,使更多人靠就业自立、凭创业出彩。"高校毕业生是国家宝贵的人才资源。做好高校毕业生就业创业工作,对于保持就业形势稳定,促进经济社会健康发展具有重要意义……各地区、各部门要切实将思想和行动统一到党中央、国务院的决策部署上来,充分认识做好高校毕业生就业创业工作的重要性和紧迫性,聚焦重点难点,继续把高校毕业生

---

[1] 《胡锦涛在中国共产党第十八次全国代表大会上的报告》,人民网,2012 年 11 月 18 日。

就业创业摆在就业工作的首要位置和整个经济社会发展的重要位置。"①2015年《政府工作报告》对高校毕业生就业创业工作作出明确部署:"坚持就业优先,以创业带动就业。2015年高校毕业生749万人,为历史最高。要加强就业指导和创业教育,落实高校毕业生就业促进计划,鼓励到基层就业。"②等等。这为我们开展大学生就业指导模式建设工作提供了坚实的政策依据,为我们做好工作指明了方向。现阶段,广大适龄劳动人口能否充分就业,关系到社会的安全稳定,关系到人民大众的生存状态和幸福指数,更关系到社会主义社会和谐发展和小康社会的全面实现。大学生作为充满活力的青年群体,拥有知识和技能,年富力强,朝气蓬勃,是社会就业的重要组成部分。在当前社会总体就业形势复杂严峻的形势下,青年大学生就业形势不容乐观,日益成为全社会共同关注的焦点和热点。开展大学生就业指导模式研究的重要目的之一就是帮助青年大学生择业,指导大学生合理就业。马克思对青年择业问题有着深刻的认识,"如果我们生活的条件容许我们选择任何一种职业;那么我们就可以选择一种能使我们最有尊严的职业;选择一种建立在我们深信其正确的思想上的职业,选择一种给我们提供广阔场所来为人类进行活动、接近共同目标(对于这个目标来说,一切职业只不过是手段)即完美境地的职业"。③也有研究认为,当前我国大学生数量在总量上并不存在过剩问题,所谓大学生就业问题主要是供求之间的结构性矛盾问题和就业质量理想与否的问题。在大学毕业生就业过程中,受我国产业转型升级、高等教育改革、社会资源分配、公共就业服务体系、高校人才培养模式、就业体制、职业发展教育机制等多种因素的影响,出现所谓的大学生"就业难"问题。大学生就业指导模式不健全,呈现就业渠道不通畅、就业信息不对称等现象,在一定程度上影响和制约着大学生顺利就业。

近年来,我国政府先后出台了一系列促进大学生就业创业的政策,各省级

---

① 《国务院办公厅关于做好2014年全国普通高等学校毕业生就业创业工作的通知》(国办发〔2014〕22号),2014年5月9日。

② 《李克强在第十二届全国人民代表大会第三次会议上作政府工作报告》,中央政府门户网站,2015年3月5日。

③ 《马克思恩格斯全集》第一卷,人民出版社1995年版,第458页。

政府也纷纷因地制宜,出台相应的政策和措施促进大学生就业创业,这为我们做好大学生就业工作带来了前所未有的机遇。但我们也应清醒地认识到,目前我国仍处于社会主义初级阶段,社会总体就业形势严峻,劳动力供大于求的矛盾在一定时期内还不会得到有效缓解。大学生就业问题关系到国计民生,关系到政府、社会、高校、家庭,关系到大学生的切身利益。如何有效地解决大学生就业问题,缓解就业压力,促进毕业生充分就业,是我国当前乃至今后一个相当长的时期内都必须要面临和正视的问题。就高校而言,客观认识自身层次、类别和属性,精准定位,科学谋划,立足现实,综合施策,创新性构建大学生就业指导模式,开展卓有成效的就业指导服务工作,大力提升大学生的职业素质、就业创业能力和水平是关键。

二、研究意义

从学科分类归属问题来看,"大学生就业指导模式研究"隶属于"马克思主义理论"学科。"马克思主义理论"是从整体上研究马克思主义基本原理科学体系的学科,"思想政治教育"是其二级学科。从这个层面上讲,"大学生就业指导模式研究"是高校思想政治教育研究的方向之一,是"高校学生管理工作研究"的重要内容。近年来,大学生就业问题受到社会的广泛关注。在此背景下开展大学生就业指导模式研究,从理论和实践上进行思考和探索,创新性提出"五位一体"大学生就业指导综合模式的构建思路,具有重要的理论意义和现实意义。

(一)理论意义

马克思主义理论随着社会进步而不断进步、发展而完善。马克思指出:"正确的理论必须结合具体情况并根据现存条件加以阐明和发挥。"[①]恩格斯指出:"我们的理论是发展着的理论,而不是必须背得烂熟并机械地加以重复的教条。"[②]"就业理论是马克思政治经济学的重要组成部分,在马克思经济学说中占有十分重要的地位。"[③]综观马克思主义理论体系,到底有没有就业或

---

① 《马克思恩格斯全集》第 1 版第 27 卷,人民出版社 1972 年版,第 433 页。
② 《马克思恩格斯选集》第 2 版第 4 卷,人民出版社 1995 年版,第 681 页。
③ 张义柱:《马克思主义就业理论在我国的发展》,《合作经济与科技》2008 年第 7 期。

就业指导的相关理论？如果我们仅从形式上看，似乎并没有涉及。马克思主义创始人并没有撰写过专门论述就业指导问题的相关论著。但就其内容来看，就业及就业指导相关的理论是马克思主义理论体系无论如何也绕不开的内容。从理论成因上讲，大学生就业指导模式理论是马克思主义理论的有机组成部分，要想有效地缓解我国大学生就业问题，需要我们从理论源头上寻求其症结之所在。一般情况下，就业是人们获得物质生活和精神生活的根本途径，人们能否充分就业是关系一个国家和地区经济、社会和政治的重大问题，大学生就业亦然。任占忠、谢伟指出："近年来，在毕业生就业形势持续严峻，以及相应的学生自我意识与生涯发展需求进一步增强的形势下，探索中国特色或本土化就业指导理论的声音愈来愈多，也愈来愈迫切。许多高校就业指导老师和业内人士开始思考这一重大课题，并涌现一批理论文章和调研成果。然而，这些调查和研究，一直处于不成体系的散在状态，并羁绊于职业生涯规划理论框架。这种状况，形成了高校就业指导课堂的一种声音，指导教材大同小异，职业规划大赛一个模式的'万马齐喑'教条格局，似乎这种状态是天经地义，不可改变的。本来色彩斑斓的生涯发展之路，在理念上竟看不到多彩光辉。"①鉴于此，促进中国特色的大学生就业指导模式建设，需要我们大力加强马克思主义中国化、时代化和大众化的相关理论研究，坚持科学发展观理念，使中国化的马克思主义理论为大学生就业指导模式理论的建立和完善服务。理论是行动的指南，科学、先进的理论能更好地为现实决策服务，为实践提供正确的引领。现阶段，国内也有从事马克思主义理论研究的专家和学者对大学生就业指导相关问题进行了较深层次的理论探讨。但从总体上看，这些研究多是从马克思主义关于生产力和人的全面发展等角度展开，构建马克思主义理论指导下中国特色的大学生就业指导模式，尚是一个待发展和完善的研究领域。从某种程度上讲，大学生就业指导模式相关理论是大学生求职择业的指南和引领，具有鲜明的时代性和针对性特征，理应与时俱进，顺应时代发展而不断创新、发展、完善和提高，我们的就业指导理论理应更好地为大学生就业提供保障和服务。开展大学生就业指导模式研究，不仅可以丰富和完善

---

① 任占忠、谢伟：《中国特色就业指导理论探索》，《中国大学生就业》2013 年第 6 期。

马克思主义基本理论,而且能在一定程度上发展和提升我国大学生就业指导模式理论,为推动实现大学生更高质量就业提供必要的理论支撑依据。

(二)现实意义

"理论的基础是实践,又转过来为实践服务。判定认识或理论之是否真理,不是依主观上觉得如何而定,而是依客观上社会实践的结果如何而定。真理的标准只能是社会的实践。"①在建设中国特色社会主义事业的伟大历史进程中,中国共产党人最善于将马克思主义基本原理与中国的具体实际相结合,并在实践中发展和完善马克思主义理论,逐步实现马克思主义理论中国化和现实化。就适龄劳动人口就业问题而言,受人们观念、意愿、动机、需求、欲望等多种因素的影响,不同历史时期,世界各国都会出现不同程度的社会就业问题。"随着产业结构调整和创新驱动发展战略实施,部分地区用工需求与劳动力供给结构性失衡现象更加凸显,我国宏观就业形势面临经济放缓、就业总量持续增加和结构性矛盾突出三重压力"。②　就业问题成为最现实的民生问题。在经济发展新常态下,我国就业总量压力依然存在,结构性矛盾更加凸显,社会总体就业形势复杂严峻,大学毕业生就业亦然。现阶段,我国大学毕业生就业面临的主要困难和问题如下:一是经济发展速度减缓。经济发展进入新常态,我国正处于经济增长速度换挡期、结构调整阵痛期、前期刺激政策消化期三期叠加的阶段,经济增速由高速到中高速,传统产业吸纳就业的能力减弱。二是毕业生总量居高不减。2016 年高校毕业生 765 万人,比 2015 年增加 16 万人,以后几年毕业生将稳定保持在 750 万人以上,预计"十三五"期间毕业生总量将突破 3700 万人,总量维持在高位状态。三是就业结构不尽合理。部分高校(如 1999 年后新设本科高校、地处非中心城市综合性高校等)、部分专业(如艺术类、法学类、语言类、师范类、医学类)、部分人群(如少数民族毕业生、农村困难家庭毕业生等)就业压力突出,预计在短时期内不会得到有效缓解。四是就业政策尚需完善。目前,高校毕业生就业创业部分政策尚未落实到位,工作中还存在薄弱环节,就业歧视现象仍然存在。五是城乡间、

———————

①　《毛泽东选集》第一卷,人民出版社 1991 年版,第 284 页。
②　《杜玉波在 2013 年全国普通高校毕业生就业工作推进会的讲话》,《中国教育报》2013年 4 月 12 日。

区域间、行业间收入分配和社会保障差距较大,毕业生更愿意到待遇高、发展前景好的大城市、东部沿海地区就业,这在一定程度上影响了毕业生到基层就业创业。六是我国人口总量和适龄劳动力总量巨大,高校普遍扩招,大学毕业生人数逐年增加,加之农民工、城镇下岗职工及社会失业人员的挤占效应。上述问题在短时期内无法从根本上得到有效解决,大学生就业问题在一定历史时期内将不容回避。因此,我们要切实把稳定和扩大就业作为经济运行合理区间的下限,把促进高校毕业生就业作为重要担当,加强就业指导模式建设,强化责任、狠抓落实、精准发力、综合施策,千方百计推动大学生就业创业。

对大学毕业生而言,实现"就业梦"和"成才梦",就是逐步向更高目标迈进,进而实现"中国梦"的具体体现。如果大学生毕业时不能顺利地就业,不仅会造成人力资源和教育资源的极大浪费,而且会对社会经济发展和安全稳定造成不利影响,也不利于大学生健康成长成才。在此背景下,大力开展大学生就业指导模式研究,加大就业指导力度,使大学毕业生职业能力素质与社会经济发展需要最大限度地吻合,对于合理配置人力资源,促进大学生充分就业,具有重要的现实意义。同时,开展大学生就业指导模式研究,是落实党和政府关于"推动实现更高质量的就业"、"加强职业技能培训,提升劳动者就业创业能力,增强就业稳定性"、"健全人力资源市场,完善就业服务体系"、"建设人力资源强国"、"着力促进创业就业"、"坚持就业优先,以创业带动就业"等精神的有益探索和大胆尝试,也是促进我们建设"美丽中国",实现"中国梦"的重要举措。因此,研究和探讨国内外就业指导模式相关理论,分析和了解我国大学生就业指导模式现状,总结和归纳其类型和特点,思考和探究其优势与不足,根据不同层次、类别、属性高校的优势和特色,更新大学生就业指导模式建设理念,创新大学生就业指导模式,促进大学生顺利择业和充分就业,是新的就业形势对大学生就业指导模式建设工作提出的新要求,也是适应经济发展新常态的实际需要。研究成果将为政府及其下属教育主管部门、高校等制定促进大学生就业指导服务的政策和措施提供现实依据,也将为高校构建符合自身特色和实际的大学生就业指导模式提供有益的参考。

第二节　研究现状与研究方法

一、研究现状

就业指导在不同的国家和地区叫法或提法有所不同。英、美等西方发达国家叫作职业指导或生计指导,前苏联称之为"职业定向教育",日本则被称之为"出路指导"等。我国 20 世纪初也有过一些就业指导方面的相关研究成果,但受各种因素的影响,大学生就业指导相关研究直到 20 世纪末才被逐渐重视和关注。一般情况下,我们将就业指导与职业指导当作同义词相互通用,并没有加以严格区分,在传统习惯上常常称之为就业指导。

(一)国外大学生就业指导模式研究文献综述

西方发达国家较早地开展了大学生就业指导模式的相关研究。就业指导作为一种专门的社会服务工作和研究课题,最早发端于美国。19 世纪末 20 世纪初,美国社会工业化迅速发展和壮大,大量移民和农业人口拥入城市,以寻求新的生存和发展机会。为促进广大民众就业,1901 年波士顿成立了民众服务中心,主要由就业指导奠基人、美国波士顿大学的弗兰克·帕森斯(Frank Parsons)教授负责。帕森斯注重理论与实践相结合,在长期的实践过程中,逐渐形成了相应的就业指导理论。1909 年帕森斯的《选择职业》一书出版,第一次提出了职业指导这一专业术语。1911 年哈佛大学首开先河,在大学生中开设了就业指导课,收到了非常好的效果,就业指导相关理论研究得以迅速发展,逐渐被广泛应用于大学毕业生就业工作领域。后来,德国、苏格兰等一些西方国家也相继开展了专门的就业指导活动。随着社会的发展和进步,高等教育得到迅猛发展,人们对大学生就业指导也有了新的认知。受教育学、心理学、社会学等学科的影响,就业指导理论也与其他学科不断交叉和相互融合。就业指导理论经历了从"人职匹配"的职业指导阶段发展到关注人的全面发展和终身发展的生涯指导阶段,生涯教育的理念逐步确立。在这一过程中,相应产生了几种不同的就业指导理论,即特质—因素理论、类型学理论、发展性理论、社会学习理论和认知信息加工理论,就业指导也从单纯的基于就业安置为目的的择业指导发展到生涯辅导。①

20世纪初期,美国、英国、德国等国家的高校相继将就业指导课程列入正式的教育教学计划。此后,就业指导被广泛应用于大学生就业工作之中,众多从业者、学者纷纷开展相关研究,涌现出了一些大学生就业指导模式相关的理论研究和实践探索成果,主要如下。

1.职业生涯与指导理论研究

美国杰拉尔德·柯瑞(Gerald Corey)在其所著的《团体咨询的理论与实践》一书中,对10大团体咨询理论做了全面而深入地探讨,分别为:心理动力学方法、格式塔疗法、阿德勒方法、交互作用分析疗法、行为主义疗法、心理剧、存在主义方法、合理情绪行为疗法、以人为中心的方法、现实疗法等。柯瑞在书中系统介绍了团体咨询各阶段的操作和实施过程。同时,引导被指导者学会在多元文化、伦理道德、学校场景和有时间限制的情境之中如何运用团体咨询理论等。柯瑞的10大团体咨询理论对美国大学生就业指导模式的发展和完善,具有一定的导向功能和促进作用。

美国 Reardon-Lenz-Sampson-Peterson 提出:以自我导向、认知加工理论为基础,将自我探索与职业环境相结合,并企图建立一个应用于生涯辅导的认知信息加工模式。该研究团队系统地阐述了如何帮助大学生了解自己、了解职业、了解职业生涯发展和规划的决策方式,还包括从学校到职业场所成功过渡的策略。其核心议题是一个人在职业生涯道路上如何不断进行有效地职业决策,以确保她或他能够保持在正确的职业发展道路上,或者为其转向另一条职业新路提供手段。

1953年,美国职业生涯规划专家萨帕提出了较为系统的就业指导理论。他将个人职业选择纳入到整个人生发展过程,认为人的职业生涯可分为五个发展阶段,即成长阶段、探索阶段、确立阶段、维持阶段和衰退阶段,每个阶段都有不同的发展任务。② 这一理论的提出,不仅为美国的就业指导模式建设奠定了理

---

① 吴祠珍:《美国高校就业指导理论与实践》,《安徽教育学院学报》2006年第1期。
② Super, D.E.: *A theory of vocational development*. American Psychologist, 1953, pp. 185-190.

论基础,也为西方发达国家高校大学生就业指导模式建设提供了一定的指导思想。

1959年,美国就业指导专家约翰·L.霍兰德(John L.Holland)创立了"个性—职业类型匹配理论"(Career Typology Theory)。霍兰德将人的个性类型划分为六种类型:即现实型、研究型、艺术型、社会型、企业型和常规型。他认为绝大多数人都可以被归于这六种类型中的一种。对应于上述六种个性类型,环境也可划分为相应的六大基本类型,任何一种环境,大体上都可以归属于这六种类型的一种或几种类型的组合。在个性与环境类型划分的基础上,他又提出了著名的六边形模型(hexagonal model),用六边形形象地表示了六种类型之间的关系和不同的"人职匹配"方式。① 这一理论模型的提出,进一步扩大了人们选择职业的范围,拓展了人们对职业发展的认知视野,也为人们如何更好地进行职业选择提供了一定的理论指导。霍兰德这一理论,目前业已成为国内外众多高校或职业培训机构开展大学生职业生涯规划和就业指导模式研究的经典理论。

Schein(1975)的职业锚理论将心理测量发挥出了更大的作用影响。他考察了员工的实际工作经验、自我感觉的才能、动机和价值观,提出了5个职业锚:技术能力、管理能力、创造性(creativity)、独立和安全。② 职业锚理论的提出,从心理测量的全新角度进一步拓宽了人们对就业指导模式的认知范畴。

罗杰斯(Carl R.Rogers)、肖恩(Donald Schon)、涅菲卡门波(Knefelkamp,L.L)与斯列皮察(Slepitza,R.)等专家和学者也纷纷对就业指导相关理论进行了深入的研究和探索,促进了就业指导模式理论的日趋成熟和完善,基本完成了就业指导理论从"职业指导"到"生涯辅导"的嬗变,并逐步确立和形成了以生涯辅导为主线的大学生就业指导模式建设理念。

2.大学生就业指导模式研究

1909年,弗兰克·帕森斯出版了职业指导专著《职业选择》,确立了职业指导在现代社会中的地位,标志着职业指导理论的创立。弗兰克·帕森斯认

---

①　John L.Holland,：*Making vocational choices：A Theory of vocational Personalities and Work Environments*.New Jersey：Prentice-hall,Inc1985,pp. 2-33.

② 　Schein E H.*How career anchors hold executives to their career paths*.Personnel,1975,11-24.

为，一般情况下职业指导大致可分为三个步骤。第一，需要对你的能力、态度、兴趣、心理资源、能力缺陷等有一个清晰的了解。第二，需要了解职业环境，即对不同职业的优缺点、成功条件、机会、前景等应有清楚的认识。第三，可根据前两组因素的关系进行真实的推理。弗兰克·帕森斯的这种职业指导理念具有一定的超前性，对当时指导大学生择业具有很好的导向作用。

Norman C.Gysbers、MaryJ.Heppner、JosephA.Johnston 等对职业生涯咨询进行了系统介绍："一是 21 世纪的生涯咨询，即变化的背景、挑战和概念；二是生涯咨询过程的开始与信息收集阶段，即选择技术和工具；三是生涯咨询过程的理解与解释来访者信息和形成假设阶段，聚焦于我们如何接受在生涯咨询的第一阶段收集到的信息，以及如何使用它们来选择干预措施，协助来访者实现目标和解决问题；四是过程的采取行动，使用信息，发展职业目标及行动方案，评估结果和结束关系阶段，强调了在生涯咨询中帮助来访者理解其目标或解决其问题的策略。"[1]同时他们认为，职业生涯规划理论要有效运用，需要基于五个方面的假设："一是认为生涯都是个人努力结果的'个人主义'；二是认为个体都有承担自己生涯选择的经济基础的'富裕假设'；三是认为社会、生涯的机会是对每个人公平开放的；四是人们的生活是以工作为中心展开的；五是假设职业发展过程是直线、渐进的模式。"[2]

美国 James Sampson 系统介绍了生涯发展理论在美国的实践和应用，并就生涯发展理论的最新动态和发展进行评介，提出了构建全美生涯服务的综合系统模式。[3] 这是美国高校大学生就业指导模式建设理论逐渐走向成熟的又一重要标志。

20 世纪 30 年代之后，大学生就业指导模式相关研究在全世界范围内逐步展开。西方发达国家的大学生就业指导模式相关研究起步较早，从理论研究到实践，都有较为系统和成熟的模式，很多国家大学生就业指导机构在专业

---

[1] ［美］吉斯伯斯、［美］赫谱纳等：《职业生涯咨询——过程、技术及相关问题》，侯志瑾译，高等教育出版社 2007 年版。

[2] ［美］吉斯伯斯、［美］赫谱纳等：《职业生涯咨询——过程、技术及相关问题》，侯志瑾译，高等教育出版社 2007 年版。

[3] James Sampson 教授在"2007 首届中国职业生涯规划国际论坛暨 GCDF 全球峰会"的演讲，2007 年 11 月 17 日。

化、信息化、全程化方面都比较健全。在就业指导模式建设方面,美国佛罗里达州立大学 James Sampson 教授创立的"生涯服务综合模式"不仅在美国高校广受好评,而且在英国也颇受欢迎。随后,英国、德国和日本等西方国家也纷纷开展了大学生就业指导模式研究工作。经过长期发展、整合和完善,西方发达国家的大学生就业指导模式相关研究相对系统和全面,在理论研究和实践探索上都取得了较为丰硕的成果。

(二)国内大学生就业指导模式研究文献综述

国内的大学生就业指导模式相关理论研究可上溯到 20 世纪早期。1916年,清华大学校长周诒春教授首次将心理测试的手段应用在大学生职业选择上,这也可称之为我国大学生就业指导的开端。随后,邹韬奋编译了《职业指导》、庄泽宣编写了《职业指导实践》等,大学生就业指导模式相关理论研究与实践探索在我国随之展开,但并没有引起学术界、业界的足够重视,研究成果也只是少量呈现。随着我国社会政治、经济的不断变革与发展,大学生就业指导模式的建立和发展大致经历了以下几个阶段:1917—1949 年,就业指导起始和定位阶段。1917 年,黄炎培在上海建立了中国职业教育协会,借鉴和运用当时美国先进的职业教育和职业指导理论,建立了职业学校、职业教育中心和职业教育与咨询中心,旨在帮助人们找工作并享受工作,起到了一定的效果。1950—1965 年,就业指导的再定位阶段。新中国的成立后,前苏联的教育模式被当作榜样或模板,于是,就业指导被政治和意识形态教育所取代,更偏重于服从政治需要。1966—1976 年,就业指导的停滞阶段。因"文化大革命"的影响,这一时期我国的大学生就业指导近乎停滞,大学生就业指导模式也就无从谈起。1977—1986 年,就业指导的过渡期。1978 年恢复高考后,大学毕业生实行的是计划经济体制下的包分配体制,期间,绝大多数人对就业指导这个词还很陌生,大学生只能从老师或家长那里得到非常有限的择业建议。1987—1989 年,就业指导的实验期。1987 年,第一届职业指导与咨询国际会议在上海举行,国外大学生就业指导模式的相关理论与实践开始被介绍到中国。1990—1996 年,就业指导的扩展阶段。通过专业组织的建立,专业期刊的出版,以及学校开展的一些择业指导活动,就业指导工作开始成为中国教育体系中的一个专业领域。1997 年至今,我国的大学生就业指导进入国际合作阶段。①

我国真正意义上的大学生就业指导始于20世纪90年代。新中国成立后到20世纪80年代后期,我国高等教育处于"精英化"教育阶段,大学毕业生总体上供小于求,没有出现所谓的大学生"就业难"问题,大学生按国家指令性计划就业,"思想政治教育"取代了"就业指导",也就没有相应的大学生就业指导模式研究。近年来,随着高校毕业生人数的逐年增多,大学生就业问题日益突出,加之国外先进的就业指导模式相关理论研究和实践成果的引入,大学生就业指导模式研究也随之引起我国广大专家、学者和从业人员的关注和重视。关于大学生就业指导模式相关问题,国内学术界作了一些基础性的研究,也取得了一定的研究成果。

1.职业生涯与指导理论的研究

金树人在《生涯咨询与辅导》中系统介绍了国外生涯咨询与辅导的相关理论与实践方法。王卓在《西方职业指导理论发展研究》中,对西方职业指导理论的发展演变进行了较为深入地探讨,把职业指导理论的发展历程大致分为三个阶段,分别为确立与专业化时期(1909—1945年)、分化和繁荣时期(1940—1960年)、新发展和综合化趋势(1970年以来),并详细阐述了各阶段的发展特点及其局限性等。任占忠、谢伟等认为"所有的理论都基于特定文化氛围与基本假定之上,源于美国的职业规划理论(目前国内职业规划领域通行的理论皆源于美国),是建立在'原罪'、'赎罪'、'自我价值实现'、'天堂救赎'等文化价值与工具理性之上"。② 目前,我国的大学生就业指导模式建设状况参差不齐,构建理念也相对滞后,没有相应的学科或专业背景做支撑,且受我国基本国情的影响,导致国外就业指导模式相关理论在我国"水土不服",其原因很大程度上在于国外职业指导理论自身的局限性,与我国的主体社会认同、主流意识和社会主义核心价值观等存在一定的矛盾和冲突。

2.国外高校大学生就业指导模式研究

陆素菊《日本大学生体验式就业的实践及其意义》,系统分析建立体验式

① Weiyuan Zhang、Xiaolu Hu、Mark Pope,"*The evolutionof career guidance and counseling in the People's Republic of China*",Career Development Quarterly(March 2002),p.226.

② 任占忠、谢伟:《中国特色就业指导理论探索》,《中国大学生就业》2013年第6期。

就业教育模式的现实意义,提出了体验式就业教育的主要内容及其基本方法。马立红在《国外高校就业指导的特点及其启示》中系统介绍了美国、加拿大、日本、澳大利亚等西方发达国家高校就业指导工作模式,高校就业指导部门主要通过信息、咨询和培训等对毕业生进行引导和指导。孙英浩在《欧美国家高校大学生就业指导及对我们的启示》中指出,欧美一些发达国家大学生就业指导起步相对较早,经过近百年的不断发展和完善,目前已经形成了较为完善和成熟的就业指导模式。孙震瀚系统介绍了美国、德国、法国和加拿大等西方发达国家的大学生职业指导,重点介绍了美国的职业指导理论和实践模式,即特性—因素理论、需要理论、人格类型—职业匹配理论和发展理论。同时,孙震瀚阐述了美国职业指导的发展过程,他认为“可以将美国高校的职业指导综合为四个方面,即了解学生、提供职业信息、职业咨询和职业安置等”。①柳君芳详细阐述了美国、德国和日本等国家高校的职业指导理论发展和实践模式,并提出国际视野中职业指导发展的新趋势:“一是服务的广泛和高度组织化;二是计算机辅助测量与多媒体的应用;三是职业指导理论与实践的多学科交叉应用;四是教育与社会、教育与劳动、教育与就业联系的加强;五是注重提高职业指导与咨询专业人员的素质和队伍建设。”②荆德刚认为:“由于国家体制、文化传统、价值取向、劳动力资源紧张程度不同,各国高校毕业生就业呈现出不同的特点,可归纳为日本模式(全员参与型)、英美模式(高校主导型)、德国模式(公共服务型)、俄罗斯模式(自由放任型)、印度模式(计划和市场双重管理型)……总体上说,国外高校毕业生就业主要采用学生自主择业、学校强化指导、政府宏观调控、社会提供服务的机制。”③

3.大学生就业指导模式的分类研究

一是大学生就业指导模式的构成研究。王保义认为:“我国在就业市场尚不发达的情况下,高校毕业生的就业指导模式上仍然偏向‘程序式’,和美国的‘发展式’就业指导模式有很大的区别,因此在就业指导上更偏重于政策、程序和择业技巧的指导,而不像美国偏重于个性指导、职业生涯设计、自我

① 孙震瀚主编:《国外的职业指导》,浙江教育出版社1991年版,第131—273页。
② 柳君芳:《国外职业指导理论概述》,《北京成人教育》2000年第5—7期。
③ 荆德刚:《国外高校毕业生就业模式研究》,《教育研究》2009年第8期。

展示的指导。"①汪国琴指出,就业咨询是指以语言为主要的沟通方式,协助当事人自我了解、澄清问题、寻找问题的解决方法和技巧,并最终达到问题解决的一种职业辅导方式。② 宋长春认为:建立全过程渗透的就业指导服务模式,必须要把就业指导工作贯穿渗透到学校教育、教学、管理、服务的全过程中,形成全员参与、齐抓共管的良好氛围和工作机制。③ 赵北平指出:高校的就业工作要想有所作为,就必须探索新的就业指导模式。一是转变就业指导观念;二是丰富就业指导内容;三是构建全新的大学生就业指导体系;四是加强就业指导工作的软硬件建设。④ 任珊提出要确立高校毕业生就业指导工作新的理念和指导原则,建立突出个性指导和职业生涯指导的高校毕业生就业指导模式。⑤ 赵天武从理论与实践的角度分析了构建个性化就业指导模式的必要性,并对高校个性化就业指导模式的基本原则、目标体系、构成要素、评估体系进行了全面分析,设计了"五位一体"的"钝"形个性化就业指导模式和 ABC 评估体系。⑥ 张光辉认为,我国现行大学就业指导有三种不同的模式即管理取向模式、指导取向模式和服务取向模式。实证分析了这三种模式的发展现状、基本特征和优势与不足,以实证研究为基础,运用职业生涯发展理论,尝试构建了一个以大学生全面发展为中心的高校就业指导理想模式。⑦

二是大学生就业指导全程化模式研究。黄昌建、龙力等认为,以心理测量、职业生涯设计、学业、择业、创业、升学等六个指导模块为主线建构全程化的就业指导模式,全程就业指导就是从大学一年级开始,根据职业指导理论和大学生发展阶段,对大学生分年级、分阶段,结合学生共性与个性,提供全程化就业指导。⑧ 孟祥康、朱红指出,就业指导不应仅仅是毕业前夕的就业形势报

① 王保义:《中美大学生就业指导模式比较研究》,《现代教育科学》2004 年第 1 期。

② 汪国琴:《论高校引擎型就业辅导模式的建构》,浙江大学 2002 年硕士学位论文。

③ 宋长春:《建立全过程渗透的大学生就业指导服务模式探析》,《黑龙江高教研究》2005年第 4 期。

④ 赵北平、王年军:《高校就业指导模式的创新研究》,《中国大学生就业》2004 年第 4 期。

⑤ 任珊:《高校毕业生就业指导模式探讨》,吉林大学 2007 年硕士学位论文。

⑥ 赵天武:《我国高校个性化就业指导模式研究》,华中师范大学 2007 年硕士学位论文。

⑦ 张光辉:《大学就业指导模式研究》,上海师范大学 2007 年硕士学位论文。

⑧ 黄昌建、龙力等:《高校全程就业指导模式构建研究》,《西南农业大学学报》(社会科学版)2003 年第 2 期。

告会,而应该成为全程化、个性化的体系。要建立健全这个体系,高等院校必须调动各方面的资源,采用全方位、立体化的措施,服务好每一个学生,提高他们的就业竞争力。① 李凤娟、李智峰认为,导致全程化就业指导实效性缺失的现象,不仅有学生自身就业意识不强,对就业指导工作不认同的原因,还和高校就业指导工作与市场需求、专业教育脱节,指导工作不专业有关。因此,对大学生加强人文关怀,发挥情感、平等的作用,夯实师生间的情感基础,增强学生对指导教师的信任度,在此基础上开展就业指导工作,才能实现指导工作的实效性。② 郭江平在对全程化大学生就业指导模式的基本原则、目标体系、构成要素、阶段划分进行全面分析的基础上,提出了构建全程化大学生就业指导模式的设想。构建全程化就业指导模式,还必须从提高认识、转变观念、准确定位、提高素质、完善途径、协调关系六个方面创造条件。③ 余国宇、李金进等认为,我国传统的大学生就业指导模式存在诸多问题,必须要"构建适合我国国情与高校校情的全程化的就业指导模式,即高校就业指导应根据学生的生理、心理特点和不同年级、不同学历层次,采取不同的目标培养模式。具体说来,全程化就业指导可以分为认识、制定目标阶段,准备、提高能力阶段和冲刺、实践运用阶段,在不同的阶段要对学生开展不同的就业指导"。④

三是大学生就业指导课程教学模式研究。在就业指导课程教学模式相关研究方面,一些学者也提出了相应的观点和看法。任占忠指出,当前的就业指导教学,普遍存在着盲目照搬、以偏概全的问题。我们缺少对国外有关理论和流派的全面研究,尤其忽略对前沿理论的追踪和应用。⑤ 屈振辉提出运用马克思主义理论创新高校就业指导课程教学,主要包括理论创新、内容创新和形式创新,这将成为未来高校就业指导课程教学的新趋势。"一方面,目前我国高校就业指导课程主要援用的西方职业指导理论存在着不足,不能完全甚至

① 孟祥康、朱红:《高等院校全程化、个性化就业指导体系探析》,《江苏高教》2011年第4期。
② 李凤娟、李智峰:《论人文关怀下的大学生全程化就业指导》,《继续教育研究》2011年第7期。
③ 郭江平:《全程化大学生就业指导模式研究》,华中农业大学2004年硕士学位论文。
④ 余国宇、李金进:《新形势下高校全程化就业指导模式的构建》,《中国大学生就业》2003年第8期。
⑤ 任占忠、谢伟:《中国特色就业指导理论探索》,《中国大学生就业》2013年第6期。

无法解答我国大学生就业领域的某些问题。而马克思主义理念则正好能解决这些问题而弥补西方理论的不足,从而使我国的高校就业指导课程在理论基础和教学内容上日臻完善。另一方面,我国是社会主义国家,其高校教育必须以培养社会主义劳动者和事业接班人为主旨,就业指导教育亦不例外。而在高校就业指导课程教学中引入马克思主义理论正符合这一主旨。"①陈高扬认为应把大学生就业指导贯穿于大学教育全过程,这是一个完整的教学规划,实现规划的有效模式是建立就业指导课程体系,这个体系应包括在学校的教学体系之中。② 郑本军、谢云等围绕高校构建全程就业教育体系,从重要作用、内容体系、组织实施及配套措施等方面做了深入的探讨。③ 潘莉莉指出,在大学生中开设就业指导课应树立职业生涯指导的新理念,把就业指导与成才教育、创新教育、心理指导相结合,探索全程化教育的模式,形成较为完善的就业指导课程体系。④ 王伟认为:"开设大学生就业指导课程是高校做好就业指导工作的一个重要环节。提高大学生就业指导课程的教学效果,必须构建就业服务体系,建立结构合理的指导队伍;以全程化就业指导为目标,建设科学合理的教学体系;实施互动式教学,掌握多样化教学方式;实施校企合作人才培养,开展有目的性的就业指导。"⑤尹兆华、韩经等指出,要达到预期的课程效果,增强课程实效性,必须扬弃"以知识体系为导向"的传统的课程理念,建立"以生涯管理能力培养为目标"的课程新理念,构建与人才培养体系相得益彰的课程教学体系,以增强教育教学的实效性。⑥

四是大学生就业指导思想政治教育模式研究。文学禹就大学生就业状况、教育对策、就业指导中思想政治教育现状等进行分析,阐述了思想政治教

---

① 屈振辉:《用马克思主义理论创新高校就业指导课程教学》,《中国大学生就业》2015 年第 6 期。

② 陈高扬:《关于构建大学生就业指导课程体系的思考》,《中国高教研究》2002 年第 11 期。

③ 郑本军、谢云:《构建高校全程就业指导教育体系的探讨》,《黑龙江高教研究》2005 年第 2 期。

④ 潘莉莉:《大学生就业指导课程教学模式的探讨》,《安徽工业大学学报》(社会科学版)2005 年第 1 期。

⑤ 王伟:《提高大学生就业指导课程教学效果的有效途径》,《长江大学学报》(社会科学版)2011 年 8 期。

⑥ 尹兆华、韩经:《增强"大学生职业发展与就业指导"课程实效性的思考》,《中国高等教育》2012 年第 10 期。

育在大学生就业指导中的地位和作用,并针对大学生就业形势、就业政策、就业心理准备、就业权益与法律保障等与思想政治教育充分相融合问题进行了全面、深入的论述。① 张燕芬认为大学生就业指导中所体现的政治思想教育工作将直接影响学校教育的有效性,对校园的和谐稳定有着重要的影响。② 罗艳艳在全面理解科学发展观的深刻内涵、精神实质和基本要求的基础上,分析了新的就业形势下加强大学生思想政治教育的重要性,探讨了在科学发展观指导下,创新大学生思想道德教育的有效途径和方法。③ 李继宏《加强德育,树立大学生正确的择业观》、梁迪《略论新时期大学生职业观的特征和作用》、段玉李《大学生的就业观与就业观教育》等文章系统论述了如何通过加强思想政治教育帮助大学生树立正确的职业理想,引导大学生转变择业观念等。

五是大学生就业指导模式比较研究。陈敏撰文《中美高校学生就业指导师资队伍专业化比较研究》,从中美高校学生就业指导队伍的历史沿革、专业化比较和专业化标准等三个方面进行相应的比较研究。贾微菁《中美高校大学生就业指导的比较》中,从高校就业指导机构设置、人员配备、内容安排和方式选择等方面,对中美高校大学生就业指导模式的运行机制进行综合比较,并对完善我国高校大学生就业指导模式提出了建设性的建议。张严在《从中美比较角度谈大学生就业问题》中谈到,美国高等教育发展迅速,高校毕业生就业市场化特征明显,大学生就业指导业已形成相对成熟的模式。谷晶在《中日大学生就业指导模式比较研究》中指出,在新的就业形势下,日本由以前以政府为主导,高校、企业和社会团体积极配合的大学生职业指导模式,转变为现在的政府、高校、社会团体三位一体的,企业积极配合的,以建立信息沟通网络为基础的大学生就业指导模式。④

---

① 文学禹:《大学生就业指导的思想政治教育研究》,四川大学出版社 2009 年版。

② 张燕芬:《大学生就业指导工作中思想政治教育的重要性》,《郑州航空工作管理学院学报》2010 年第 6 期。

③ 罗艳艳:《科学发展观视野下的高校大学生思想政治教育与就业指导》,《中国大学生就业》2009 年第 7 期。

④ 谷晶:《中日大学生就业指导模式比较研究》,福建师范大学 2009 年硕士学位论文。

（三）对已有研究的简要述评

国内外现有的一些大学生就业指导模式研究成果,为丰富和完善我国大学生就业指导模式提供了一定的理论基础和实践参考。

"美国等西方国家的职业指导理论大多以人文主义为基点,注重人的个性发展,强调教育的个体功能,忽视社会功能,导致功利主义泛滥,有其局限性。"[①]一般认为,西方一些发达国家大学生就业指导模式研究起步早,理论与学科体系建设相对完善,运行机制也相对成熟。但受其社会政治制度、意识形态、价值观念、经济结构和高等教育发展水平等多种因素的影响,如果我们不加以"去芜存菁",抱着"拿来主义"的态度,直接为我所用,容易产生"舶来品"理论在我国"水土不服"的问题。"西方的职业指导理论植根于西方的文化传统及其具体国情,很难与我国的文化传统及国情相适应。"[②]因此,要将西方发达国家大学生就业指导模式建设的先进理念和相关研究成果引入中国,尚需进一步"本土化"和"中国化"。

国内大学生就业指导模式相关研究起步较晚,且受高校层次、类别、属性、地域、定位、培养目标等影响,目前仍处于探索和整合阶段,其理念、原则、程序、内容和方式等尚在发展和完善之中。近年来,国内学术界开始关注大学生就业指导模式,众多专家和学者纷纷开展了相关研究,取得了一定的成果。但深入研究和探讨时发现,这些成果主要集中在介绍西方发达国家的相关职业指导、生涯发展等理论,或是总结和探讨国内大学生就业指导模式建设相对突出高校的工作经验,且重复内容较多,原创性和创新性研究比较缺乏,特别是对国内高校的大学生就业指导模式现状、基本构成、优缺点、发展趋势等相关研究鲜有发现。通过查阅中国知网"CNKI 期刊、硕博士论文库"发现,截至 2016 年 2 月 25 日,篇名涉及"大学生就业指导"相关文献有 3494 条,涉及"大学生就业指导模式"相关文献有 169 条,涉及"大学生就业指导模式研究"相关文献 169 条。题名涉及"大学生就业指导"的硕博士学位论文 113 条,涉及"大学生就业指导模式"的硕博士学位论文 7

① 陈洪建等:《大学生就业指导理论和指导模式》,《河北工业大学成人教育学院学报》2004 年第 3 期。

② 马庆发:《中国职业教育研究新进展(2006)》,华东师范大学出版社 2008 年版,第 407 页。

条,涉及"大学生就业指导模式研究"7条,以"大学生就业指导模式研究"为命题的博士学位论文,目前暂时还没有人涉猎。有些学者虽然进行了一些大学生就业指导模式的相关实证或调查研究,但是深入研究大学生就业指导模式运行机制的成果极为缺乏,尤其是创新、发展和完善大学生就业指导模式等方面的研究则几近空白,建立、健全理想状态下的大学生就业指导模式更是尚待时日。

二、研究方法

（一）文献研究法

在河南省图书馆、学校图书馆查阅书籍、期刊、报纸等纸质文献;在CNKI期刊、硕博论文库、万方数据、重庆维普《中文科技期刊》等专业库查阅电子文献;在互联网搜索相关网页等。对文献资料仔细加以甄别、归纳和整理,为研究提供一定的文献支撑。

（二）社会调查法

到辽宁省、河南省等省级就业指导机构实地调研;对大学生就业指导模式建设工作中取得突出成效的8所高校进行探究;走访在本领域有一定影响和建树的专家学者等。同时,利用自己为学员授课、培训和参与就业评估等方式,进一步拓宽社会调查视野,获取第一手资料和信息。

（三）统计分析法

设计3种不同内容的调查问卷,分部属、省属地方本科、专科院校三个层次,对15所院校及1000名大学生开展问卷调查。在预定的时间内进行发放和回收,对调查结果进行统计和分析。依据调查数据和结果,了解、掌握大学生就业指导模式现状,归纳和总结存在的主要问题,分析其主要影响原因,为构建相对理想和科学的大学生就业指导模式做铺垫。

（四）比较研究法

对美国、英国、德国和日本等西方发达国家高校大学生就业指导模式进行比较研究,借鉴其大学生就业指导模式建设和运行的先进理论和经验,力图求同存异,为构建"五位一体"大学生就业指导综合模式提供有益的启示。

第三节　研究特色与重点难点

一、研究特色

（一）以科学发展观为引领，提出将思想政治教育融入大学生就业指导模式的理念，进而引导大学生转变择业观念，树立科学、合理的职业价值观。

（二）以"推动实现更高质量的就业"为导向，以全面建成小康社会为目标，创新性构建"五位一体"大学生就业指导综合模式，即创新组织、运行、课程教学、思想政治教育和网络化模式，达到合理配置人力资源，促进大学生就业创业的目的。

（三）针对不同层次、类别、属性高校，构建符合中国特色和高校实际的大学生就业指导模式，切实满足大学生日益增强的就业指导需求。

（四）"五位一体"大学生就业指导综合模式是一种理论和实践结合十分紧密的模式。研究成果在一定程度上不仅有助于推动我国大学生就业指导模式建设工作，而且能够丰富该领域的理论探索。

二、重点难点

（一）国内外学术界虽然涉及一些大学生就业指导模式的相关研究，但总体看来，尚处于无序化、分散化、雷同化和片面化状态，其实效性和针对性有待进一步完善和提高。创新大学生就业指导模式，满足不同层次、类别和属性的高校需求，使其更具科学性、系统性、普及性和前瞻性，这是本书所要探讨的重点问题。

（二）大学生就业指导模式研究涉及马克思主义理论、思想政治教育理论、科学发展观理论、职业指导理论以及教育学、心理学、社会学、管理学、经济学等多学科知识，如何综合运用是一个难点。

（三）借鉴国内外已有的研究成果和实践探索经验，提出构建"五位一体"大学生就业指导综合模式建设框架和思路，实现理论与实践的有效对接，使之能普遍应用于各高校之中,这是本书需要解决的问题。

（四）由于各高校层次、发展定位、人才培养目标、所处地域等不同,大学生就业指导模式的建立和完善也有较大区别,如何正确把握是本书需要解决的又一难点。

第四节　概念界定与理论依据

一、概念界定

（一）就业

所谓就业,主要是指社会适龄劳动人口通过合法的手段和程序参加工作,从事职业劳动,创造社会价值和财富,并取得相应报酬、得到社会承认的社会活动。本书所指的"就业"是指大学生经过大学学习生活,完成学业,通过双向选择、公务员和事业单位招考、灵活就业、自主创业等形式,取得相应职业岗位并获得相应报酬,能够在社会生存,进而实现个人价值与社会需求的有机结合,促进自身职业发展的活动。

（二）大学生就业指导

关于"就业指导"的概念,国内一些文献资料进行了相应的界定。有文献提出,所谓"就业指导,就是帮助人实现就业"。[①] 针对大学生就业指导而言,原国家教育委员会全国高等学校毕业生就业指导中心组编的《大学生就业指导》给出定义为:"就业指导有狭义和广义之分。狭义的就业指导是给要求就业的劳动者传递就业信息,帮助劳动者求职与择业,为他们和职业的结合做'红娘'。广义的就业指导就是为劳动者选择职业、准备就业,以及在职业中求发展、求进步等提供知识、经验和技能。简言之,就业指导工作就是为了帮助劳动者根据自身特点和社会职业需要,选择最能发挥自己才能的职业,全

---

① 中国就业培训技术指导中心组编:《国家职业资格培训教程,创新职业指导——新理念》,中国劳动社会保障出版社 2005 年版,第 101 页。

面、迅速、有效地与工作岗位相结合,实现自身的人生价值和社会价值。"①全国高等学校学生信息咨询与就业指导中心组编的《大学生就业指导》也进行了相应的界定:"就业指导狭义上是指择业期的选择过程;广义上是指择业的准备过程和选择过程,其中,准备过程更为重要。大学生就业指导是兼顾学生个人特征与社会需要,以期达到职业适应性而进行的自觉、自主、有科学根据地计划职业发展、合理选择职业的过程。"②以上文献资料虽对"就业指导"的概念进行了相应的界定,基本上也能在一定程度上体现大学生就业指导的作用和功能,但在深层次的理论和实践探讨方面,尤其是在我国经济发展进入新常态下,针对大学生这个庞大的特殊群体而言,有些提法或说法也有待商榷。

笔者认为,所谓大学生就业指导,就是教育管理部门、高校、社会培训机构或其他相关社会组织和社会团体在大学生择业过程中,通过开展一系列的教学、培训、指导、服务等活动,以言语、行动、思想、案例等对求职者起到影响和帮助的过程。主要包括以下三个方面:一是帮助择业者了解自己的个性特点,如爱好、性格、知识、能力等,从而对自己有一个客观、理性的认识;二是帮助择业者了解社会不同职业的岗位要求,如职业分类、岗位性质和职业能力要求等;三是帮助择业者根据自身的个性特点选择适合自身的职业,掌握一定的求职技巧,完成择业任务或目标。

(三)模式

"模式"是英文 Model 的汉译,有"模型"、"范例"、"典型"、"型号"等不同的意思。在《现代汉语词典》中,"模式"指某种事物的标准形式或使人可以照着做的标准样式。③ 也有学者提出,"所谓模式就是现实的抽象化,其作用就在于帮助我们考察组织运行的不同方面提供便利,因此模式具有概念媒介的作用,可以使得我们把注意力放在组织运行的某些主要方面。换言之,模式可以构成认知框架或认识世界的窗口。当然没有哪种模式可以认识组织的所有

---

① 原国家教育委员会全国高等学校毕业生就业指导中心组编:《大学生就业指导》,高等教育出版社 1995 年版,第 3 页。

② 全国高等学校学生信息咨询与就业指导中心编:《大学生就业指导》,高等教育出版社 2001 年版,第 22 页。

③ 中国社会科学院语言研究所词典编辑室编:《现代汉语词典》,商务印书馆 2005 年版,第 961 页。

方面,在帮助我们认识组织主要方面的同时也不可避免地过滤掉某些东西"。①

本书所涉及的"模式",即以大学生为主体,围绕大学生就业指导模式的构成要素、建设理念和原则、运行机制等问题而开展的"模型"或"范例"研究,是针对当前我国大学生就业指导模式现状之不足而展开的,且只是一个建设性和探讨性的理论研究与实践模型,并力图进一步将这种"模型"或"范例"整合和融入大学生就业指导之中,进而达到一种理想的状态。

(四)大学生就业指导模式

大学生就业指导模式是一种理论与实践紧密结合的综合模式,需要政府、社会、高校、就业市场共同参与,通力合作,形成合力,激发其正能量,共同作用于大学生。在政府宏观调控下,高校、用人单位与毕业生以及形成于它们之间的就业市场建立密切联系,通过开展相应的职业生涯规划、求职择业指导、创新创业教育、职业发展与适应教育等,为大学生提供全员化、全程化和个性化的指导、服务和咨询,促进大学生充分就业。大学生就业指导模式有其基本的结构组成,有其相应的组织、运行、课程教学、思想政治教育和网络化模式,其中组织模式是前提,运行模式是保证,课程教学模式是基础,思想政治教育模式是导向,网络化模式是补充。五种模式相互作用,相互影响,构成理想状态下的"五位一体"大学生就业指导综合模式。在国家宏观就业政策的指导下,不同层次、类别、属性高校需要正确分析影响自身发展的主观、客观因素,通过学习、借鉴、引入和发展,结合本校实际,不断推陈出新,逐步完善和提高,从而建立、健全、发展和完善符合自身实际的大学生就业指导模式。

从层次归属上看,大学生就业指导模式、大学生就业指导工作和大学生就业工作三者并不是等同或并列关系,而是一个层层递进或由低到高的过程。大学生就业指导工作包含于大学生就业工作之中,大学生就业指导模式则是大学生就业指导工作的重要构成环节。大学生就业指导模式作为一种模式,有其特定的构成要素、建设理念、原则和运行机制,有其特定的运行规律和内

---

① 〔美〕罗伯特·伯恩鲍姆:《大学运行模式(大学组织与领导的控制系统)》,别敦荣译,中国海洋大学出版社 2003 年版,第 79 页。

涵。一所高校的大学生就业指导模式建立、健全和完善与否,对其就业指导工作的成效会产生积极或消极的影响,进而也会对一所高校的整体就业工作造成不同程度的影响。

二、理论依据

理论因现实需要而产生。理论是人们参与社会活动体验的总结、凝练和升华,随着社会发展而不断丰富和完善。不同历史时期,每个国家和民族都有其特定的发展环境,因而也会产生相应的理论。现实生活中,一种模式的建立都有其相应的理论依据,构建大学生就业指导模式同样如此。我们要不断总结国内外先进经验,探索和研究其运行规律,最大限度地实现大学生就业指导模式理论与实践相结合。同时,针对大学生就业指导模式理论的缺陷与不足,积极探索其运行和发展规律,解放思想,实事求是,对国外大学生就业指导模式的先进建设理念,既不全盘否定,也不照单接收,而是采取批判和兼容并蓄的方法,为构建理想的大学生就业指导模式提供必要的理论支撑。

(一)马克思主义人的全面发展理论

人的全面发展主要指人的生存、需要、素质、归属、价值和本质等全面发展。马克思、恩格斯指出,未来的人类社会将是"一个更高级的、以每个人的全面而自由的发展为基本原则的社会形式"。[①] 理想的共产主义社会是"以每个人的全面而自由的发展为基本原则"。[②] 在人的全面发展理论内涵上,马克思认为人的本质规定了人的全面发展的特定内涵,人的全面发展主要是指人的物质生活和精神生活、人的各种能力、人的社会关系、人的个性等方面的自由而全面的发展,人的全面发展应该是一个随着历史发展、时代进步而逐步提高、不断前进的过程。[③] 马克思认为"任何人的职责、使命、任务就是全面地发展自己的一切能力"。其不仅包括了人的全面发展,即"人以一种全面的方式,也就是说,作为一个完整的人,占有自己的全面的本质","均匀地发展全

---

① 《马克思恩格斯全集》第 42 卷,人民出版社 1979 年版,第 123 页。
② 《马克思恩格斯全集》第 23 卷,人民出版社 1972 年版,第 649 页。
③ 张晓敏:《人的全面发展:社会主义和谐社会的题中之义》,《理论学刊》2005 年第 12 期。

部的特性"，是"人类全部力量的全面发展"；而且还包括了人的自由发展，即"全部才能的自由发展"、"各种能力得到自由发展"、"个人独创和自由的发展"和"个性的比较高度的发展"。① 人的全面而自由的发展是社会发展的终极目标和最高境界，是建设社会主义和谐社会的基本原则。马克思在《共产党宣言》指出："代替那存在着阶级和阶级对立的资产阶级旧社会的，将是这样一个联合体，在那里，每个人的自由发展是一切人的自由发展的条件。"②对于人的全面发展问题，马克思指出："他狂热地追求价值的增值，肆无忌惮地迫使人类去为生产而生产，从而去发展社会生产力，去创造生产物质条件；而只有这样的条件，才能为一个更高级的、以每个人的全面而自由的发展为基本原则的社会形式创造现实基础。"③等等。对大学生而言，大学生全面发展是伴随着我国高等教育发展、高校人才培养模式改革而逐步提高、不断发展的过程。注重大学生全面发展是实现高校人才培养目标的重要环节，也是高校教育教学和管理工作的基本任务。因而，大学生在接受培养和教育过程中，"每个人都无可争辩地有权全面发展自己的才能"④，为顺利实现自己的职业理想而积累资本和条件。在大学生自由而全面发展过程中，行之有效的大学生就业指导模式是促进大学生全面发展的重要途径。高校就业指导人员要以马克思主义关于人的全面发展理论为指导，建立、完善大学生就业指导模式理论，站在促进大学生全面发展，促进大学生顺利成长成才的高度来开展大学生就业指导模式建设工作。

（二）马克思主义生产力理论

马克思主义生产力理论是随着社会变革和经济发展而不断创新和发展的理论。在马克思看来，生产力是社会发展最根本、最重要的决定性因素。朱广荣对马克思主义生产力理论作了较为全面的概括："马克思系统地对资本主义社会的经济、政治、法律和文化进行了研究，深刻地分析了资本主义社会同它之前的几种社会形态的特点和联系，探索了人类社会发展的根本动因，创建

---

① 《马克思恩格斯全集》第三卷，人民出版社 1972 年版，第 330 页
② 《马克思恩格斯选集》第一卷，人民出版社 1995 年版，第 294 页。
③ 《资本论》第一卷，人民出版社 1975 年版，第 649 页。
④ 《马克思恩格斯全集》第二卷，人民出版社 1957 年版，第 614 页。

了'生产力'理论。"①马克思认为："物质生活的生产方式制约着整个社会生活、政治生活和精神生活的一般过程。不是人们的意识决定人们的存在，恰恰相反，人们的社会存在决定着人们的意识。社会的物质生产力发展到一定阶段，便会同它们一直在其中活动的现存生产关系或财产关系发生矛盾。于是，这些关系便由生产力的发展形式变成了生产力的桎梏，那时社会革命的时代就到来了。随着经济基础的变更，全部庞大的上层建筑也或慢或快地发生变革。"②在生产力理论发展问题上，邓小平指出，马克思主义的基本原理就是要大力发展生产力，"根据我们自己的经验，讲社会主义，首先就要使生产力发展，这是主要的。只有这样，才能表明社会主义的优越性"。③ 1992 年初，邓小平对生产力的本质作出了科学的论断："社会主义的本质，是解放生产力，发展生产力，消灭剥削，消除两极分化，最终达到共同富裕。"④中国要发展和强大，要屹立于世界民族之林，实现全面建设小康社会的宏伟目标，必须重视解放和发展生产力的作用和影响。刘家俊认为："先进生产力的内涵可以概括为，人类解决人类社会与自然的矛盾，利用自然、改造自然，和谐化、生态化、变革化地从自然界获取物质资料，以适应人类社会需要的客观物质力量。"⑤党的十八大报告指出："必须坚持解放和发展社会生产力。解放和发展社会生产力是中国特色社会主义的根本任务。要坚持以经济建设为中心，以科学发展为主题，全面推进经济建设、政治建设、文化建设、社会建设、生态文明建设，实现以人为本、全面协调可持续的科学发展。"⑥生产力中最积极、最活跃的因素是人，充分调动人的积极性和主动性，就是解放和发展生产力。大学生是社会人力资源的重要组成部分，是我国社会先进生产力的优秀代表，其就业状况对社会生产力发展会造成一定程度的影响。大学生就业与普通劳动力就

---

① 朱广荣、刘邦凡：《论马克思主义生产力的真理性和发展性》，《生产力研究》2008 年第 24 期。

② 《马克思恩格斯选集》第 2 卷，人民出版社 1976 年版，第 82—83 页。

③ 《邓小平文选》第二卷，人民出版社 1994 年版，第 314 页。

④ 《邓小平文选》第三卷，人民出版社 1993 年版，第 373 页。

⑤ 刘家俊：《论"解放和发展先进生产力"与"三个文明协调发展"的相互促动》，《中南民族大学学报》（人文社会科学版）2004 年第 1 期。

⑥ 《胡锦涛在中国共产党第十八次全国代表大会上的报告》，人民网，2012 年 11 月 18 日。

业相比较,其成本要远远高于普通劳动力的就业成本。绝大多数大学生在毕业时能够顺利就业,可在源头上解决广大毕业生的生存和职业发展问题,消除千千万万大学生家庭的后顾之忧。因此,正确运用马克思主义生产力理论,并将其体现和融入到大学生就业指导模式建设之中,能够对大学生的职业选择起到正确的引领和起航作用。

(三)思想政治教育理论

我国自 20 世纪 80 年代初建立思想政治教育这门学科以来,众多的专家和学者纷纷开展了大学生思想政治教育研究工作,取得了丰硕的研究成果,对于进一步促进我国高校大学生思想政治教育,起到了重要的理论指导和实践应用作用。沈壮海认为:"重视具体方法特别是马克思主义思想政治教育主要方法的应用性研究,就是要加快传统马克思主义思想政治教育方法在新时期的应用,新方法的马克思主义改造和方法实施层面的研究。"①程太生、张峰等指出:"高校思想政治教育要取得实效,在教育系统内部应正确认识并处理好四个关系,即思想政治教育的主客体关系,一与多的关系,知与行的关系,以及德育与智育的关系。"②张耀灿、陈万柏等认为:"思想政治教育过程是教育者根据一定社会的思想品德要求和受教育者的思想品德形成与发展的规律,对受教育者施加有目的、有计划、有组织的教育影响,促使受教育者产生内在的思想矛盾运动,以形成一定社会所期望的思想品德的过程;并把这一过程划分为内化阶段、外化阶段和反馈检验阶段。思想政治教育具有保证功能、转化功能、调节功能、导向功能、凝聚功能、激励功能。"③在思想政治教育理论成因问题上,陶丽认为:"思想政治教育是一门应用科学,不仅要解决理论方面的问题,更要解决实践中遇到的现实问题。思想政治教育理论与实践相结合的学科属性,决定了实证研究在思想政治教育中的应用地位。"④也有学者将思想政治教育界定为"是社会或社会群体用一定的思想观念、政治观念、道德规

---

① 沈壮海:《多质的大众与共享的价值——关于当代中国马克思主义大众化的思考》,《思想政治教育研究》2009 年第 5 期。

② 程太生、张峰:《高校思想政治教育的四个关系及其教育学反思》,《高等教育研究》2011年第 2 期。

③ 张耀灿、陈万柏:《思想政治教育学原理》,高等教育出版社 2001 年版。

④ 陶丽:《思想政治教育视阈下的大学生成长轨迹研究》,辽宁大学 2010 年博士学位论文。

范,对其成员施加有目的、有计划、有组织的影响,使他们形成符合一定社会所要求的思想品德的社会实践活动"。① 在大学生就业指导模式中融入思想政治教育理论,既是一种理论创新,也是一种实践创新。将思想政治教育充分融入到大学生就业指导模式建设之中,是高校从事大学生就业指导理论和实践工作者所面临的迫切问题,其中不仅要继承传统的思想政治教育内容与方法,更要按照科学发展观的要求,开拓创新,与时俱进,不断创新工作思路,及时更新工作理念,在大学生就业指导模式建设工作中正确运用思想政治教育的教育和导向功能,促进大学生的全面发展,促进大学生顺利就业。

(四)高等教育理论

高等教育学是一门以高等教育运行形态和发展基本规律为研究对象的具有综合性、理论性和应用性的学科。潘懋元认为:"西方只是把高等教育作为一个研究领域,开展高等教育问题的研究,在研究过程中,逐渐形成有别于普通教育学的理论体系;而中国的高等教育研究,则是以学科建制为发轫,30 年来,沿着两条并行而有所交叉的轨道前进。其一是建设高等教育学及其分支学科,逐步形成一个庞大的高等教育学科群……其二是结合中国高等教育改革与发展的现实,为解决高等教育实践中所提出的问题而进行的研究。高等教育学科在中国的发展,是与中国高等教育改革与发展的实践紧密结合,同步进行的。"②目前,"我国社会政治、经济发展站在了一个全新的历史起点上,高等教育学有其全新的时代内涵和现实特征。在全面建设小康社会、建立和谐社会和自主创新型国家的新起点上,在精英教育进入大众化教育阶段的背景下,如何办高等教育,办成什么样的高等教育,如何培养高级专门人才,培养成什么样的高级专门人才,都是高等教育学研究和探索的主题"。③ 我国高等教育的主要任务是培养社会主义事业的建设者和接班人,大学生就业指导模式建设是整个高等教育体系建设不可分割的一部分。高等教育一方面要与社会发展相适应,处理好高等教育与社会政治、经济、文化等方面的关系,解决好培

---

① 邱伟光、张耀灿:《思想政治教育学原理》,高等教育出版社 1999 年版。
② 潘懋元:《30 年来中国高等教育研究的发展轨迹与成就》,《高等教育研究》2008 年第 8 期。
③ 杨德广:《高等教育学》,高等教育出版社 2009 年版。

养什么人的问题。另一方面,高等教育必须适应大学生的身心发展规律,培养全面发展的人,解决好如何培养人的问题。高等教育培养的人才能不能适应社会的发展,能不能将其先进的理论应用到大学生未来的职业发展之中,这是高等教育理论要解决的重要问题,也是开展大学生就业指导模式理论研究和实践探讨所要解决的重要问题。

(五)职业指导理论

职业指导理论的先驱是美国的帕森斯,20世纪初帕森斯就开始了职业咨询与指导的理论研究与实践探索工作。1953年,美国学者萨帕提出了较为系统的职业发展理论。他将个人职业选择纳入到整个人生发展的高度进行考察,认为人的职业生涯可分为成长阶段、探索阶段、确立阶段、维持阶段、衰退阶段这五个发展阶段,每个阶段都有不同的发展任务。① 日本《职业安定法》第5条规定:"所谓职业指导是指对欲就业者提供必要的实习、指示、建议以及其他指导,以便本人更容易选择适当的职业,以及提高对其职业的适应性。"②我国《教育大辞典》对职业指导界定为:"帮助人们选择并准备从事一项适合自己的职业的过程。通过采用科学方法,帮助人们了解自己,培养和发展他们的生理和心理特点;帮助他们了解工作世界和获得职业信息,学会做出职业决策,即根据社会需要和自身特点选择职业、预备职业、获得职业和改进职业。"③王一敏认为职业指导的本质是"发展人的个性与生存能力,即根据人的身心发展各阶段的不同特征,通过各种指导活动,使人们能够正确地认识职业和自己,能明智地选择自己理想的职业与生活道路"。④ 朱启臻认为:"职业指导是培养人的职业意识、职业品德和职业能力的教育过程,是帮助个人根据国家需要、职业要求和自身特点选择职业并适应职业的活动。"⑤在我国,职业指导和就业指导有共通之处。针对大学生而言,职业指导可分为以下几个方面。第一,职业指导是一个教育过程,本质上属于思想教育的范畴,是学校教

---

① Super, D.E.*a theory of vocational development*. American Psychologist, 1953, 8, pp. 185–190.

② 汤凡:《论日本大学的生涯教育对高等教育的影响》,《河南大学学报》(社会科学版)2007年第5期。

③ 教育大辞典编纂委员会编:《教育大辞典》,上海教育出版社1991年版,第274页。

④ 王一敏:《当代青年的职业选择与指导》,上海教育出版社1998年版,第95—118页。

⑤ 朱启臻:《职业指导理论与方法》,人民教育出版社1995年版,第11—29页。

育的重要组成部分;第二,职业指导的目标是让大学生学会规划、学会选择,最大限度地实现人职匹配;第三,职业指导的内容是给予大学生职业意识、职业理想和职业道德教育;第四,职业指导帮助大学生了解职业信息,提供就业咨询和服务。在大学生就业指导模式建设过程中运用职业指导相关理论,能够使大学生在选择职业和自主创业时对自己有更加清晰的认识,从而在实际的求职择业过程中也更具选择性、针对性和时效性。

理论是实践的先导,理论是理念的启动器;探索特色就业指导理念,首先要更新就业指导理念。[①] "实践—认识—再实践—再认识"是人类认识的普遍规律。实践是认识的基础,认识是对实践的反映。理论与实践的统一,是马克思主义的一个最基本的原则。当前,就业指导存在着一定程度的理论研究脱离实践,不重视、不善于调查研究的现象。一些理论研究华而不实,从理论到理论,对现实问题则不屑为之。理论研究的目的是要指导实际工作,解决实际问题,大学生就业指导模式研究要强调实践性原则。因此,以马克思主义基本理论为指南,以科学发展观为引领,以经济学和职业发展相关理论为基础,遵循"全员化、全程化、专业化和信息化"的基本指导思想,更新就业指导模式的建设理念和原则,实现我国大学生就业指导模式"由阶段性、单一性的指导到全过程、全面指导的转变;由生存指导到追求人生幸福指导的转变;由'适业'指导到'创新创业'指导的转变;由自我价值实现指导向社会价值实现指导的转变;由传统就业指导向职业辅导、生涯辅导模式的转变",创新性构建"五位一体"大学生就业指导综合模式,在目前乃至今后一个相当长的时期内,对大学生就业创业都具有重要的作用和影响。

---

① 任占忠、谢伟:《中国特色就业指导理念探索》,《中国大学生就业》2013 年第 6 期。

第一章　大学生就业指导模式的基本构成

大学生就业指导模式的建立、健全、发展和完善,不是高校一方面努力就能一蹴而就的,而是"需要学校、教师、社会、用人单位(包括企业)、人力资源管理部门专业人士、职场精英和广大学生多方紧密配合,才可以形成学生就业和指导主体多元化协同发展、共同发挥合力的和谐态势"。① 当前我国经济发展进入新常态,高等教育也进入自身发展的新阶段、新特征、新常态,一些体制机制弊端和结构性矛盾随之显现。近年来高校毕业生逐年增多,受高校毕业生所在学校层次、类别、属性、学历、专业和性别等影响,毕业生综合素质参差不齐,择业观念也有很大差异,大学生就业指导模式建设工作面临着一定的压力和挑战。因此,高校应在国家就业方针和政策指导下,熟悉大学生就业指导模式的基本构成,结合自身实际,建立相应的就业指导模式,进一步引导大学生转变就业观念,加强专业知识学习,提高综合职业素质,制定科学的职业生涯规划,确立合理的择业目标,进而培养其就业竞争力,主动接受就业市场的考验和挑战,从而在未来的就业竞争中立于不败之地。构建适合各高校自身特色的大学生就业指导模式,要求我们必须对大学生就业指导模式的构成要素、建设理念及建设原则、运行机制等有一个准确的了解和把握。这样,我们构建的大学生就业指导模式才能在运行和发展过程中不断发展和完善,才能更加符合中国国情和高校实际,进而达到一种理想的效果,更大限度地发挥就业指导模式的作用和功能。

---

① 张培德:《就业与职业把握通向社会的钥匙》,上海中医药大学出版社 2006 年版。

第一节 大学生就业指导模式的构成要素

任何一种模式的成功构建和有效运行,都有其特定的构成要素。"五位一体"大学生就业指导综合模式作为一种相对理想状态下的模式,同样如此。现阶段,我国大学生就业指导模式是由政府、高校、社会、家庭和大学生等多种要素构成的综合发展模式,主要由大学生就业指导组织模式、运行模式、课程教学模式、思想政治教育模式、网络化模式组成。在政府宏观调控下,高校起核心作用,社会和家庭等积极参与,大学生处于主体地位,共同构成"五位一体"大学生就业指导综合模式。五种模式之间绝不是孤立的,而是相辅相成的有机统一整体,各种模式之间相互联系、相互影响、相互制约和相互作用,共同促进大学生的职业发展,进而实现大学生的全面发展(见图1-1)。

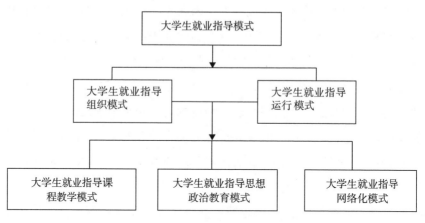

图 1-1 大学生就业指导模式构成图

一、大学生就业指导组织模式的构成

近年来,国务院及其下属相关部委相继出台了一系列政策和措施,明确提出了高校就业工作"四到位"(机构、人员、场地、经费)和就业指导"四化"(全程化、全员化、信息化、专业化)要求。2014年11月,教育部进一步要求"各高校要深入实施就业创业工作'一把手'工程,主要负责同志亲自抓,分管负责

同志具体抓,形成就业、招生、教学、学生工作等部门联动工作机制"。① 这为大学生就业指导组织模式的建立和完善提供了政策依据和保障。大学生就业指导模式的组织建设应当是立体的、系统的和全方位的,组织内部既有各自的目标和任务,又能相互合作、相互协调地开展工作。这就需要充分调动高校内部相关职能部门、各院(系)、就业指导教研室、学生社团的积极性和主动性,强化就业指导的组织功能,并根据客观条件的发展变化,及时做出相应的调整。一般情况下,大学生就业指导组织模式主要构成如下(见图1-2)。

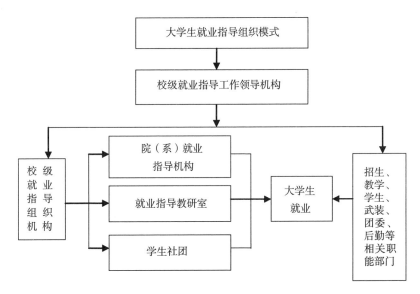

图1-2　大学生就业指导组织模式构成图

二、大学生就业指导运行模式的构成

一般情况下,大学生就业指导运行模式主要包括大学生了解自我、职业环境评价及探索、职业生涯规划、求职择业指导、创新创业教育、职业发展与适应、评估与调整等基本内容。大学生就业指导运行模式是为促进大学生的职业发展,实现大学生的全面发展为目标而建构的。各部分内容是整体运行模式的子系统,在运行过程中有其自身的运行特点和原则。大学生就业指导运

---

① 《教育部关于做好 2015 年全国普通高等学校毕业生就业创业工作的通知》(教学〔2014〕15 号),2014 年 11 月 28 日。

行模式具有普遍性、概括性和现实性的特征,同时也有整体性、全程性、连续性等特点。在这种模式中,就业指导的对象不仅包括在校大学生,也包括择业期内乃至毕业后若干年的往届毕业生。例如,我国现行的大学生就业政策规定毕业生择业期为两年,即毕业生自毕业离校后,在两年择业期内同样是我们指导和服务的对象。再如,一些往届毕业生的一些遗留问题,其职业发展中必要的就业咨询、就业报到证遗失补办、学籍档案遗失补办、就业协议书丢失补办等,同样也是大学生就业指导的内容。

　　大学生就业指导运行模式主要由以下六部分构成,各部分之间相互促进,相互影响,前后衔接,层层递进,共同促进大学生的职业发展(见图1-3)。

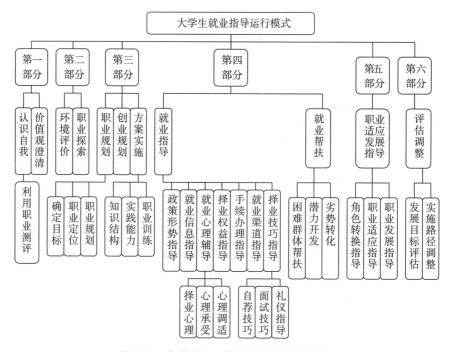

图1-3　大学生就业指导运行模式构成图

三、大学生就业指导课程教学模式的构成

　　国办发〔2007〕26号文件明确提出"将就业指导课程纳入教学计划"[①]的

---

　　① 国务院办公厅关于切实做好2007年普通高等学校毕业生就业工作的通知(国办发〔2007〕26号),2007年4月22日。

要求。按照国务院文件精神,教育部制定了《大学生职业发展与就业指导课程教学要求》,进一步明确了课程的教学目标、内容、方式、管理与评估等,并要求各高校按照要求,结合本校实际,制定科学、系统和具有特色的课程教学大纲,组织实施本校的大学生职业发展与就业指导课程建设和开展相应的教学活动。同时,要求各高校进一步改进课程教学模式,充分利用专家讲座、心理辅导、职场人物访谈、企事业单位实习、实训等多形式、多途径的教学方式,为大学生提供全程化的职业发展教育。为进一步强化大学生就业指导课程教学工作,2011 年,教育部提出"各高校教务、学生工作、就业等部门要形成合力,共同推进就业指导课程建设;有条件的高校要成立就业创业指导教研室,深入开展就业指导研究,建立职业生涯发展和就业创业指导课程体系。要结合实际,为学生提供个性化辅导,提高就业指导的针对性和有效性"。① 2015 年,教育部进一步强调"要把高校学生职业发展和就业指导课程融入人才培养全过程,结合行业动态和发展要求,建立以课堂教学为主渠道,讲座、论坛、培训为补充,以大学生职业生涯规划大赛、创新创业设计大赛等实践活动为载体的多形式就业、指导课程体系"。② 这些为大学生就业指导课程教学模式建设提供了基本遵循。通常情况下,大学生就业指导课程教学模式主要由课程总体规划、师资队伍建设、课程教学方式及教学重点等部分构成,各部分之间有其相应的具体任务和分工(见图 1-4)。

四、大学生就业指导思想政治教育模式的构成

在我国高等教育体制中,大学生思想政治教育和就业指导都是高校开展教育教学活动的重要工作内容,在对象、目标、内容、方式、时间、原则和师资队伍等方面,虽然有一定的差异性,但更多的则是共通性,二者相互联系、相互影响,共同作用于大学生的职业发展。一是两者的教育对象都是大学生这个主体;二是在目标上都是培养合格的社会主义事业建设者和接班人;三是在内容

---

① 教育部关于做好 2012 年全国普通高等学校毕业生就业工作的通知(教学〔2011〕12号),2011 年 11 月 10 日。

② 教育部关于做好 2016 届全国普通高等学校毕业生就业创业工作的通知(教学〔2015〕12号),2015 年 11 月 27 日。

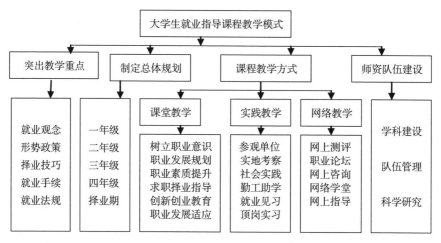

图1-4 大学生就业指导课程教学模式构成图

上都是以培养大学生的世界观、人生观和价值观的"三观"教育;四是在教学方式上,都是以课堂教学、实践教学和网络教学相结合;五是两者在时间上虽各有侧重,但总体上都贯穿于大学生在校学习和生活,始终对大学生起着潜移默化的影响;六是两者都坚持理论与实践相结合的原则;七是在教育教学师资上,都是专、兼职相结合。在大学生就业指导中加强思想政治教育,在思想政治教育中融入就业指导内容,两者相互融合和相互促进,形成一种良性循环并达到一种相互契合的理想运行状态。从大学生就业指导和思想政治教育两者的契合点看,大学生就业指导思想政治教育模式构成如下(见图1-5)。

五、大学生就业指导网络化模式的构成

大学生就业指导网络化模式从纵向上看是一个自上而下的层层递进的立体化系统,从横向上看一个相互协调、相互影响的全方位发展体系。大学生就业指导网络化模式虽有其方便、快捷、共享、高效和易于普及的优势,但也有一些诸如安全性、保密性、可靠性、识别性等特点,在某种程度上影响和制约着大学生就业指导网络化模式的健康发展,需要我们认真加以甄别,有效发挥其特有的优势,规避其种种不良影响。为切实提高大学生就业指导网络化模式的功能和效果,国务院明确要求"建立健全高校毕业生就业信息服务平台,提供政策发布、岗位信息、网络招聘、远程面试、指导咨询等就业服务。要大力推动

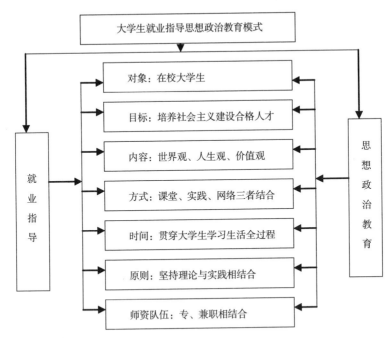

图1-5　大学生就业指导思想政治教育模式构成图

互联网就业服务的健康发展,加强信息监督管理,规范互联网求职就业行为"。① 这为大学生就业指导网络化模式的建立和完善提供了政策依据。大学生就业指导网络化模式的建立和健全,需要政府、社会、高校和社会力量等各个方面不懈努力和有序联合,才能使大学生就业指导模式建设工作随着社会现代信息技术的发展和变化而适时更新,从而有效满足大学生日益增长的网络化就业指导需求。大学生就业指导网络化模式应该是一个立体和全方位的系统模式,既包括国家、省级、市级和县级政府层面建立的就业指导网络系统,也包括高校、社会团体、区域性社会组织等建立的就业指导网络系统。在运行过程中,各个系统层面既相对独立、分工负责,又相互协调、相互促进,共同作用和服务于大学生就业指导模式建设工作(见图1-6)。

---

① 《国务院关于进一步做好普通高等学校毕业生就业工作的通知》(国发〔2011〕16号),2011年5月31日。

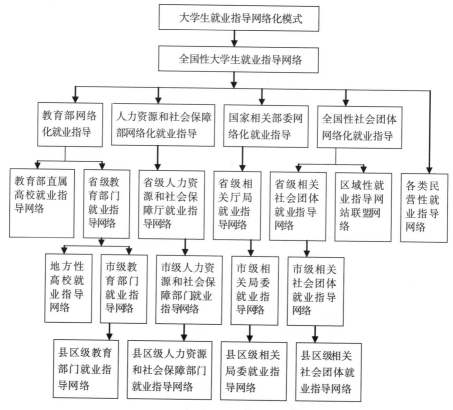

图1-6　大学生就业指导网络化模式构成图

第二节　大学生就业指导模式的建设理念和原则

　　大学生就业指导模式建设工作是一项复杂的系统社会工程,有其一定的建设理念和建设原则,需要政府、教育部门、高校认真了解和准确把握。要想切实提高大学生就业指导模式的作用和效果,需要搞清楚我们需要什么样的大学生就业指导模式,有怎样的建设理念和建设原则,并将这种理念和原则运用到大学生就业指导模式建设之中。这样,我们构建的大学生就业指导模式才能更加符合我国高校实际和大学生的实际需求,进而在实际运行过程中更具针对性和方向性,才能切实提高大学生就业指导模式的成效。

一、大学生就业指导模式的建设理念

马克思在论述人与社会关系时指出："人的本质并不是单个人所固有的抽象物,在其现实性上,它是一切社会关系的总和。"①大学生是人类社会组成的一部分,是社会先进生产力的优秀代表,其职业发展与社会政治、经济发展紧密相连。大学生对未来职业生涯的满意与否,生活幸福指数的高低,不在于外界的评价或他人的满意与否,而是源于大学生对自身职业生涯的体会,源于大学生对职业生活产生、发展、适应、提升、完善和终结这一过程的认识和理解,进而不断促进其知识、经验、技能、品德和职业素质的质和量的积累和发展,内化为实际的职业行动,为社会政治、经济发展服务。

"我们并不能总是能够选择我们自认为适合的职业;我们在社会上的关系,还有我们有能力对它们起决定性影响以前就业已经以某种程度上开始确立了。"②我是谁? 要往何处去? 如何去? 这三个问题可以说是困扰我们每一个人的普遍问题。我是谁? 需要解决怎么认识自我的问题。要往何处去? 需要解决如何确立职业目标的问题。如何去? 需要解决实现职业目标的路径和方法问题。传统的就业指导模式对大学生找到就业岗位可能会起到一定的作用,但是,如何促进大学生的全面发展,提高其职业能力和素质,顺利实现大学生的职业发展目标,最大限度地增强其职业满意度和职业生活幸福感,则明显有力不从心之感。因此,高校在开展就业指导活动时,要从根本上完善我国大学生就业指导模式的运行机制,进一步创新大学生就业指导模式建设理念,实现"五个"转变,从而构建适合我国国情和不同层次、类别和属性高校实际的大学生就业指导模式。

（一）由阶段性、单一性指导到全过程、全面化指导的转变

理想状态下的大学生就业指导模式应以帮助大学生发现、培养和提高自身的发展潜力和创造力,以培养和输送具有崇高的职业理想,具有独立生存、发展能力和创新创业精神的人才作为核心目标和任务,使大学生在未来职业

---

① 《马克思恩格斯选集》第一卷,人民出版社1995年版,第56页。
② 《马克思恩格斯选集》第一卷,人民出版社1995年版,第457页。

发展道路上始终掌握主动权。在我国现行的高等教育范畴中,大学生就业指导模式的建立和完善是高校教育教学的重要组成部分,不仅是高校学生工作系统、思想政治工作系统和就业指导系统的职责,也是全体教职员工的共同职责所在。因此,高校应坚持以市场需求为导向,结合大学生的个性特征和职业发展愿望,加强就业指导模式建设,注重由阶段性、单一性指导到全过程、全面化指导的转变。高校在开展就业指导时要充分意识到,我们所进行的指导活动不仅仅是就业政策答疑、就业形势介绍、择业技巧传授、就业手续办理、传统思想政治教育和"三观"教育,更是在促进大学生全面发展前提下对其未来的职业发展的指导;不仅是阶段性、临时性的任务或目标,更是贯穿于高校人才培养的全过程,始终对大学生的职业发展起着潜移默化的作用和影响;不是随机、分散和无序的指导,而是机构专门化、人员专业化、内容信息化、课程全程化、过程规范化、渠道多样化、对象全面化和服务体系化的指导。

(二)由生存指导到追求人生幸福指导的转变

建设科学、高效的大学生就业指导模式,需要我们搞清楚这样的问题:上大学的目的是什么?或者说为什么要上大学?不同的大学生可能有着不同的回答。正常情况下,一个人无论求学到何种程度,无论是专科生、本科生,还是硕士研究生、博士研究生,其完成学业后必然都要走上社会,参与职业选择,获取相应的职业岗位,进而实现其职业理想。从社会贡献角度讲,近年来,每年超过700万大学生完成学业,取得相应的学历,一方面提高了国民的整体素质,不断促使我国从人口资源大国向人力资源强国迈进;另一方面,大学毕业生只有参与就业,而且只能通过就业这种方式,才能够利用自己的专业知识和掌握的职业技能,为国家、社会乃至为人类作出应有的贡献。从自身职业发展角度讲,大学毕业生只有参与就业,取得相应的职业岗位,获取一定报酬,才能在社会上生存,创造一定的物质财富和精神财富,进而才能实现其职业目标和人生理想,享受幸福人生。诚然,培养"德、智、体、美"全面发展的高素质人才是高校的根本目标和任务,坚持以人为本是高校人才培养的根本目的和要求。如何做到以人为本?我们的高等教育不应将大学生作为获取经济利益的工具,而要站在促进社会经济发展和人类文明进步的战略高度加以教育,培养出更多适合社会政治经济发展的人才。我们所说的坚持以人为本,就是坚持以大学生为本,高校所开展的一切教育教学活动都要紧紧围绕大学生的成长成才来展开,大学生就业指导模式建设工作更是如此。

"在选择职业时,我们应该遵循的主要指针是人类的幸福和我们自身的完美。不应认为,这两种利益是敌对的、互相冲突的,一种利益必须消灭另一种的;人类的天性本身就是这样的:人们只有为同时代人的完美、为他们的幸福而工作,才能使自己也过得完美。"①一般情况下,大学生选择的职业与社会政治经济发展相一致,与个人职业发展目标相一致时,才能更利于实现美好理想,享受幸福人生。当大学生的"人职匹配"协调一致时,即大学生毕业后的职业岗位、事业追求不但与自己专业、技能相匹配,而且在性格、精神、兴趣、爱好和体验等方面也相匹配时,这时的职业、事业就成为自己幸福生活的一部分。唯有如此,大学生不仅解决了自身的生存问题,也成为一个自我实现的人,一个对社会发展有用的人。在实际工作过程中我们也发现,帕森斯、霍兰德等都是研究"人职匹配"的职业指导专家,但是,其理论结构取向理念把"生涯问题和决策看作是在一个时间点上发生的事情,即在个人生活当中某一时刻所发生的事。这类理论强调选择什么以及将个人与环境相匹配"②,他们所强调的只是西方所谓的"概念逻辑"实践,即"把研究的一切对象先定义,定义即让其静止化、片断化,从背景中分离出来。这样的研究范式特别适用于对自然物的研究,而对于每时每刻都在变化的人,则显见其天然的缺陷"。③ 因此,高校要充分正视此问题,对大学生开展相应的就业指导时,绝不是仅仅局限于帮助大学生毕业时找到相应的工作岗位,基本实现个体生存的初步或简单地指导,而应向更高层次和更高质量的目标迈进,将帮助和引导大学生实现人生幸福和社会进步的追求作为大学生就业指导模式建设的发展方向,使大学毕业生在未来的职业生活中,不仅仅只是解决个人生存问题,而是最大限度地实现"人职匹配",增强幸福指数,从而顺利实现大学生理想的职业发展目标。

---

① 《马克思恩格斯全集》第一卷,人民出版社 1995 年版,第 459 页。
② 里尔登、兰茨、桑普森:《职业生涯发展与规划》,高等教育出版社 2005 年版,第 11 页。
③ 任占忠、谢伟:《中国特色就业指导理论探索》,《中国大学生就业》2013 年第 6 期。

（三）由"适业"指导到"创新创业"指导的转变

传统的大学生就业指导模式重视对大学生的"适业"指导,即根据大学生的专业知识、职业素质和个人职业需求等现实条件,以帮助大学生获取现有的、已存在的职业岗位为目的,存在一定的功利主义倾向。因此,大学生就业指导模式的基本内容也多是针对职业岗位需求,提供一定的就业政策和形势分析、求职择业技巧、签约注意事项等方面的初级或简单指导。在"双向选择"过程中,作为主体的用人单位处于优势地位,往往会根据自身发展要求,提供相应的工作岗位,并依据岗位职责提出一定的准入条件,如学历、专业、特长、技能等,有时可能连性别、身高、健康状况等也有详细的规定。在严峻的就业形势下,作为客体的大学毕业生受专业、性别、经济条件、社会经验、人生阅历、学历层次等因素的影响,在择业过程中往往处于弱势地位,对于用人单位提出的要求和条件,不管"适业"与否,因受所谓社会"就业压力"的影响,为了能获取一份工作岗位,也往往只能被动地接受。

而大学生"创新创业"与一般"适业"则有明显的不同。"创新创业"既能实现大学生的人生价值和社会价值,也能创造社会效益和经济效益,并且能直接或间接地创造一些工作岗位。在创新创业过程中,不仅要求大学生创业者具备一定的专业知识、职业技能、风险意识、敏锐眼光等,而且需要其具有较强的创业意识和创新精神。一般情况下,创办一个企业或提供某种服务,提供一定的职业岗位和创造一定的社会和经济效益是创业,在目前自己工作的岗位、在前人已有成绩和业绩的基础上开创事业、开拓基业,有新的成就和贡献,在基层、在艰苦行业和地区的平凡岗位上积极进取,做出不平凡的业绩和成就等,同样也是创业,而且是一种更高层次的创业。创业是就业之源,它不但具有就业倍增效应,而且能够最大限度地实现创业者的价值,从根本上提高就业质量。现阶段,大学毕业生业已成为实施创新驱动发展战略和推进大众创业、万众创新的生力军。随着我国社会主义市场经济体制的进一步发展和完善,大学生职业发展的空间也随之增大,创新创业成为一种全新的、更高层次的就业方式,潜移默化地影响着大学生择业。由此,我们构建的大学生就业指导模式也应承担一种新的职责,即开展相应的创新创业指导。高校应进一步转变观念,正确认知"创新创业"的实质和内涵,实现大学生"适业"到"创新创业"指导的转变,不断丰富和完善大学生就业指导模式,促进大学生的职业发展。

（四）由自我价值实现指导向社会价值实现指导的转变

1943年,美国心理学家马斯洛提出了人的需求层次理论,这成为七十余年来关于人的需求发展的经典理论。他认为人的需求有一个从低到高的发展层次之分,呈"金字塔"状依次递减,每一层次的需求与满足,将决定着个体下一层次发展的境界和高度。最低层次是生理需要,向上依次为安全需要、爱与归属的需要、尊重需要、自我实现需要等五个层次。在这五个发展层次中,呈现由低到高、层层递进的渐进发展态势,其中,自我实现是最高层次,也是马斯洛层次理论中人的需求层次理论的核心。当前,大学生正处于各种价值观念和社会意识形态的激烈冲突与碰撞之中,虽然社会主义核心价值观在大学生求职择业过程中起主导作用,大学生的社会价值取向和社会认同感在主流上呈积极向上的态势,但受传统就业观念、利益主体多元化、择业趋向功利化等诸多消极因素的影响,大学生在价值取向与判断上强调个人价值实现的现象非常普遍,且有不断发展和蔓延之势。特别是1997年我国普通高等教育全面实行并轨后,大学生进入大学均需要缴纳一定的学费,毕业后进入就业市场,参与双向选择成为大学毕业生就业新常态。有相当部分的大学生仍存在固有的传统思想和观念,认为自己进行了大量教育投资,在就业时不是充分考虑如何实现社会价值,更多的是考虑如何实现个人自我价值的最大化。这种思想和行为对大学生顺利成长为德才兼备的社会主义建设者和接班人无疑会造成一定程度的影响,当然也在一定程度上影响到他们的职业选择。一般情况下,大学生自我价值实现是社会价值实现的基础,社会价值在个人自我价值的实现过程中逐步发展和提升而来。我们不提倡大学生在择业时牺牲自我价值来实现社会价值,但鼓励大学生在选择职业时将自我价值实现和社会价值实现充分结合起来,实现两者的相互促进和相互融合。从这个意义上讲,我们构建的大学生就业指导模式,应注重和加强社会主义核心价值观的培养和引导,实现由大学生自我价值实现指导向社会价值实现指导的转变。一些大学生在择业时,只关心未来的社会地位和追求经济收入,把实现个人自我价值最大化视为自己未来职业生活中心的价值观,这将无益于社会政治经济的发展,当然也不利于个人自我价值和职业理想的顺利实现。

（五）由传统就业指导向职业辅导、生涯辅导模式的转变

传统的就业指导更关注解决大学生在择业过程中所遇到各种现实问题，其目的在于帮助大学生获取一份适合自己的职业岗位，以期达到人与职业大致相匹配的状态。高校所开展的就业指导的成效往往是以有多少毕业生找到工作，以促进大学生顺利就业和充分就业，达到什么样的就业率为衡量和评价标准，至于就业质量、就业层次、人职匹配的关联度如何，则少有顾及，其目的性和针对性较强，更注重的是指导结果，而不是指导过程。

职业指导与就业指导相比较，是相对高一层次的指导。职业指导是一个相对长期的指导和教育过程，强调过程和结果同等重要。一般情况下，职业指导以树立大学生的职业意识、培养职业道德、提升职业素养和提高职业竞争力为目标。职业指导不是指向特定职业，而是放眼于更为宽阔的职业领域，偏重职业测评和职业评估，更加注重职业心理辅导，强调个人发展与职业发展的有机融合。

生涯辅导对大学生就业指导模式建立和完善提出了更高的要求，是最高层次的指导。美国著名职业心理学家萨伯把人的职业生涯发展分为成长、探索、建立、维护以及衰退等五个阶段。大学生的年龄阶段正处于职业生涯发展的探索时期，在这一时期大学生的主要任务是更多、更准确地了解自我、发展自我，在各类学习与实践的活动中，做出尝试性的职业决策和职业生涯规划。① 在生涯辅导发展过程问题上，龙立荣早在 2001 年就提出："生涯辅导包括的内容很多，贯穿于从帮助学生认清自我、选择正确职业目标、制定职业生涯规划并实现目标的整个过程中。这种辅导建立在尊重个性特征和自我发展的基础上，把人的职业发展看成一个长期、连续的发展过程，其不仅应贯穿大学教育阶段，而且应该贯穿人的一生。"② 一般情况下，职业生涯辅导是高校针对大学生的专业情况和个性特点，从大学生的职业生涯规划入手，在大学生进行自我认知、自我了解的基础上，引导大学生合理设计自己的职业生涯发展目

---

① 陈社育：《大学生职业心理辅导》，北京出版社 2003 年版。

② 龙立荣、李晔：《职业辅导思想的历史嬗变——从职业指导到生涯辅导》，《华中师范大学学报》（人文社会科学版）2001 年第 6 期。

标,确立发展方向,制定实现每一个目标的详细措施和发展路径,并在目标实现过程中不断修正和评估,从而逐步实现自己的职业理想,其指导的范围、时间和程度要求也更高,不但包括大学生大学学习、生活阶段的指导,而且涵盖大学生的职业发展与适应,乃至自大学生职业生活开始直至职业生活结束这一全过程的指导。

由此可以看出,要实现由就业指导向职业指导、大学生职业生涯辅导的转变,高校应做好以下三个方面的工作。一是帮助大学生树立职业规划意识,使其能够适应社会的快速发展,了解职业变化趋势和方向,促使其主动、自觉地自我规划,实现大学生自我了解、自我发现、自我觉醒和自我发展,从而规划和确立自己的生涯发展目标。二是指导者和大学生要树立共同发展的观念,要让大学生明白,生涯辅导时间跨度长,其一生的发展都面临辅导问题。因此,在职业生涯辅导过程中指导者和被指导者要清楚各自担任的角色,使助人和自助功能得到更大程度的发挥。三是注重生涯辅导的探索功能,让大学生掌握制定职业生涯规划的相关知识和技能,树立可持续的职业发展观念,持续关注自身未来的职业发展。强调大学生的生涯知识、技能及观念的培养与发展,注重辅导与教育相结合,帮助和引导大学生科学规划自己的职业生涯目标,以便于大学生在职业发展中达到个人与职业的最佳匹配。

通过对就业指导、职业指导和生涯辅导三者的目标和任务进行比较分析,我们不难发现,大学生就业指导只是较低层次的指导,处于初级阶段;职业指导是较高层次的指导,处于中级阶段,或者说是就业指导的发展和完善阶段;最高级阶段的指导应该是生涯辅导,是最理想的指导,或者说大学生就业指导的终极发展目标是生涯辅导。目前,虽然一些高校在就业指导模式建设方面做了一些研究和探索,也形成了其相应特色的就业指导模式。但总体上看,现阶段我国高等教育发展水平和大学生的总体就业形势,决定了我国现阶段的大学生就业指导模式建设仍处于初级阶段,即高校普遍开展的就业指导阶段。

二、大学生就业指导模式的建设原则

任何模式的建立和完善,都应遵循一定的建设原则,创新性构建大学生就业指导模式,同样如此。高校应正视当前大学生的就业问题,按照科学发展观的要求,全面贯彻党的教育方针,落实立德树人的根本任务,以推进素质教育为主题,以提高人才培养质量为核心,主动适应经济发展新常态,探索新形势下大学生就业指导模式理论与实践工作,厘清其建设原则,进而构建符合自身特色和实际需求的大学生就业指导模式。

(一)以学生为主体的建设原则

高校的主要任务是培养和塑造大学生,促进大学生的全面发展和提高。因此,高校开展的一切教育教学活动都应围绕大学生这个主体而展开。也就是说,离开了大学生这个主体,大学也就失去了存在的意义。就大学生就业指导模式建设而言,以人为本,就是以学生为本。我们建设的大学生就业指导模式,要充分体现大学生的主体意志和根本利益,以促进大学生成长成才为根本目标。

1.引导大学生树立科学的就业观

大学生在校学习、生活期间,正处于职业生涯规划形成和发展的关键时期,极易受社会环境、意识形态和各种社会思潮等因素的影响。高校适时、有效地开展大学生就业指导,能有效地引导大学生树立科学的就业观,最大限度地消除各种不利因素的影响。因此,我们建设的大学生就业指导模式,应处处体现大学生的主体地位,既要强调职业生涯规划在个体一生中的重要地位,又要关注大学阶段的全面发展和未来的职业发展。高校要抱着高度的责任心和事业心,倡导社会主流意识,以大学生为主体,以大学生的全面发展为中心,以促进其职业发展为目标,并结合当前大学生就业的形势与政策,加强大学生的世界观、人生观和价值观教育,积极传递正能量,引导大学生端正择业态度,树立科学的就业观。

2.提高大学生的综合素质

现阶段,国家对高校大学生的综合素质提出了更高的要求。《国家中长期教育改革和发展规划纲要(2010—2020)》明确指出,"坚持能力为重。优化知识结构,丰富社会实践,强化能力培养。着力提高学生的学习能力、实践能力、创新能力,教育学生学会知识技能,学会动手动脑,学会生存生活,学会做人做事,促进学生主动适应社会,开创美好未来"。① 高校培养的大学生能否

---

① 《国家中长期教育改革和发展规划纲要(2010—2020)》,新华社,2010年7月29日。

顺利、高质量就业,能否尽快适应社会和融入职场,能否受到社会的普遍欢迎,这是检验高校教育教学质量的"试金石"和"晴雨表"。高校应充分认识到提高大学生综合素质的重要性,可通过问卷调查、实地考察、毕业生跟踪调查、用人单位反馈等方式,及时了解和掌握社会需要什么类型、什么专业的人才,了解用人单位对大学生综合素质的基本要求。在此基础上,明确办学目标,改进办学理念,改革人才培养模式,提高大学生的综合素质,进一步完善大学生就业指导模式,促使大学生端正学习态度,激发学习兴趣,提高职业发展的综合竞争力。

3.加强就业指导的针对性

高校要抱着高度的责任感和历史使命感,本着对每一位大学生认真负责的态度,为大学生顺利就业和创业提供方便、快捷和实用的指导。第一,针对不同专业、不同性别的大学生,结合目前人才市场需求状况和未来发展趋势、就业趋向、用人单位和毕业生反馈等,及时进行总结和分析,加强就业指导的时效性。第二,针对不同性质用人单位(如机关、科研设计单位、高等教育、中初教育、医疗卫生单位、艰苦事业单位、各类企业、应征入伍、各类基层项目)、不同就业困难群体毕业生(困难家庭高校毕业生:包括来自城镇低保家庭、低保边缘户家庭、农村贫困家庭和残疾人家庭的毕业生;就业困难高校毕业生:指在心理、身体、学业、经济、综合素质等方面处于弱势的毕业生①)的要求,开展有针对性的就业指导,切实提高大学生就业指导模式的质量和效果。

(二)统筹兼顾的建设原则

大学生就业指导模式建设是一个统筹兼顾的过程,需要统筹协调好高校教育教学的各个环节,齐抓共管,形成合力,共同作用于大学生的职业发展。

1.就业指导与专业教育的统筹兼顾

目前,我国大学生就业指导模式建设总体上尚处于起步和待完善阶段,部分高校还没有开展真正意义上的大学生就业指导模式建设工作,重专业教育、轻就业指导的现象依然不同程度地存在。诚然,高校在人才培养过程中,加强大学生专业教育、提高专业素养、培养专业技能、提升专业水平是对大学生的基

---

① 教育部、人力资源和社会保障部:《国家促进普通高等学校毕业生就业政策百问》,中国教育新闻网,2014 年 2 月 20 日。

本要求。我们也应有这样的认知,大学生学好专业的重要目的之一就是参与职业选择。如何实现大学生顺利就业和充分就业,有效的就业指导将起着越来越重要的作用和影响。面对新的就业形势,高校要将大学生就业指导模式建设工作摆在更加重要和更为突出的位置,既要强调专业教育的重要性,又要注重就业指导,加强就业指导模式建设,将就业指导相关内容充分融入到专业教育教学之中,真正做到专业教育与就业指导的统筹兼顾,促进大学生的全面发展。

2.教育教学模式的统筹兼顾

现实生活中,任何一项工作的顺利开展都自觉或不自觉地有一个统筹兼顾的过程,大学生就业指导模式建设工作同样如此。高校要切实提高大学生就业指导的质量和效果,建立和完善教育教学模式,在开展教育教学时,需要注重以下几个方面的统筹兼顾:即就业指导模式的整体性和连续性相兼顾;就业指导模式内容与高校人才培养模式内容相兼顾;职业发展教育模式与专业教育模式相兼顾;普遍就业指导模式与分类就业指导模式相兼顾;传统就业指导教育教学模式与实践教育教学模式、现代网络教育教学模式相兼顾;阶段性就业指导模式与全程化就业指导模式相兼顾;全员化就业指导模式与个性化就业指导模式相兼顾;专业课程教学师资队伍建设模式和就业指导课程教学师资队伍建设模式相兼顾;等等。这样,高校教育教学模式的各个环节相互兼顾,进而相互影响、相互促进,共同服务于大学生就业工作,促进大学生就业指导模式的不断完善和发展。

3.就业指导队伍的统筹兼顾

建设一支相对稳定、高素质和高标准的就业指导队伍,是建设大学生就业指导模式的关键环节。笔者通过问卷调查、业内访谈、实地调研,进而参阅诸多大学生就业指导队伍建设的相关理论和实践研究成果时发现,现阶段国内相当部分高校的就业指导队伍建设工作,无论从人员配备、专业、职称结构,还是在领导认知、重视程度、就业指导队伍职业素质等方面都很不均衡,呈现千差万别的现象。"高校就业指导教师的专业素质和能力水平直接影响着就业指导工作的成效。当前,国内高校的就业指导老师,大部分从行政类职位而来。"[1]大学生就

---

① 方伟:《大学生就业工作教师培训教程》,高等教育出版社 2009 年版。

业指导模式内容涉及面广,学科交叉性强。高校要真正实现对大学生职业发展的有效指导、教育和服务,必须加大专、兼职就业指导队伍的建设和培养力度,按照统筹兼顾的建设原则,遵照"全程化、全员化、信息化、专业化"的要求,协调多方面的力量,整合各种资源,切实提升就业指导队伍的能力和素质,努力建设适合本校发展特色的大学生就业指导模式,才能达到理想的教育和指导效果。

(三)可持续发展的建设原则

大学生就业指导模式建设是一个循序渐进、不断发展和不断完善的过程。科学、高效的大学生就业指导模式建设,需要坚持可持续发展的原则,通过政府、社会、高校共同努力,充分整合社会资源,形成良好的氛围,让全社会都来关注和重视大学生就业指导模式建设工作,从而实现大学生就业指导模式的可持续发展。

1.促进就业指导模式的可持续发展

"树立和落实科学发展观,必须始终坚持以经济建设为中心,聚精会神搞建设,一心一意谋发展。科学发展观,是用来指导发展的,不能离开发展这个主题,离开了发展这个主题就没有意义了。"[1]发展是推动人类社会进步的永恒主题。大学生就业指导模式建设也应紧跟时代步伐,不断充实和发展,使之与就业市场对人才资源不断发展变化的需求相适应。在我国,大学生就业指导模式建设起步较晚,呈现无序化、多样化特征,且学科交叉性强,涉及面广,内容众多且繁杂,这对高校就业指导模式建设工作提出了更高的要求。高校要站在可持续发展的高度,正确认知大学生就业指导模式的实质,了解就业指导的长期性、复杂性、综合性和艰巨性。在开展就业指导时,只有指导内容、方式、目标和高校人才培养目标相一致时,才能产生合力,实现大学生就业指导模式的可持续发展,促进大学生的职业发展。

2.发挥就业指导模式的渗透功能

大学生就业指导模式具有明显的理论紧密联系实际的特征,具有较强的时效性和针对性。随着我国社会政治、经济、文化的快速发展,大学生的职业

---

① 《胡锦涛在中央人口资源环境工作座谈会上的讲话》,2004 年 3 月 10 日。

价值取向呈现多元化、多维化的趋势,未来的职业发展目标也具有诸多不确定因素。如何正确引导大学生树立科学的职业理想,对未来的职业目标准确定位,这就需要高校在日常的教育教学过程中,遵循高等教育的发展规律,进一步完善就业指导模式的运行机制,充分发挥就业指导的渗透功能,将就业指导模式相关内容渗透到专业教育、实践教育、网络化教育、公共课教学、社团活动、第二课堂和社会实践等各种教育教学活动之中,开拓创新,与时俱进,不断更新和完善大学生就业指导模式理念,营造良好的就业指导模式建设环境,促进大学生就业指导模式的健康、有序发展。

3.健全就业指导模式的保障机制

进一步健全大学生就业指导模式建设的保障机制,在机构建设、师资建设、教学监控、考核评估、职称评定、经费落实等方面加强监督和落实。从可持续发展视角看,为保证大学生就业指导活动的顺利开展,学校还应加大基本硬件设施建设,如配备多媒体报告厅、资料查询室、信息查询室、面试洽谈室、咨询辅导室、专用教室、办公室等。同时,引进和开发职业咨询和测评方面的软件,建立系统、开放和动态的就业指导网络体系,利用网络的强大力量,推动大学生就业指导模式的可持续发展。

第三节　大学生就业指导模式的运行机制

当前,在社会经济发展持续下滑、总体就业岗位保持相对稳定,而高校毕业生总数连年居高不下的情况下,大学生就业问题引起了社会各界的广泛关注。如果不能有效地解决大学生的就业问题,必将影响我国高等教育的可持续发展,进而也会对社会经济发展和社会安全稳定带来种种不良的影响。对此,教育部明确要求"各地各高校要建立健全职业发展和就业指导服务体系"。① 教育部门、高校要正视影响大学生就业指导模式建设的各种主、客观

---

① 《教育部关于做好 2015 年全国普通高等学校毕业生就业创业工作的通知》(教学〔2014〕15 号),2014 年 11 月 28 日。

因素,了解其性质、目标和条件支持等,建立科学的运行机制,促进大学生就业指导模式的健康、有序发展。

一、大学生就业指导模式的性质

大学生就业指导模式作用的主体对象为大学生,与社会其他人员,如农民工、城镇失业人员、退休再就业人员等群体的就业指导模式相比较,有其共性,也有其特殊性。共性都是围绕适龄劳动者的就业问题而开展的指导活动;特殊性则是指其对象为大学生群体,具有明显的知识、技能、年龄等优势,针对性强,特征化明显,因而大学生就业指导模式在性质上更具连续性、阶段性和整体性特征。

(一)大学生就业指导模式的连续性

大学生职业兴趣、能力素质的培养和提高是一个连续、不间断的过程,大学生就业指导模式建设也应该是一个不断发展的连续性过程。大学生专业知识学习、职业素养养成、择业观念树立、就业竞争力提高等,绝不是一朝一夕就能够完成的,而是一个不断积累、完善和提高的过程。高校应根据高等教育人才培养目标要求,遵循职业生涯发展的基本规律,制定大学生就业指导模式建设的总体规划,从大学生入学开始到毕业,直至离校后两年择业期内的整个阶段,连续不断地对大学生开展相应的就业指导,避免出现大学生对就业指导认知的盲区。因此,高校应充分注重大学生就业指导模式的连续性特征,引导大学生从进入大学时就开始确立职业发展方向,充分发挥就业指导模式的连续性作用,使大学生在大学阶段乃至择业期内,都能将自身职业理想与社会需求紧密相结合,不断促进大学生职业能力和职业素质的提高。

(二)大学生就业指导模式的阶段性

大学生就业指导模式具有明显的阶段性特征,每个阶段的分工和任务各有所侧重。高校应根据不同阶段大学生的身心发展特点和职业发展需求,将就业指导模式的目标和任务分布于不同年级,有目的、有针对性地进行阶段性指导,即职业生涯规划建立和完善阶段、职业素质培养和提升阶段、创新创业教育阶段、求职择业技巧指导阶段和职业适应与发展阶段等。各个阶段紧密联系、相互补充、相互支撑,形成一个完整、系统的指导模式,最终达到既有侧重性又有针对性的理想效果。一般情况下,大学生就业指导仅仅针对毕业生是远远不够的,不同阶段、不同年级的大学生需要不同内容和程度的就业指导。我们所建设的大学生就业指导模式,要明确其指导范围,针对不同年级大学生的不同需求,分阶段、分时段开展相应的就业指导,才能有效地帮助大学生逐步开发其职业发展潜能、培养职业决策能力,提升大学生就业创业的能力和水平。

（三）大学生就业指导模式的整体性

大学生就业指导模式同时也是一个整体性的教育教学和指导活动。高校在开展大学生就业指导时,除了对大学生进行传统意义上的就业指导外,还应加强经济学、社会学、教育学、心理学以及与大学生就业相关的法律法规等知识的综合教育和指导。高校应注重大学生就业指导模式的整体性特征,正确处理好整体与局部、整体与个体的关系。既要开设专门的就业指导相关课程,又要强调就业指导模式的整体性,将就业指导相关内容融入到专业教学之中;既要重视传统的课堂教学,又要大力开展职业体验、实训教学、社会实践和职业拓展训练活动;既要重视大学生的世界观、人生观和价值观教育,又要加强思想政治、心理健康、校园文化和网络化教育;既要有高校专业就业指导教师的参与,又要有社会就业指导专家、学者和企业界人士等兼职教师的参与等。这样,形成和发展成为一种整体性、立体化的大学生就业指导模式,能最大限度地发挥高校就业指导的功能,切实增强大学生就业指导模式的整体性效果。

二、大学生就业指导模式的目标

大学之所以称之为大学,不只是拥有多大占地面积,有多少教职员工,有多大规模的学生数量等,不同层次、类别、属性高校有其特定的办学定位和发展目标,有其特定服务社会的功能。高校培养的大学生,不能只是我们一般传统意义上的知识拥有者,而应赋予其更多的内涵。大学生经过大学阶段的培养、熏陶和洗礼,在大学生毕业时,从某种意义上说只能是初级的思想者和怀疑者。如何更快、更好地促使其成长成才,达到我们理想的"德、智、体"全面发展的人才培养目标,成为真正意义上的高素质人才,进而促进其职业发展,构建理想而行之有效的大学生就业指导模式是关键。

现阶段,大学生就业状况成为全面深化高等教育改革的风向标和推动学校事业可持续发展的动力引擎。大学生就业指导模式是高校人才培养与社会人才市场需求有效对接的桥梁和纽带。高校要想在日益激烈的人才市场竞争中立于不败之地,必须坚持科学发展观,明确大学生就业指导模式的目标,积极探索和改进大学生就业指导模式的运行机制。高校要紧扣"目标"这条主线,力求使就业指导模式理论研究和实践探索都得到实质性的突破,走出一条以理论研究为基础,以实践探索为重点,以理论提升为目标,以服务实践为目的的大学生就业指导模式建设的新路子。

大学生确立的职业目标能否顺利实现,主要受其自主意识、价值观、知识结构、职业素质和内外环境等因素的影响。这五大因素组成一个相对封闭、循环的系统,共同作用于大学生就业指导模式建设。大学生职业目标并非静止不变,而会随着环境、认知等改变做出相应的调整。在这里,可以用"汽车与司机"来形象地比喻五者之间的关系:价值观是汽车的方向盘,知识结构是汽车的能量(汽油、柴油或燃气),职业素质是汽车的动力(发动机),内外环境是外因(车况、天气、道路等),自主意识是汽车的主宰和灵魂(司机)。高水平的司机,正确的方向,充足的能量,强大的动力,良好的路况、天气和车况等是汽车安全行驶的保证。高校要充分认识影响大学生职业发展的各种因素,充分发挥大学生的主观能动性,明确大学生就业指导模式的目标,激发大学生自主意识觉醒、树立科学的职业价值观、完善知识结构、提高职业素质和优化大学生的就业环境等,促进大学生未来的职业发展(见图1-7)。

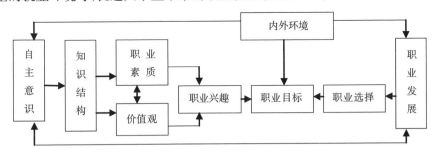

图1-7　大学生职业发展影响因素

(一)激发大学生就业自主意识觉醒

自主意识是一个人身心、思维、行为和认知水平等发展到一定阶段的产物,是人类所特有的活动,决定着人们思想和行为的取舍。大学学习生活是大学生自主意识养成的关键阶段,也是激发其就业自主意识觉醒的重要时期。引导大学生树立就业自主意识,提高其对自主意识的认知、控制和驾驭能力,是高校教育教学内容的重要组成部分,也是大学生就业指导模式的重要内容。

1.大学生就业自主意识的影响

自主意识是大学生思想和认知水平的集中体现,其中世界观、人生观、价值观是自主意识的主要组成部分,影响和制约着大学生自主意识的发展和提高,决定着大学生的职业目标确立和职业选择。大学生群体有活力、有激情,拥有知识和技能,可塑性强,具有较强的就业自主意识。但是我们也应看到,当前居高不下的就业压力对大学生就业自主意识的养成带来了不同程度的影响。一方面,就业压力给大学生带来机遇,有助于大学生树立自强意识、创新意识、竞争意识、成才意识和创业意识等;另一方面就业压力也会给大学生带来政治信仰迷茫、理想信念模糊、价值取向扭曲和自主意识迷失等诸多的负面影响。

2.大学生就业自主意识的培养和引导

实践表明,大学生就业指导是帮助大学生增强主体意识,开拓美好未来的有效形式。① 目前,大学生择业时会不同程度地受社会经济发展水平、政策制度障碍、就业市场不尽规范、就业歧视、就业权益侵害、择业期望值过高、就业稳定度以及不良社会舆论导向等诸多因素的影响。要最大限度地消除各种不利因素的影响,需要高校加强对大学生就业自主意识的培养和引导。首先,强化大学生就业自主意识的培养。就业自主意识培养的主体对象为大学生,它所反映的是大学生在择业过程中所表现的一种自觉的、能动的意识觉醒。高校在对大学生就业自主意识培养过程中,要让大学生认识到自己在择业过程中所担负的主体地位、主体能力和主体价值的角色,充分发挥自身的自主性、能动性和创造性,努力规避消极和被动的影响因素,不断增强其就业自主意识。其次,加强就业自主意识的引导。面对复杂、严峻的就业形势,我们所构建的大学生就业指导模式,应注重教育和帮助大学生克服"等、靠、要"等不良的择业心态,引导大学生在择业时有目的地进行就业自主意识与主动精神的

---

① 楼仁功、赵启泉:《大学生职业生涯规划指导的探索与实践》,《中国高教研究》2002年第6期。

自我培养和完善,进而激发大学生的自主潜能,培养和提高大学生就业的自主能力、适应能力、创造能力和发展能力。

(二)树立科学的职业价值观

价值观是人们对社会存在的一种评价或态度,是人们在一定的环境中的动机、目的需要和情感意志的综合体现。职业价值观是一个人对各种职业价值的基本认识和基本态度,是人们在选择职业时的一种内心尺度。[①] 如何更加有效地促进大学生职业价值观的养成,使其在择业时能坚持科学发展观,顺应社会政治、经济发展的主旋律,树立科学、理性的择业观,是顺利实现大学生就业指导模式目标而要研究和探讨的问题。现阶段,在我国社会主义市场经济体制和多元价值取向的影响下,一些大学生理想信念模糊,急功近利思想严重,价值取向扭曲,表现出重利益、轻奉献现象;一些大学生知行脱节,虽然对职业价值观的基本内容有一定程度的了解,但在实际行动上却又是另外一种表现;更有甚者,一些大学生在择业时处处以自我为中心,忽视社会政治、经济发展需要,缺乏应有的社会责任感和历史使命感,这使得大学生在价值观养成上产生诸多迷茫和困惑。"中国特色社会主义事业是面向未来的事业,需要一代又一代有志青年接续奋斗。全党都要关注青年、关心青年、关爱青年,倾听青年心声,鼓励青年成长,支持青年创业。广大青年要积极响应党的号召,树立正确的世界观、人生观、价值观,永远热爱我们伟大的祖国,永远热爱我们伟大的人民,永远热爱我们伟大的中华民族,在投身中国特色社会主义伟大事业中,让青春焕发出绚丽的光彩。"[②]一代人有一代人的历史舞台,一代人有一代人的历史使命。大学生是广大青年群体的优秀代表,只有树立科学的职业价值观,才能在职业抉择时,顺应历史发展,唱响时代主旋律,自觉以祖国和人民利益为重,进而自觉地将自身价值实现与祖国和人民需要结合起来。

(三)完善大学生的知识结构

在经济发展新常态下,大学生能否适应社会发展,能否在未来的职业生涯

---

① 阚雅玲:《大学生职业价值观的确定》,《职业设计》2005 年第 9 期。
② 《胡锦涛在中国共产党第十八次全国代表大会上的报告》,人民网,2012 年 11 月 18 日。

中有所作为,为人类社会发展做出应有的贡献,知识拥有量的多寡是重要的决定因素。当前,激烈的就业竞争对大学生的知识结构提出了更高的要求,合理的知识结构是大学生顺利走向工作岗位,适应未来职业发展的重要条件,也是大学生更快适应职业岗位、融入职业环境的基础。大学生在选择职业时,如何适应快速变化的社会需求,不仅需要大学生拥有扎实的专业基础知识,更要不断完善自身的知识结构,拓宽知识视野,将自己大学期间所学的专业知识与职业岗位所需要的实践知识充分整合。现阶段,将完善大学生知识结构融入到大学生就业指导模式建设之中,既是高等教育教学的重要内容,也是高校就业工作的重要内容。大学生在大学期间接受了一定的专业知识和其他相关知识的学习,掌握了初步的专业技能,也就为未来的职业发展打下了一定的基础。大学生要想更快、更好地适应社会和职业岗位要求,必然要进一步完善自身的知识结构。

(四)提高大学生的职业素质

大学毕业生成功就业,顺利获得理想的职业岗位,既是对其所掌握知识结构的全面考察,也是对其所具备职业素质的综合检验。全面提升大学生的职业素质,促进大学生的全面发展,既是大学生就业指导模式的目标,也是高校人才培养目标的根本要求。一般情况下,大学生的职业素质主要包括思想政治素质、道德素质、知识素质、能力素质和身心素质等内容。

1.思想政治素质

在我国,思想政治素质往往是指一个人的政治信仰、立场、态度、观点和思想观念、理论素养、道德品质等素质的总称,是人们从事社会活动所必需的基本条件和品质。在大学生应该具备的职业素质中,切实提高大学生的思想政治素质尤为重要。大学生在学习生活中,应自觉加强思想政治素质的培养和提高,坚持辩证唯物主义和历史唯物主义,坚持科学发展观,牢固树立热爱祖国、振兴中华的责任意识,培养开拓创新、崇尚真知、诚信守法、团结合作的时代精神。唯有如此,大学生在求职择业时,才能自觉提高自身的思想政治觉悟,进而自觉将自己的择业行为与国家、民族的根本利益相结合,将为国家、为社会、为人民做贡献作为评价人生价值的标准,把祖国的富强和民族的复兴作为实现自己人生理想的最高目标。

2.道德素质

道德素质不仅关系到一个人的立身之本,也关系到一个人所在单位的形象和所从事行业的信誉。通常情况下,道德素质主要包括"三德",即社会公德、职业道德和诚信美德。大学生道德素质是"大学生在做人与成人实践中内化成的行为规范和心理品质,包括大学生在学校社会生活中形成的若干关于善与恶、公正与偏私、廉政与腐败、诚实与虚伪、创新与陈旧、积极向上与不思进取,增进自身全面素质发展与个人发展为中心等观念、情感和行为习惯对应的心理素质"。① 大学毕业生在择业时,其道德素质备受用人单位的重视和关注。用人单位在选聘毕业生时,往往会将大学生的道德素质作为选拔人才的重要标准。大学生要想实现个人的全面发展,不但要具备良好的道德素质,而且还要有知行统一、言行一致的道德行为和习惯。只有正确认识到这一点,大学生才能在日常的学习生活中,不断加强道德修养,自觉提高自己的道德素质。

3.知识素质

知识素质是个体知识拥有量和具有知识结构分布状况的具体表现。对大学生而言,知识素质的内容主要包括两部分,即专业知识素质和公共知识素质。专业知识素质是大学生在大学学习期间所学习的专业基础知识。专业是大学生的立身之本,大学生的专业成绩、专业技能如何,直接或间接地影响着大学生专业素质的发展和提高;公共知识素质是除专业知识以外的知识,通过学校、社会提供一定的条件和环境,需要大学生充分发挥学习的积极性和主动性获得。现代社会对大学生的知识素质提出了更高的要求,大学生所拥有的知识量越多,知识结构越完善,个体的知识素质也就越强,大学生在未来的就业竞争中也就越能发挥其潜能,后续职业发展潜力也就越大。

4.能力素质

"青年的素质和本领直接影响着实现中国梦的进程。"②青年大学生应具

① 徐涌金:《大学生素质教育教程》,中国标准出版社2008年版,第130页。
② 《习近平在同各界优秀青年代表座谈时的讲话》,中国青年网,2013年5月4日。

备的能力素质主要包括：认知能力、选择能力、适应能力、社会实践能力、组织管理能力、沟通协调能力、团队合作能力、创新能力、学习能力和发展能力等。高校向社会输送人才的能力素质如何，是否适应和符合社会政治、经济发展的需要，不仅关系到高等教育的健康发展，也关系到高校的办学质量和办学效益，更关系到大学生的切身利益。高校应本着一切以大学生为本的办学理念，真正面向社会需求办学，有针对性、有目的性地提升大学生的能力素质。

据一项对457名雇主的调查显示，雇主对求职者素质与技能的要求进行了相应的排序（见表1-1）。①

表1-1　雇主对求职者素质与技能的评估

基于5分制,1=不重要,5=极为重要	
沟通技巧（口头和书面）	4.69
诚实/正直	4.59
团队合作能力（与他人良好合作）	4.54
人际交往能力（与他人和睦相处）	4.50
强烈的职业道德	4.46
主动性/自发性	4.42
灵活性/适用性	4.41
分析能力	4.36
计算机能力	4.21
组织能力	4.05
重视细节	4.00
领导能力	3.97
自信	3.95
友善/外向性格	3.85
举止端庄/有礼	3.82
实事求是	3.75

---

① ［美］Bill Coplin：《老板要你在大学里学的10件事》，杨凡译，机械工业出版社2005年版。

续表

基于 5 分制,1 = 不重要,5 = 极为重要	
创造力	3.59
幽默感	3.25
企业家精神/敢于承担风险	3.23

"你认为哪四项是工作单位最看重的素质"调查显示,大学生普遍认为"合作意识与奉献精神"比较重要(23%),其次是"人际交往能力"(18%)、"创新意识"(17%)和"社会实践和工作经历"(17%)。只有 2%的同学认为"文字表达能力"比较重要(见图 1-8)。①

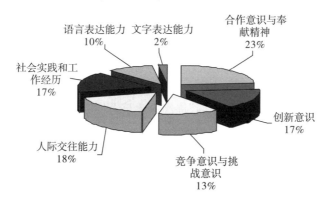

图 1-8　你认为工作单位最看重的素质

5.身心素质

身心素质主要包括个体的身体素质和心理素质两部分。身体素质是指个体身体的基本状况,包括良好的生活和卫生习惯、浓厚的爱好和兴趣、正常的发育、良好的体能及健康的体质等。这是人们适应和改造客观环境的需要,是其它各项素质形成和发展的基础。一句话,健康不是一切,但是没有健康就没有一切。心理素质是指人在感知、想象、思维、观念、情感、意志、兴趣等方面心理品质上的修养。它是一个内容非常广泛的概念,涉及人的性格、兴趣、动机、意志、情感等多方面的内容。身心素质是大学生职业素质的重要组成部分,影

---

① ［美］Bill Coplin:《老板要你在大学里学的 10 件事》,杨凡译,机械工业出版社 2005 年版。

响和制约着大学生其他素质的提升。从这个角度讲,没有良好的身心素质为基础,我们所建设的大学生就业指导模式,无论多么合理、客观和科学,其结果也是枉然。

(五)改革高校人才培养模式

人才培养始终是高校的中心工作。"高等学校的根本任务是培养国家经济建设和社会发展需要的各类人才,学生就业问题对高等学校的生存发展具有突出重要的意义。要改革教学内容和人才培养模式,加强学生的实习实训,大力提高毕业生的实践能力、创造能力、就业能力和创业能力。"①为主动适应社会经济发展新常态对人才培养的要求,高校要进一步改革人才培养模式,以人才培养为中心,进一步转变教育教学理念,确立大学生的主体地位,思考和探索高等教育"大众化"背景下实现大学生全面发展的新途径,全面提升教育教学质量。按照国务院提出"各高校要根据经济社会发展和产业结构调整的需要,认真做好相关专业人才需求预测,合理调整专业设置,推进人才培养模式改革,强化实践教学和实习实训,提高人才培养质量②"的要求,鼓励和支持大学生积极参加专业技能训练及创新实践活动,激发其潜能,充分展示学生个性,培养其创新精神、创业意识和实践能力。

1.改革教育教学模式

传统意义上的高校教育教学活动以教师为主,学生为辅,教师占主导地位,学生往往只能被动地接受。高校应主动"适应国家和社会发展需要,遵循教育规律和人才成长规律,深化教育教学改革,创新教育教学方法,探索多种培养方式,形成各类人才辈出、拔尖创新人才不断涌现的局面"。③ 在人才培养过程中,高校要改变以往那种以教师为中心的传统教育教学理念,进一步改革教育教学模式,切实转变办学理念,将就业指导的相应内容融入到学校整体教育教学之中,充分体现大学生的主体地位。根据学校发展特色、办学定位、

---

① 《关于切实做好 2007 年普通高等学校毕业生就业工作的通知》(国办发〔2007〕26 号),2007 年 4 月 22 日。

② 《国务院关于进一步做好普通高等学校毕业生就业工作的通知》(国发〔2011〕16 号),2011 年 5 月 31 日。

③ 《国家中长期教育改革和发展规划纲要(2010—2020)》,新华社,2010 年 7 月 29 日。

专业特点和大学生职业发展的实际需求,加强教师与学生、学生与学生之间的沟通和交流,充分理解和尊重学生,发挥学生的积极性和主动性,鼓励学生按照自己的思维方式去探究、去实践,积极提出问题、分析问题和解决问题,努力创设活泼宽松、健康向上的教育教学氛围。

2.更新教育教学内容和方法

高校要积极、主动地适应高等教育教学改革和社会经济发展变化,不断创新教育教学模式,更新教育教学内容,改进教育教学方法。一是及时更新教材。高校要加强对本校大学生教材使用情况的调研和评估,根据社会经济发展变化和专业发展趋势,选取适合本校专业特点和学生特色的教材,及时淘汰一些内容过时或不适应学生发展的教材,促使教育教学内容始终保持在常新的状态。二是加强大学生创造性思维的培养。提倡大学生独立思考,增加探索新知识、提升职业技能的内容;引导大学生学会抽象思维,拓展思考的自由度;摆脱传统思维定式,倡导逆向思维,使教育教学内容多维化和多元化。三是引导大学生参与科研。我们要充分意识到,大学生参与科研活动也是高校教育教学的一部分。因此,我们要积极引导和鼓励大学生申报和参与国家级、校级大学生创新创业训练计划项目,使学生不同程度地介入一些科研课题,了解科研过程和科研方法。通过这种科研体验和科研实践,培养大学生的创新精神和创新创业能力。四是更新教学方法。教师要灵活运用多种教学方法,充分利用现代化教学手段,调动大学生学习的积极性和主动性。在教学中适时引入科学探究的教学方法,让大学生通过这种教学方法,体会科学探究的过程。

3.改进考评方式

在传统高等教育教学过程中,每一门课程教学或一项培训活动结束后,往往会对大学生进行相应的考评,这是高校考核大学生对该课程或培训活动理解或掌握程度的重要方法和手段。随着我国高等教育改革的进一步深入、发展和完善,传统的教育教学方式和内容也发生了相应的变化,改进大学生的考评方式成为必然。高校要进一步"改革考试评价制度和学校考核办法"①,实

① 《国家中长期教育改革和发展规划纲要(2010—2020)》,新华社,2010年7月29日。

行多样性的考评方式和多元化的评价标准,摒弃过去那种以闭卷考试为中心,以分数多寡来衡量学生对知识和技能掌握程度的方式,实现闭卷与开卷考评相结合、日常表现考核与学业期终(期末)考核相结合。高校在对大学生考评中,要充分体现知识是基础、创新是目标的指导思想,注重知识学习与综合素质提高这两方面的考评相结合,切实改进考试方式,真正使大学生学有所长,学以致用,以更加积极的心态参与未来的就业竞争。

4.河南师范大学人才培养模式的改革与实践

现阶段,国内一些高校人才培养目标和模式近乎统一,人才培养定位也相对单一。这种共性化、趋同化的教育教学模式既不利于高等教育的可持续发展,也不利于高质量创新人才的涌现。高等教育要想真正培养出适应国家、社会发展的创新型、复合型人才,需要在制度和体制层面上有所突破,树立全新的人才培养理念,大力开展人才培养模式的改革与实践工作。

为深化高校教育教学改革,构建多元化的人才培养模式,促进大学生的全面发展,在人才培养模式改革问题上,值得一提的是,河南师范大学做了一些有益的探索和尝试。2008年,河南师范大学化学与环境科学学院在前期实践和多方调研的基础上,率先实施了"因材施教、分流培养"的本科生人才培养模式改革,取得了一定的效果,此举引起了学校的高度重视。

随后,学校将化学与环境科学学院、生命科学学院作为实施教学分流人才培养模式改革的试点学院。2009年新学期,学校进一步扩大了试点范围,分别在化学与环境科学学院、生命科学学院、经济与管理学院和社会发展学院等4个学院进行人才培养模式改革试点工作,取得了明显的成效。2009年6月,在学校教学工作会议上,明确提出了河南师范大学创新人才培养模式具体实施方案,在全校实施分类别、分阶段、分层次培养的主体思路。自此,这种全新的人才培养模式在学校全面推广和实施。2010年,"因材施教、分流培养、按需培养"的人才培养新模式在全校2010级7000余名新生中全面展开,这种模式可概括为"学生可以根据自己的学习基础、个性特点、发展志向与毕业去向选择适合自己的培养方向,参加因材施教和分类培养的教学①",此举受到大

---

① 史欣:《河南师范大学实行分流教学》,《光明日报》2010年9月13日。

学生的普遍欢迎,效果也非常显著。

　　经过不断发展和融合,河南师范大学走出了一条针对本科生而实施的"因材施教"、"分类培养"教育教学改革的新路子,开创了本科生培养的新局面。在实际运行过程中,学校针对不同类型的人才培养目标、成长规律和职业发展需求,采取富有特色的课程教学和培养训练模式,为不同年级、不同专业和不同需求的大学生,分别打造不同类型的教育和培养模块。对一、二年级的大学生,加强专业基础课和公修课的通识教育培养;对三、四年级的大学生,则采取"分类别"和"分层次"的培养方式,充分尊重学生选择,设置相应的班级。对准备继续深造的大学生,在注重专业培养的同时,加强升学相关准备的指导;对准备就业的学生,开设相应的就业指导课程,使大学生掌握必备的求职择业技巧,拓展其职业发展潜力。大力开展创新创业教育,定期邀请就业指导专家、企业负责人、优秀校友等到校做报告或讲座。这样,将就业指导相关内容渗透到学校的教育教学活动之中,使大学生在日常的学习生活中受到潜移默化的影响。

　　目前,河南师范大学基本确立了师资型、学术型、应用型三类人才培养方案,相应设置了不同的班级,除正常的教学计划之外,开展相应的教育教学和实践活动,并针对各个班级的实际需求制定了具体的教学安排和实习计划。在具体实施过程中,"针对师资型人才培养,学校加强教学理论、强化教学技能、突出教师教育特色,打造师大师范生品牌。设置了教育研究与评价方法、课程与教学论、教学设计等教师教育基础课,微格教学课程、现代教育技术等教师教育技能课,中学新课改、新教材、新实验分析等与中学对接课,中学学科奥林匹克、中学名师名家讲坛等教师教育特色课。针对学术型人才培养,学校加强专业理论、强化科研训练、突出创新能力的培养。设置学科综合课、创新实验课、学科前沿专题讲座、高校和科研机构名师名家讲坛等。针对应用型人才培养,学校加强应用理论、突出创新、创业能力培养,设置应用性课程、学科前沿专题讲座、市场营销、企业家讲坛等"。[1] 河南师范大学实施的这种全新的人才培养方案,在一定程度上丰富和完善了学校的整体教育教学内容,也在很大程度上提高了整体的教育教学效果。

---

　　① 《培养科技创新型人才　服务中原经济区建设》,《河南日报》2011 年 5 月 15 日。

另外,充分发挥学校重点学科、基础设施设备和任课教师的作用。让大学生一入校就可以有选择地进入相应的实验平台进行实践操作,接触优秀任课教师,开展相应的创新活动。河南师范大学将大学生创新项目纳入人才培养方案和教学计划,加强管理与监督,有效地提高了大学生的创新能力。同时,加强两个协作共同体建设,即学校联合省内外 100 家优秀企业、100 所省级示范性高中,建立了"1+100"校企联合协作共同体和"1+100"省级示范性高中协作共同体,为大学生创新能力的提升提供更加宽阔的平台。

在这种全新的人才培养模式下,学校培养的大学毕业生颇受国内众多高等院校、科研院所以及各级各类用人单位的青睐。2008 年以来,河南师范大学本科生考研录取率稳定在 25%以上,年底就业率依次为 97.19%、92.21%、93.02%、93.44%、91.32%、90.02%、90.89%、91.64%,基本实现了"就业率高、就业质量高、就业层次高"的"三高"目标。

(六)优化大学生的就业环境

就业环境对大学生就业有直接、现实的影响,也有间接、潜在的影响;有积极、正面的影响,也有消极、负面的影响。加强大学生就业指导模式建设,进一步优化大学生的就业环境,消除大学生就业的不利因素影响,既是适应新的就业形势要求,也是大学生就业指导模式建设的目标和任务。

1.优化大学生就业政策环境

根据社会经济发展战略规划和人才培养目标,结合不同时期的政治、经济发展任务的客观要求,国家往往会出台一系列就业政策。从就业政策发挥的功能角度看,大致可以分为战略性、市场性和保护性三种。"战略性就业政策主要关注创业与就业创造,是基于创业激励而保证就业稳定持续增长的基本前提。市场性就业政策关注劳动力市场效率,包括劳动力供给、劳动力需求和劳动力市场过程。保护性就业政策主要关注就业权利保护,包括就业前的平等就业机会、就业中的就业条件公平权利、不能就业时的社会保障权利以及就业权利保护与自我负责的平衡。"[①]战略性就业政策注重就业岗位和就业机会的创造,增加市场需求,整体效果明显。总体上看,市场性就业政策没有战略性

---

① 杨伟国:《转型中的中国就业政策》,中国劳动社会保障出版社 2007 年版。

就业政策立竿见影的效果,但是从长期来看仍需继续推行和完善。保护性就业政策的主要作用在于辅助其它两类政策更好地实现其效果,如果单独实施,其效果可能并不明显。对于大学毕业生来讲,更多实施的是保护性政策。我国要实现人才强国的战略目标,优化就业政策环境是前提。要更好地促进大学生就业,需要对现行的就业政策进行进一步的优化,简言之,需要出台更多的保护性政策。近年来,我国政府相继出台了诸多大学生就业的保护性政策,以促进大学生就业工作,对于优化人力资源市场的合理配置,进一步缓解高校毕业生的就业压力,引导和规范大学生就业等,起着不可替代的作用。现阶段,我国基本建立了一整套相对健全和完善的大学生就业政策支持体系(见表1-2)。

表1-2 近年来中央层面大学生就业相关政策

发文单位	发文名称	文件号	战略性	市场性	保护性
中共中央	中共中央办公厅 国务院办公厅印发《关于引导和鼓励高校毕业生面向基层就业的意见》通知	中办发〔2005〕8号	√	√	√
国务院	国务院关于进一步加强就业再就业工作的通知	国发〔2005〕36号	√	√	√
	国务院办公厅关于切实做好2007年普通高等学校毕业生就业工作的通知(宣布失效:年度文件,文件部署的工作任务已完成)	国办发〔2007〕26号	√	√	√
	国务院关于做好促进就业工作的通知	国发〔2008〕5号	√	√	√
	国务院办公厅关于加强普通高等学校毕业生就业工作的通知	国办发〔2009〕3号	√	√	√
	国务院关于进一步做好普通高等学校毕业生就业工作的通知	国发〔2011〕16号	√	√	√
	国务院办公厅关于做好2013年全国普通高等学校毕业生就业工作的通知	国办发〔2013〕35号	√	√	√
	国务院办公厅关于做好2014年全国普通高等学校毕业生就业创业工作的通知	国办发〔2014〕22号	√	√	√
	国务院关于进一步做好新形势下就业创业工作的意见	国发〔2015〕23号	√	√	√

发文单位	发文名称	文件号	战略性	市场性	保护性
教育部	教育部办公厅关于印送中组部、教育部等十四部门《关于切实做好 2006 年普通高等学校毕业生就业工作的通知》的通知	教学厅函〔2006〕10 号	√	√	√
	关于当前形势下做好普通高等学校毕业生就业工作的通知	教学〔2008〕21 号	√	√	√
	教育部办公厅关于当前做好高校困难毕业生就业帮扶工作的通知	教学厅〔2009〕7 号		√	√
	教育部关于大力推进高等学校创新创业教育和大学生自主创业工作的意见	教办〔2010〕3 号	√		
	教育部办公厅 人力资源和社会保障部办公厅关于 2011 年联合举办高校毕业生网上招聘活动的通知	教学厅函〔2011〕6 号		√	
	关于做好 2012 年全国普通高等学校毕业生就业工作的通知	教学〔2011〕12 号	√	√	√
	关于做好 2013 年全国普通高等学校毕业生就业工作的通知	教学〔2012〕11 号	√	√	√
	教育部办公厅 商务部办公厅关于举办"战略性新兴产业面向应届高校毕业生网上招聘活动"的通知	教学厅函〔2013〕11 号		√	
	教育部办公厅关于做好 2014 届教育部直属师范大学免费师范毕业生就业工作的通知	教师厅函〔2013〕11 号		√	√
	关于做好 2014 年全国普通高等学校毕业生就业工作的通知	教学〔2013〕14 号	√	√	√
	教育部办公厅关于做好 2014 年离校未就业高校毕业生就业服务工作的通知	教学厅〔2014〕3 号	√	√	√
	教育部关于做好 2015 年全国普通高等学校毕业生就业创业工作的通知	教学〔2014〕15 号	√	√	√
	教育部关于做好 2016 届全国普通高等学校毕业生就业创业工作的通知	教学〔2015〕12 号	√	√	√
中组部	中组部 人事部 教育部关于贯彻落实中共中央办公厅 国务院办公厅引导和鼓励高校毕业生面向基层就业意见的通知	中组发〔2005〕5 号	√	√	√

续表

发文单位	发文名称	文件号	战略性	市场性	保护性
人力资源和社会保障部	中共中央组织部 人力资源和社会保障部 教育部 财政部 共青团中央关于统筹实施引导高校毕业生到农村基层服务项目工作的通知	人社部发〔2009〕42号	√	√	√
	人力资源和社会保障部关于实施大学生创业引领计划的通知	人社部发〔2010〕25号	√		√
	人力资源和社会保障部办公厅 教育部办公厅关于做好未就业普通高校毕业生信息衔接工作的通知	人社厅发〔2013〕30号			√
	人力资源和社会保障部关于实施离校未就业高校毕业生就业促进计划的通知	人社部发〔2013〕41号	√	√	√
	人力资源和社会保障部 教育部 财政部关于做好高校毕业生求职补贴发放工作的通知	人社部发〔2013〕43号			√
	人力资源和社会保障部办公厅关于进一步加强高校毕业生就业创业政策宣传工作的通知	人社厅函〔2014〕312号	√		√
	人力资源和社会保障部关于做好2014年全国高校毕业生就业工作的通知	人社部函〔2014〕38号	√	√	√
共青团中央	关于印发《2005年促进青年就业和再就业工作要点》和《共青团全国青年就业和再就业工作领导成员单位2005年主要工作安排》的通知	中青办发〔2005〕8号	√		√
	共青团中央 教育部 财政部 人事部关于做好2005年大学生志愿服务西部计划工作的通知	中青联发〔2005〕17号	√		√
	关于印发《2006年中国青年创业行动工作要点》和《共青团全国青年就业和再就业工作领导小组成员单位2006年主要工作安排》的通知	中青办发〔2006〕4号	√		√
	关于开展共青团2008年"服务青少年月"活动的通知	中青发2008〕4号			√
	共青团中央 教育部 财政部 人力资源和社会保障部关于印发《大学生志愿服务西部计划志愿者管理办法》及《大学生志愿服务西部计划各级项目办和服务单位职责》的通知	中青联发〔2009〕19号	√	√	√
	共青团中央 教育部 财政部 人力资源和社会保障部关于印发《2014年大学生志愿服务西部计划实施方案》的通知	中青联发〔2004〕12号	√	√	√

续表

发文单位	发文名称	文件号	战略性	市场性	保护性
大学生参军入伍相关文件	教育部办公厅 公安部办公室厅关于普通高等学校毕业生应征入伍服义务兵役办理就业手续的通知	教学厅〔2009〕5号			√
	总参谋部 总政治部 教育部 公安部 民政部 财政部关于印发《征集各级各类学校应届毕业生工作暂行规定》的通知	参动〔2009〕88号	√		√
	国务院 中央军委关于加强退役士兵职业教育和技能培训工作的通知	国发〔2010〕42号	√		√
	总参谋部 总政治部关于加强大学生士兵教育管理和培养使用的意见	参联〔2010〕3号	√		√
	总参谋部 总政治部 总后勤部印发《从大学毕业生士兵中选拔军官暂行办法》	政联〔2011〕10号	√		√
	财政部 教育部 总参谋部关于印发《高等学校学生应征入伍服义务兵役国家资助办法》的通知	财教〔2013〕236号	√		√
	总参谋部 教育部 民政部 人力资源和社会保障部关于做好征集大学生入伍工作的通知	参动〔2013〕69号	√		√
	国务院办公厅 中央军委办公厅转发民政部 总参谋部关于深入贯彻《退役士兵安置条例》扎实做好退役士兵安置工作意见的通知	国办发〔2013〕78号	√		√
	教育部 总参谋部关于印发《应征入伍普通高等学校录取新生保留入学资格及退役后入学办法(试行)的通知》	教学〔2013〕8号			√
	民政部 财政部 总参谋部关于加强和改进退役士兵教育培训工作的通知	民发〔2014〕11号	√		√
	公安部 总参谋部 总政治部关于印发《征兵政治考核工作规定》的通知	政保〔2014〕5号	√		√
	教育部关于进一步落实好退役士兵就读中等职业学校和高等学校相关政策的通知	教职成函〔2014〕4号			√
	财政部 教育部 中国人民银行 银监会关于调整完善国家助学贷款相关政策措施的通知	财教〔2014〕180号		√	√

资料来源:教育部、人力资源和社会保障部等相关网站。

虽然近年来我国出台了诸多针对大学生就业创业的优惠政策,但我们也应注意到,在就业政策实施过程中,有些政策缺乏有效的配套措施,后续保障不到位;一些政策得不到很好的落实,致使毕业生到西部、到农村基层、到私营企业就业,以及人才的区域流动还存在政策性障碍等。因此,政府要切实发挥宏观调控职能,做好就业政策的制定、完善和落实工作。在政策实施过程中建立长效运行机制,对出台的政策和措施不断完善和修正。国务院下属相关部委、各省级政府要以国家出台的大学生就业政策为依据,加强督查,狠抓落实,使就业政策的作用和功能得到最大限度的发挥。各省级政府要结合实际情况,加快大学生就业政策的改革进程,找准政策实施和落实过程中的薄弱环节,结合本辖区的地域特点、经济发展状况、人力资源结构等做出必要的政策倾斜,出台一些适合本地区的大学生就业政策和措施。对于一些与国家相抵触的大学生就业政策和措施,及时修改、清理或废止,从而逐步完善大学生就业政策配套体系,消除就业政策和体制障碍,促进人力资源的合理配置。高校对于大学生就业工作出现的新问题和新情况,要加强分析和调研,探索新方法,出台新举措,及时将改进意见和措施向上级反馈。同时,及时总结好的经验和做法,进一步优化大学生就业政策环境,并加以大力宣传和推广,真正将国家促进大学生就业的各项政策和措施落到实处。

2.优化大学生就业教育环境

就业教育是大学生就业指导模式的重要组成部分,是高校为实现大学生与未来职业合理匹配而开展的教育活动,具有较强的针对性、和实操性。近年来,随着我国大学生就业压力的不断加大,加之受国外一些发达国家就业教育理念的影响,我国高校开始关注和重视大学生的就业教育。总体上看,目前我国高校开展的大学生就业教育无论是内容、方法和教育理念,还是在理论与实践相结合上,与我国当前社会经济发展、人才市场需求状况和大学生的实际需求尚存在一定的距离。优化大学生就业教育环境,促进大学生职业发展,这是我国高等教育发展过程中必须面对的现实问题,也是大学生就业指导模式建设工作必须重视的问题。首先,提高认识是基础。提高认识是做好任何工作的基础,大学生就业教育同样如此。高校要充分地认识到,做好大学生就业教育工作,对于建设良好的校风和学风,提高大学生学习的主动性和积极性,实现大学生个性化培养,提高人才培养质量和提升毕业生就业率等都有着重要的作用和影响。从人才培养目标和高校自身可持续发展角度出发,高校领导、各职能部门负责人、各院(系)领导和广大教职员工都要重视和参与到大学生就业教育中来,真正使"就业教育作为大学生综合素质教育的重要组成部分,在人才培养以及就业工作中发挥着越来越重要的作用。加强大学生就业教育,要充分体现以人为本的思想,紧紧围绕人才培养、大学生就业这个主题,贯穿于学校教育和教学的全过程"。① 其次,组织到位是保证。高校要发挥就业指导的主渠道作用,必须加强组织建设,以保证就业教育的顺利开展。主要包括:健全就业教育组织建设,制定科学的就业教育计划,不断丰富就业教育内容;充分利用网络资源,加强网络就业教育;开设就业指导课程;强化第二课堂;加强创新创业教育;注重思想政治教育,引导大学生树立科学的择业观等。第三,相互结合是关键。在现行的高等教育运行机制中,大学生就业教育绝不是一种孤立的教育,需要政府、社会、高校、家庭等多方面的教育相结合,营造良好的就业教育氛围,才能实现就业教育理想的状态和效果。

3.优化大学生就业服务环境

大学生就业服务环境是由政府、高校、人才市场和用人单位等诸多要素构成一个综合服务体系,各要素之间相互制约、相互影响、相互协调和相互促进,共同服务于大学生就业指导模式建设。计划经济时代,我国实行大学生毕业生"统招统分"的就业政策,大学毕业生基本上不存在就业问题,所谓的就业服务主要是针对大学毕业生开展诸如根据国家需要,服从组织安排而开展相应的教育活动,办理毕业生就业手续是大学生就业服务的重要内容,基本上是以管理为主,服务为辅。随着就业形势的变化,政府、社会、高校高度关注大学生就业服务工作,各个层面也纷纷建立了相应的就业服务体系,开展了一系列实质性的工作,取得了一定成效。但是,我们也应注意到,由于我国大学生就业服务体系建设起步较晚,没有相应地建立统一协调和发展运行机制,就业服务体系建设相对迟缓,加之政府、社会、高校及职能部门协调和沟通不够等原因影响,我国高校大学生就业服务环境不尽理想。针对大学生就业服务问题,2011年5月,国务院明确提出:"各地区、各有关部门要继续把高校毕业生就

---

① 田爱民、蹇东伟:《加强和改进大学生就业教育的思考》,《中国大学生就业》2007年第4期。

业摆在就业工作的首位,进一步加大工作力度,多渠道开发就业岗位,完善相关政策措施,切实加强就业服务,千方百计促进高校毕业生就业。"①同时,国务院对高校毕业生就业服务工作提出了具体的要求②,这为进一步优化大学生就业服务环境提供了政策依据。高校作为大学生就业工作的直接管理者、参与者和实施者,更应该做好大学生的就业服务工作。在具体工作开展中,高校要切实转变服务理念、优化服务环境、强化服务理念、端正服务态度、改进服务手段、规范服务程序、增强服务效果,创造良好的服务氛围,为用人单位和毕业生提供优质的服务,架设供需双方联系和沟通的桥梁,方便用人单位和毕业生双向选择。

4.优化大学生就业舆论环境

就业舆论导向对大学生就业指导模式建设工作有着重要的影响。关注和重视大学生就业舆论环境,以正确的舆论引导人,可在一定程度上客观地反映就业舆论,形成正确的就业舆论导向,进而强化大学生就业指导模式建设,促进大学生充分和顺利就业。在大学生择业价值取向多元化、就业目标趋向多样化的今天,社会舆论环境对大学生就业的影响不容忽视。优化大学生就业的舆论环境,营造良好的就业舆论氛围,既是政府、社会、用人单位、就业市场和高校应高度重视和关注的问题,也是其理应担负的职责。受传统就业观念的影响,大学生就业时出现不同的选择趋向。其一,在单位性质上,大学生更

---

① 《国务院关于进一步做好普通高等学校毕业生就业工作的通知》(国发〔2011〕16 号),2011 年 5 月 31 日。

② 摘自《国务院关于进一步做好普通高等学校毕业生就业工作的通知》(国发〔2011〕16 号),具体内容:各地区、各有关部门要根据高校毕业生求职就业特点,创新就业服务模式,完善服务措施,采取组织企业进校园、召开专场招聘会和供求洽谈会、开展网络招聘等活动,为高校毕业生提供方便、快捷、直接、有效的就业信息服务。各地公共就业人才服务机构、高校毕业生就业指导服务机构及其他就业服务机构要加强合作,建立健全高校毕业生就业信息服务平台,提供政策发布、岗位信息、网络招聘、远程面试、指导咨询等就业服务。要大力推动互联网就业服务的健康发展,加强信息监督管理,规范互联网求职就业行为。鼓励各类职业中介机构为高校毕业生提供就业服务,对为登记失业高校毕业生提供服务并符合条件的给予职业介绍补贴。鼓励企业与高校合作,为大学生提供有针对性的指导和服务,帮助大学生提升专业能力和职业能力。支持工会、共青团、妇联等组织开展多种形式的高校毕业生就业创业扶持活动。各级公共就业人才服务机构要按照就业促进法的规定,为已就业高校毕业生免费办理就业登记,并按规定提供人事、劳动保障代理服务。

愿意选择到国家机关、事业单位和国有企业就业,不愿意到西部、基层,不愿意到农村、私营企业和城镇社区就业。其二,在地域选择上。愿意到北京、上海、天津及沿海发达地区,不愿意到中西部地区、艰苦边远地区和老工业基地县以下基层就业。其三,在薪酬选择上,愿意到高薪酬、高福利的用人单位,不愿意到虽然急需人才,但待遇、工资相对较低的单位。其四,在选择途径上,愿意到有编制,也就是所谓有"体制内"单位就业,不愿意到相对待遇好但无编制的单位就业;无理想就业单位时,宁愿"有业不就",出现所谓的"北漂族"、"校漂族"、"蚁族"、"啃老族"和"考研族"等,也不愿意"低就",到自己认为不如意的单位就业;不愿意发挥自己的专业优势和特长进行自主创业等。在此情况下,需要政府、社会、高校和家庭形成合力,"坚持正确导向,加强政策解读,及时回应社会关切,大力宣传促进就业创业工作的经验做法,宣传劳动者自主就业、自主创业和用人单位促进就业的典型事迹,引导全社会共同关心和支持就业创业工作,引导高校毕业生等各类劳动者转变观念,树立正确的就业观,大力营造劳动光荣、技能宝贵、创造伟大的时代风尚"。① 高校要进一步加大宣传力度,优化就业舆论环境,发挥舆论的正能量,创设良好的舆论氛围,引导大学毕业生到祖国需要的地方,到最适合自己和最能发挥自己聪明才智的地方和岗位去建功立业,实现自己的职业目标和人生理想。

三、大学生就业指导模式的条件支持

任何一种模式的有效运行都离不开一定的条件支持。大学生就业指导模式作为一种全方位、立体化的教育、教学、指导和服务体系,更是需要多方的支持、协调和配合,建立有效的长效运行机制,按照大学生就业指导模式的建设要求,强化条件支持力度,才能达到一种相对理想化的状态。

(一)软硬件设施建设

加强就业工作软硬件设施建设是构建大学生就业指导模式的保证。为积极应对当前新的就业形势,教育部强调"各省级主管部门、各高校要确保高校

---

① 《国务院关于进一步做好新形势下就业创业工作的意见》(国发〔2015〕23 号),2015 年 4 月 27 日。

毕业生就业'机构、人员、经费、场地'四到位,加快建设一批省级和高校示范性就业指导服务中心。积极争取公共就业资金对高校毕业生就业工作的投入"。① 唯有如此,才能在最大限度上切实满足大学生日益增长的就业指导与服务的需要。

1.基础设施建设

完善的基础设施是大学生就业指导模式建设的基础。从当前大学生就业指导模式建设的基本要求看,基础设施建设应包括以下方面:健全的就业指导机构;设立相应职能科室;充裕的办公场所;划拨充足的就业经费;配备电脑、电话、打印机、复印机、传真机、摄像机、多媒体等办公设备;拥有资料查询室、信息查询室、面试洽谈室、咨询辅导室、多媒体教室、报告厅、招聘厅、会议室;安排就业指导、培训专用教室;建设高标准、高质量的就业信息网络平台等。有条件的高校可加大投入力度,进一步加强和完善基础设施建设。

2.教材建设

加强教材建设是大学生就业指导模式建设工作的又一重要内容。有效的就业指导教育教学活动必须要有高质量的就业指导教材做保证。目前,国内各类大学生就业指导的相关教材可谓种类繁多、良莠不齐。其中既有教育行政主管部门牵头编写,或几所高校联合编写的教材,也有高校自己编写的教材或讲义,或由个人或几个人的合著教材。从整体上看,各类就业指导教材还没有形成完善的理论和实践模式,虽然教材在理论阐述、实践指导、技巧指导、政策解答、手续办理等方面各有所侧重,但各类教材在内容、形式、格式上基本趋同,重复和拼凑现象较为普遍,且绝大部分内容大学生基本上通过网络都可以获取,很难调动大学生学习的积极性。因此,教育部门、高校要高度重视和加强就业指导教材建设,整合资源,突破传统理念,有针对性、选择性地选用高质量的就业指导教材,或根据本校特色,组织相关专家、学者编写适合本校大学生职业发展的就业指导教材或讲义。

---

① 《教育部关于做好 2012 年全国普通高等学校毕业生就业工作的通知》(教学〔2011〕12号),2011 年 11 月 10 日。

3.队伍建设

无论是大学生就业指导模式的合理构建,还是就业工作的顺利开展,高校就业指导队伍建设状况都起着举足轻重的作用和影响。可以说,一所高校大学生就业指导队伍"职业化、专业化、信息化、专家化"水平的高低,决定并影响着高校就业指导模式建设工作的成效,影响到就业工作的顺利开展,影响到高校的社会评价,进而影响到高校的可持续发展。因此,高校应着重建设一支身心健康,职称、专业、学历、年龄结构相对合理,具有崇高的职业观、价值观和职业道德,社会阅历和从业经验丰富的就业指导队伍,并不断地加强对这支队伍的指导和培训,提高其职业道德、素质和水平,充分调动大家的积极性,为大学生的健康成长成才提供坚强的队伍保障。

4.课程建设

加强就业指导课程建设是构建大学生就业指导模式的重要途径。"要高度重视职业发展与就业指导课程建设。各高校要根据教育部的文件要求,切实把就业指导课程建设纳入人才培养工作,列入就业整体规划之中,将就业指导课程建设及其效果列入就业工作评估范围。"①大学生在校期间就业指导相关课程的学习,与专业课学习有联系也有一定的区别。高校应按照教育部要求,结合本校实际,将就业指导课程建设纳入正常的教学计划,针对不同年级、不同专业和不同需求的大学生,科学、合理地开展职业生涯规划、求职择业指导、创新创业教育、职业发展与适应等相应的课程教学,保障课时和学分,加强评估和监督,不断促进就业指导课程建设的健康、有序发展。

5.市场建设

大学生就业市场建设是整个社会人才市场建设的重要组成部分,也与大学生就业指导模式建设密切相关。教育部强调:"加强就业市场建设。各高校要充分发挥就业服务主渠道作用,积极主动联系用人单位,特别要加强与西部地区和县(市)等基层单位的合作。要逐步探索建立国家战略性新兴产业

---

① 《教育部办公厅关于印发〈大学生职业发展与就业指导课程教学要求〉的通知》(教高厅〔2007〕7号),2007年12月13日。

人才需求与高校毕业生就业对接机制。"①高校应根据本校办学特色和专业特点,除大力加强本校大学生就业市场外,还应重视与社会各类大型与小型、定期与不定期、专业与非专业、政府与社会团体等举办的就业市场建立联系,加强校内与校外、区域联合与校际联合、全校型和院(系)型等不同类型就业市场的建设、合作与开发,努力实现就业市场资源共享,不断拓展就业市场的功能,强化就业市场建设的功能和效果,服务于大学生就业工作。

(二)大学生就业指导模式评估

对高校进行相应的就业工作评估,是加强和促进大学生就业指导模式建设的重要举措。为切实提高大学生就业工作的成效,教育部对各省级教育主管部门,省级教育主管部门对各高校,高校就业指导职能部门对各院(系)等自上而下会定期或不定期开展相应的就业评估或督查工作,以期达到"以评促建、以评促改、以评促管、评建结合、重在建设"的目的,这种常态化的运行机制对促进大学生就业工作具有重要的现实意义。一般情况下,对高校的就业工作评估,可从组织领导、基本条件、指导服务、规范管理和绩效评价等几个方面进行,每个方面分若干小项,并分别赋予相应分值。加强高校毕业生就业工作评估,既是大学生就业制度改革和发展进程中面临的严峻挑战,也是推动大学生就业指导模式上台阶的重要机遇。目前,我国河南、安徽、福建、辽宁、山东、江西、黑龙江、浙江等省纷纷开展了不同形式的高校毕业生就业评估工作,取得了较为理想的效果。以河南省为例,2008 年,河南省下发了《河南省教育厅关于开展普通高等学校毕业生就业工作评估的通知》,正式启动了四年一轮的高校就业工作评估。在各高校自评、申报基础上,河南省教育厅成立专家组对全省 104 所评估年度内的高校毕业生就业工作进行了实地考察评估,分别于 2010 年 5 月、2010 年 11 月和 2011 年 4 月共分三批进行第一轮评估,笔者有幸作为专家组成员,参加了第一轮中第一批、第三批的就业工作评估。在评估过程中,专家组通过听取高校汇报、参观基础设施和实训条件、查阅资料、实地观察、问卷调查、听课、座谈会、评估情况通报等,按照《河南省普

---

① 《教育部关于做好 2012 年全国普通高等学校毕业生就业工作的通知》(教学〔2011〕12号),2011 年 11 月 10 日。

通高等学校毕业生就业工作评估评分标准》(见附录2)逐项打分,对受评估高校的大学生就业指导模式进行了全面而深入了解。

在全程参与河南省组织的第一轮两批就业工作评估中,笔者对高校毕业生就业工作评估有了深刻的体会。毕业生就业工作评估包括三个方面,即前期高校自评、申报、迎评准备;中期专家组听取学校汇报、问卷调查、实地考察、查阅资料、听课、参加座谈会,撰写评估报告,进行评估情况通报,提出待完善问题和整改意见;后期进行评后抽查、评后回访、引入"第三方"评价、确定评估结果。开展大学生就业工作评估,既是对高校就业工作全面考察中发掘先进经验、发现典型的过程,也是帮助高校发现问题、查找不足,进而实现整改、完善和提高的过程,同时也是高校自我查找大学生就业指导模式建设问题的过程。通过毕业生就业工作评估,各高校对自身就业工作有了更为明确的认识,清楚自身的优势和需要加强和整改的薄弱环节。各高校以毕业生就业工作评估为契机,普遍提高了对大学生就业指导模式建设工作的重视程度,将其摆在学校工作的重要位置,加大了就业工作的软、硬件基础设施建设,在机构、人员、场地、经费等方面给予充分保证,为大学生就业指导模式建设创设更为有利的条件和环境。

第二章　大学生就业指导模式现状调查

在新的就业形势下,国家实施高等教育综合改革、高校实施人才培养模式改革等都与大学生就业指导模式的建立和完善密切相关。我国的大学生就业指导模式是否符合大学生的实际需求? 大学生就业指导机构及工作内容现状如何? 大学生就业指导课程开设及教学现状如何? 大学生就业指导现状及需求如何? 等等。这些都会对大学生就业指导模式建设产生重要的影响。对大学生而言,有效的就业指导模式是促进其顺利就业和实现职业理想的重要保证。为了更好地了解和把握当前大学生就业指导模式现状,笔者设计了3套调查问卷,分别为《大学生就业指导机构及工作内容现状调查》、《大学生就业指导课程开设及教学现状调查》和《大学生就业指导现状及需求调查》,历时两个月,开展了有针对性的问卷调查①。问卷调查统计后发现,因受学校层次、类别和属性等因素影响,在大学生就业指导模式建设和运行过程中,会或多或少地出现一些问题,如果不能得到有效解决,将影响到本校大学生的就业指导效果,进而也会影响到大学生的就业率、就业层次和就业质量。通过对问卷调查结果进行统计、归纳和整理,分析其对大学生就业指导模式的影响,总结和探讨各高校的经验,获取第一手资料,以期最大限度地为创新大学生就业指导模式提供真实、可靠的依据。

笔者认为,"五位一体"大学生就业指导综合模式,基本涵盖了我国大学

---

① 笔者注:因调查学校就业指导主管部门或大学生对调查问卷所涉及的内容、填写标准等理解或认识不同,调查数据或填写内容可能有不同程度的出入。在调查问卷回收和统计过程中,作者对有疑问或出入较大的调查问卷内容一一进行了核实,对其中涉及各高校内部不愿公开的内容进行技术处理,力争使调查内容和结果尽可能地接近各高校的实际。

生就业指导模式的基本内容,即大学生就业指导组织模式、运行模式、课程教学模式、思想政治教育模式和网络化模式。为提高问卷的覆盖率和回收率,增强问卷调查的效果,笔者直接将调查问卷交予各高校就业指导主管部门进行。

调查时间:2015 年 4 月 1 日至 2015 年 5 月 31 日。

调查内容:

问卷 1:《大学生就业指导机构及工作内容现状调查》

问卷 2:《大学生就业指导课程开设及教学现状调查》

问卷 3:《大学生就业指导现状及需求调查》

调查高校:

有针对性地按不同层次、类别和属性而选择 15 所高校。其中部属高校 5 所,分别为 XX 大学、XX 大学、XX 师范大学、XX 交通大学、XX 政法大学;地方普通本科高校 5 所,分别为＊＊师范大学、＊＊农业大学、＊＊医学院、＊＊师范学院、＊＊科技学院;专科院校 5 所,分别为※※机电高等专科学校、※※教育学院、※※职业技术学院、※※师范高等专科学校、※※城市职业学院(因调查内容涉及高校一些不宜公开的数据,应调查学校要求,笔者采用不同的符号来加以区分,其中部属高校以 XX 表示,地方普通本科院校以＊＊表示,专科院校以※※表示)。

调查对象:高校就业指导主管部门、大学生。

调查安排:各高校调查问卷份数安排情况如下:

问卷 1 由高校就业指导主管部门填写,共计 15 份。

问卷 2 由高校就业指导主管部门填写,共计 15 份。

问卷 3 由大学生填写,各高校发放份额不等,共计 1000 份。其中,部属高校和地方本科高校各 70 份,合计 700 份;专科院校各 60 份,共计 300 份。

第一节　大学生就业指导机构及工作内容现状调查

本次共发放《大学生就业指导机构及工作内容现状调查》问卷 15 份,回收问卷 15 份,回收率和有效率均为 100%。

一、就业指导机构建设调查

（一）职能部门设置调查

调查发现,15 所高校均设置有相应的就业指导职能部门,负责本校的大学生就业指导与服务工作,其中 5 所高校有独立设置的就业指导职能部门,占所调查高校总数的三分之一。虽然有的高校就业指导机构尚未独立设置,尚隶属于其他部门或者合署办公,但是设置有专门的就业指导机构或职能科室(见表 2-1)。

表 2-1　职能部门设置调查统计

学校名称	有无专门机构	职能部门名称	隶属部门
XX 大学	有	学生就业指导服务中心	学生工作部
XX 大学	有	就业工作办公室	学生处
XX 师范大学	有	学生就业工作处	独立
XX 交通大学	有	学生就业指导中心	独立
XX 政法大学	有	学生就业创业指导服务中心	独立
＊＊师范大学	有	就业指导服务中心	独立
＊＊农业大学	有	就业科	招生就业处
＊＊医学院	有	大学生就业指导与服务中心	独立
＊＊师范学院	有	就业指导服务中心	招生与就业指导中心
＊＊科技学院	有	就业办公室	招生就业处
※※教育学院	有	毕业生就业指导中心	学生处
※※机电高等专科学校	有	就业指导中心	招生就业处
※※城市职业学院	有	就业指导中心	招生就业指导处
※※师范高等专科学校	有	大学生就业指导服务中心	招生就业办公室
※※职业技术学院	有	就业指导中心	招生就业指导处

（二）办公场所调查

各高校均有一定的就业指导、管理和信息服务等办公场所。调查发现,有的高校就业指导机构办公场所设置相对完善,如 XX 大学、XX 师范大学等;有的高校则相对薄弱,如＊＊农业大学、※※职业技术学院等。各高校就业指导机构的内部设置和办公场所面积参差不齐。各高校虽然都设置有一定的办公场所,但是有的高校相对薄弱,如※※职业技术学院仅设置有办公室、招聘会议室、接待洽谈室,没有设置相应的职能科室。各高校的办公场所面积差距较大①,多数高校集中在300平方米至700平方米之间,最少的仅为100平方米,最多的则达到1300平方米(见表2-2)。

表2-2　办公场所调查统计

学校名称	办公面积 (平方米)	机构内部办公场所设置
XX大学	1300	就业管理办公室、市场信息办公室、职业指导办公室等部门,拥有信息发布厅、会议室、洽谈室、职业茶空间和职业规划工作室等
XX大学	100	设有办公室、计算机室、就业指导视频接收室、资料室、会议室、咨询室等
XX师范大学	500	办公室、就业管理办公室、市场与信息办公室、就业指导办公室配备招聘宣讲室、面试洽谈室、职业测评实验室、职业咨询室、微格教室、资料室等
XX交通大学	600	就业指导部、市场信息部、办公室,有招聘会议室、信息查询室、就业指导教研室等
XX政法大学	500	综合事务部、市场信息部、就业创业指导部,有招聘会议室、信息查询室、就业指导教研室等
＊＊师范大学	400	办公室、管理服务科、市场信息科、指导培训科、职业咨询室、信息查询室、招聘会议室、接待洽谈室
＊＊农业大学	140	就业科、创业中心、信息查询室、档案室、接待洽谈室等
＊＊医学院	500	办公室、就业指导教研室、职业咨询室、信息查询室、档案室、招聘会议室、接待洽谈室等
＊＊师范学院	300	办公室、就业指导教研室、职业咨询室、信息查询室、档案室、招聘会议室、接待洽谈室等
＊＊科技学院	450	办公室、就业指导教研室、职业咨询室、信息查询室、档案室、招聘会议室、接待洽谈室
※※教育学院	100	职业指导教研室、中心办公室、用人单位接待室、洽谈室、就业手续办理室、档案室、职业咨询室、就业资料查询室、网络就业市场办公室等
※※机电高等专科学校	1200	办公室、就业指导教研室、职业咨询室、信息查询室、档案室、会议室、接待洽谈室等

① 笔者注:这里涉及一个统计标准问题,有的高校将就业报告厅、招聘厅等统计到办公面积之中,有的高校只是将就业指导人员办公室的面积进行统计。

学校名称	办公面积（平方米）	机构内部办公场所设置
※※城市职业学院	700	专门办公室、招聘会议室、信息查询室等
※※师范高等专科学校	260	办公大厅、就业指导教研室、信息查询室、资料室、档案室等办公场所,常设有就业洽谈室、招聘宣讲大厅等
※※职业技术学院	300	办公室、招聘会议室、接待洽谈室等

（三）人员配备调查

在就业指导人员配备方面,XX 师范大学和 XX 大学在人员配备上相对健全。例如,XX 师范大学达到 110 人,其中专职就业指导人员 13 人,兼职人员 97 人,取得就业指导相关资格证书 53 人,心理咨询师 75 人[①];专、兼职人员与学生比例为 1∶161（这里的学生指全体在校本、专科生）;年龄构成多在 31 岁至 40 岁之间,从业年限多在 3—10 年。XX 大学就业指导人员 90 人,其中专职人员 25 人,兼职人员 65 人,取得就业指导相关资格证书 36 人,心理咨询师 45 人;专、兼职人员与学生比例为 1∶178。总体上看,从业人员年龄集中在 30—40 岁左右,从业年限集中在 5—10 年。但也发现,有的部属高校专兼职教师与学生比例偏少,一些高校就业指导人员人数偏少。在相关资格证书获取方面,专科院校人员数量明显偏低（见表 2-3）。

表 2-3　人员配备调查统计

学校名称	人数	人员构成	专兼职/学生	专职/兼职	年龄构成	从事就业工作年限
XX 大学	90	专职:25 人,兼职:65 人 其中:取得就业指导相关资格证书 36 人,心理咨询师 45 人	1∶178	1∶2.6	20—30 岁 40 人 31—40 岁 30 人 41—50 岁 15 人 51—60 岁 5 人	1—3 年 30 人 3—5 年 35 人 5—10 年 20 人 10 年以上 5 人
XX 大学	15	专职:3 人,兼职:12 人 其中:取得就业指导相关资格证书 6 人,心理咨询师 14 人	1∶910	1∶4	20—30 岁 4 人 31—40 岁 8 人 41—50 岁 3 人	1—3 年 1 人 3—5 年 8 人 5—10 年 6 人

① 笔者注:就业指导人员取得资格证书有交叉,部分人员取得两种资格证书。

续表

学校名称	人数	人员构成	专兼职/学生	专职/兼职	年龄构成	从事就业工作年限
XX师范大学	110	专职:13人,兼职:97人 其中:取得就业指导相关资格证书53人,心理咨询师75人	1:161	1:9.5	20—30岁40人 31—40岁43人 41—50岁20人 51—60岁7人	1—3年25人 3—5年30人 5—10年46人 10年以上9人
XX交通大学	36	专职:7人,兼职:29人 其中:取得就业指导相关资格证书25人,心理咨询师26人	1:527	1:4.1	21—30岁9人 31—40岁22人 41—50岁4人 51—60岁1人	1—3年7人 3—5年19人 5—10年5人 10年以上5人
XX政法大学	57	专职:11人,兼职:46人 其中:取得就业指导相关资格证书32人,心理咨询师36人	1:368	1:4.18	20—30岁15人 31—40岁32人 41—50岁8人 51—60岁2人	1—3年16人 3—5年29人 5—10年7人 10年以上5人
＊＊师范大学	52	专职:23人,兼职:29人 其中:取得就业指导相关资格证书52人,心理咨询师38人	1:398	1:1.26	20—30岁6人 31—40岁29人 41—50岁16人 51—60岁1人	1—3年7人 3—5年7人 5—10年27人 10年以上11人
＊＊农业大学	45	专职:3人,兼职:42人 (没有提供资格证书情况)	1:370	1:14	20—30岁7人 31—40岁18人 41—50岁16人 51—60岁4人	1—3年24人 3—5年15人 5—10年4人 10年以上2人
＊＊医学院	13	专职:5人,兼职:8人 其中:取得就业指导相关资格证书5人,心理咨询师无	1:860	1:1.6	20—30岁3人 31—40岁8人 41—50岁2人	1—3年3人 3—5年6人 5—10年3人 10年以上1人
＊＊科技学院	59	专职:14人,兼职:45人 其中:取得就业指导相关资格证书5人,心理咨询师13人	1:308	1:3.21	20—30岁26人 31—40岁28人 41—50岁5人	1—3年10人 3—5年37人 5—10年9人 10年以上3人
＊＊师范学院	33	专职:12人,兼职:21人 其中:取得就业指导相关资格证书21人,心理咨询师15人	1:467	1:1.75	20—30岁19人 31—40岁10人 41—50岁4人	1—3年3人 3—5年14人 5—10年5人 10年以上11人

学校名称	人数	人员构成	专兼职/学生	专职/兼职	年龄构成	从事就业工作年限
※※教育学院	14	专职:2人,兼职:12人其中:取得就业指导相关资格证书8人,心理咨询师2人	1:352	1:6	20—30岁6人31—40岁5人41—50岁3人	1—3年3人3—5年3人5—10年6人10年以上2人
※※机电高等专科学校	18	专职:8人,兼职10人其中:取得就业指导相关资格证书3人,心理咨询师3人	1:744	1:1.25	20—30岁10人31—40岁5人41—50岁3人	1—3年7人3—5年8人5—10年3人
※※城市职业学院	66	专职:12人,兼职:54人其中:取得就业指导相关资格证书8人,心理咨询师4人	1:258	1:4.5	20—30岁9人31—40岁43人41—50岁9人51—60岁5人	1—3年11人3—5年32人5—10年15人10年以上8人
※※师范高等专科学校	16	专职:8人,兼职8人,其中:取得就业指导相关资格证书3人,心理咨询师1人	1:526	1:1	20—30岁4人31—40岁10人41—50岁2人	1—3年2人3—5年10人5—10年2人10年以上2人
※※职业技术学院	17	专职:5人,兼职:12人其中:取得就业指导相关资格证书12人,心理咨询师无	1:321	1:2.4	20—30岁5人31—40岁10人41—50岁2人	1—3年5人3—5年5人5—10年5人10年以上2人

二、就业教育主要内容调查

所调查高校均开展了相应的大学生就业教育活动,主要通过课堂讲授的形式进行,基本上能够将就业指导与大学生的世界观、就业心理、择业观和创业观等方面的教育结合起来。其中,15所高校均开展了"就业观念教育"和"毕业见习教育";9所高校将"创业教育"和"基层就业教育"作为主要教育内容;8所高校开展了"职业素质教育"和"培训"活动。从就业教育内容来看,高校的"就业观念教育"、"毕业见习教育"更受广大毕业生的欢迎。调查中发现,在就业指导过程中,所调查的7所高校虽然开展了相应的"思想政治教育"活动,但都是以讲座、报告会的形式进行(见表2-4)。

表 2-4 就业教育情况调查

指导内容	开展情况	主要形式	备注
就业观念教育	15	课堂讲授	主要内容:世界观、人生观、价值观、就业心理教育、择业观、就业观、成才观、创业观
基层就业教育	9	课堂讲授	授课教师:专职、兼职、就业主管部门人员、政工干部
创业教育	9	课堂讲授	授课教师:专职、兼职、就业主管部门人员
毕业见习教育	15	见习集中讲授	主要集中于大学最后一年
职业素质教育和培训	8	实践教学	主要内容:大学生职业心理、专业技能、就业能力等
思想政治教育	7	讲座、报告会	主要集中在第一学年。就业教育中只是将思想政治教育融入到其他相关教育之中

三、就业服务主要内容调查

（一）就业市场服务调查

调查结果显示,各高校均有一定的就业市场服务场地,面积多集中在 500 平方米至 1000 平方米之间。其中,XX 师范大学、XX 大学、＊＊科技学院、＊＊师范学院、※※机电高等专科学校等高校,大学生就业市场服务的场地面积为 1000 平方米甚至更多。例如,XX 师范大学的场地面积超过 2400 平方米。但也有部属高校的场地面积较少,如 XX 大学仅为 300 平方米。在"双选会举办方式"调查上,有 3 所专科院校仅为"主办型",无"院（系）级双选会"。在"双选会规模"上,大多为"全校型、院（系）型和专场招聘"。值得注意的是,大部分高校所属院（系）也积极参与到毕业生市场建设工作之中,其中 12 所高校有院（系）级"双选会",针对本院（系）实际和专业特点,举办相应的专场招聘会,在一定程度上满足了本院（系）毕业生的择业需求（见表 2-5）。

表 2-5 就业市场服务调查统计

学校名称	有无场地	场地面积（平方米）	校级双选会	双选会规模	院系级双选会	双选会举办方式
XX 大学	有	1000	有	全校型、院（系）型、专场招聘	有	主办型参与型

学校名称	有无场地	场地面积（平方米）	校级双选会	双选会规模	院系级双选会	双选会举办方式
XX大学	有	300	有	全校型、院（系）型、专场招聘	有	主办型参与型
XX师范大学	有	2400	有	全校型、院（系）型、专场招聘	有	主办型参与型
XX交通大学	有	1200	有	全校型、院（系）型、专场招聘	有	主办型参与型
XX政法大学	有	900	有	全校型、院（系）型、专场招聘	有	主办型参与型
＊＊师范大学	有	500	有	全校型、院（系）型、专场招聘	有	主办型参与型
＊＊农业大学	有	750	有	全校型、院（系）型、专场招聘	有	主办型参与型
＊＊医学院	有	500	有	全校型、院（系）型、专场招聘	有	主办型参与型
＊＊师范学院	有	1000	有	全校型、院（系）型、专场招聘	有	主办型参与型
＊＊科技学院	有	1500	有	全校型、院（系）型、专场招聘	有	主办型参与型
※※教育学院	有	380	有	全校型、院（系）型、专场招聘	有	主办型参与型
※※机电高等专科学校	有	1000	有	全校型、专场招聘	无	主办型
※※城市职业学院	有	650	有	全校型、院（系）型、专场招聘	有	主办型参与型
※※师范高等专科学校	有	600	有	全校型	无	主办型
※※职业技术学院	有	500	有	全校型、专场招聘	无	主办型

（二）其他相应的就业指导服务调查

各高校普遍重视就业服务工作，主要体现在以下五个方面。一是就业信息服务。各高校均开通就业信息网站，为本校大学生了解国家就业政策、获取就业信息、开展网上面试、职业规划和进行职业测评等提供便利，为毕业生提供各种就业信息服务，其中14所高校嵌入"大学生就业一站式服务系统"。

二是测评与咨询服务。13所高校有职业测评软件,11所高校开展职业咨询服务,设置专职或兼职人员为毕业生提供咨询服务,9所高校设置有职业测评室。三是就业手续办理。各高校对此项工作都非常重视,且在日常工作中都能落到实处。四是就业困难群体帮扶工作。在帮扶类型调查中,15所高校均对困难家庭开展相应的帮扶,其他帮扶方面比例则相对偏低。其中,采取重点培训的高校有6所、重点指导有8所,进行人文关怀的高校有4所等。五是就业维权。各高校基本上都开展了专题讲座、宣传和普及就业维权知识等服务,提高大学生就业维权意识,切实维护大学生的就业合法权益。但各高校在网络宣传方面则需要进一步加强(见表2-6)。

表2-6　各种就业指导服务调查统计

调查项目	就业指导服务内容
就业信息服务	就业信息网站拥有率100%,主要用于政策发布、信息共享、网上招聘、职业规划引导、职业测评;14所高校嵌入"大学生就业一站式服务系统"
测评与咨询服务	13所高校有职业测评软件,开展测评服务且均为免费,11所高校开展职业咨询服务,咨询专业人员在1—5人不等,兼职人员约占60%,咨询服务主要包括求职技巧、就业心理和行业分析。9所高校设置有职业测评室,且有专业测评人员,形成测评报告解析
就业手续办理	11所的高校发放就业服务手册,介绍和宣传就业政策;所有高校帮助毕业生了解就业协议书、报到证、户口、档案及人事代理办理程序
就业困难群体帮扶工作	帮扶类型:困难家庭15所,长线专业6所,少数民族4所,女毕业生4所,残疾毕业生3所;8所高校采取重点指导,6所高校采取重点培训,7所高校通过重点推荐,4所高校进行人文关怀
就业维权	15所高校专题讲座宣传和普及就业维权知识;14所高校通过宣传展板开展就业维权宣传;9所高校采取网络宣传

(三)就业工作宣传调查

调查结果表明,在高校就业工作宣传方面,以"就业创业"和"基层工作"为宣传主题的有15所;以"工作经验"为宣传主题的有11所;以"先进典型"为宣传主题的有12所;以"先进经验"为宣传主题的有8所,且以部属高校和地方本科高校为主。在"宣传形式"调查中,15所高校均采用"就业信息网站"和"专题讲座"等形式进行宣传;以"典型人物报告会"进行宣传的高校有10所;仅有7所高校组织毕业生到企业参观学习(见表2-7)。

表2-7　就业工作宣传调查统计

学校名称	宣传主题	宣传形式
XX 大学	就业创业、工作经验、先进经验、先进典型、基层工作	典型人物报告会、专题讲座、到企业参观、就业信息网站
XX 大学	就业创业、工作经验、先进经验、先进典型、基层工作	典型人物报告会、专题讲座、到企业参观、就业信息网站
XX 师范大学	就业创业、工作经验、先进经验、先进典型、基层工作	典型人物报告会、专题讲座、到企业参观、就业信息网站
XX 交通大学	就业创业、工作经验、先进经验、先进典型、基层工作	典型人物报告会、专题讲座、到企业参观、就业信息网站
XX 政法大学	就业创业、工作经验、先进经验、先进典型、基层工作	典型人物报告会、专题讲座、到企业参观、就业信息网站
＊＊师范大学	就业创业、工作经验、先进经验、基层工作	典型人物报告会、专题讲座、就业信息网站
＊＊农业大学	就业创业、工作经验、先进经验、先进典型、基层工作	典型人物报告会、专题讲座、就业信息网站
＊＊医学院	就业创业、工作经验、先进经验、基层工作	典型人物报告会 、专题讲座、就业信息网站
＊＊师范学院	就业创业、先进典型、基层工作	专题讲座、就业信息网站
＊＊科技学院	就业创业、工作经验、先进典型、基层工作	典型人物报告会、专题讲座、到企业参观、就业信息网站
※※教育学院	就业创业、工作经验、基层工作	专题讲座、就业信息网站
※※机电高等专科学校	就业创业、工作经验、先进典型、基层工作	专题讲座、到企业参观、就业信息网站
※※城市职业学院	就业创业、先进典型、基层工作	典型人物报告会、专题讲座、就业信息网站
※※师范高等专科学校	就业创业、先进典型、基层工作	专题讲座、就业信息网站
※※职业技术学院	就业创业、先进典型、基层工作	专题讲座、到企业参观、就业信息网站

四、急需解决的问题调查

（一）软硬件建设调查

调查中了解到，"领导全力支持"是加强大学生就业指导模式建设的前提,这种提法得到各高校的一致认同。所调查的 15 所高校中,只有 3 所部属高校和 2 所地方本科院校独立设置校级就业指导职能部门,其他 10 所高校的就业指导部门均与其他部门合署办公,急需机构到位;14 所高校反映急需人员到位;13 所高校反映急需场地到位等(见表 2-8)。

表 2-8　软硬件建设调查统计

学校名称	急需解决问题
XX 大学	领导全力支持、机构到位
XX 大学	领导全力支持、机构到位、场地到位、人员到位
XX 师范大学	领导全力支持、场地到位、人员到位
XX 交通大学	领导全力支持、场地到位、人员到位
XX 政法大学	领导全力支持、场地到位、人员到位
＊＊师范大学	领导全力支持、场地到位、人员到位
＊＊农业大学	领导全力支持、机构到位、场地到位、人员到位
＊＊医学院	领导全力支持、场地到位、人员到位
＊＊师范学院	领导全力支持、机构到位、场地到位、人员到位
＊＊科技学院	领导全力支持、机构到位、场地到位、人员到位
※※教育学院	领导全力支持、机构到位、场地到位、人员到位
※※机电高等专科学校	领导全力支持、机构到位、人员到位
※※城市职业学院	领导全力支持、机构到位、场地到位、人员到位
※※师范高等专科学校	领导全力支持、机构到位、场地到位、人员到位
※※职业技术学院	领导全力支持、机构到位、场地到位、人员到位

(二)就业指导队伍建设调查

在就业指导服务方面,各高校均表示就业指导服务模式化建设工作急需加强。XX 大学、XX 大学、XX 师范大学 3 所部属高校分别提出亟待加强模式化、信息化建设,其它地方普通本、专科高校在此基础上还相应地强调要加强体系化、规范化建设。就业教育方面,各高校根据本校实际情况,各自提出了急需加强的就业教育内容,其中,"职业发展全程化标准模式"、"大学生创业教育师资培训"是所有调查高校均提出要加强的内容。在就业科研、培训师资和专职人员调查方面,XX 大学、XX 大学、XX 师范大学等部属高校急需解决的问题相对较少;地方一般本科院校也面临着一些急需解决的问题,这些问题如果高校切实重视起来,则相对容易解决;一些专科院校,如※※职业技术学院、※※师范高等专科学校、※※机电高等专科学校等,在大学生就业指导服务、就业教育、就业科研、培训师资和专职人员配备等方面,更是面临着一系列急需解决的问题,如果不能得到切实、有效的解决,将会在一定程度上影响本校就业指导模式建设工作的顺利开展,进而也会影响到就业工作的正常开展(见表2-9)。

表 2-9 就业指导队伍建设调查统计

学校名称	就业指导服务	就业教育	就业科研	培训师资	专职人员
XX 大学	模式化	职业发展全程化标准模式、大学生创业教育师资培训	缺乏校科研经费支持	一线就业指导人员稳定化	职业化
XX 大学	模式化信息化	职业发展全程化标准模式、大学生创业教育师资培训、就业课程体系模式、就业教学信息平台	无科研规划、缺乏校科研经费支持	经验交流经常化、一线就业指导人员稳定化	专职化职业化专家化
XX 师范大学	模式化信息化	大学生创业教育师资培训	无科研规划、缺乏校科研经费支持	一线就业指导人员稳定化	职业化专家化
XX 交通大学	模式化体系化	职业发展全程化标准模式、就业教学信息平台	无科研带头人、缺乏校科研经费支持	业务培训制度化、一线就业指导人员稳定化	职业化专业化专家化
XX 政法大学	模式化体系化信息化	职业发展全程化标准模式、就业教学信息平台	无科研带头人、缺乏校科研经费支持	业务培训制度化、一线就业指导人员稳定化	专业化专家化
＊＊师范大学	模式化体系化规范化信息化	职业发展全程化标准模式、大学生创业教育师资培训	无科研带头人、无科研规划、缺乏校科研经费支持	业务培训制度化、经验交流经常化、一线就业指导人员稳定化	专业化职业化专家化
＊＊农业大学	模式化体系化信息化	职业发展全程化标准模式、大学生创业教育师资培训、就业教学信息平台	无科研带头人、缺乏校科研经费支持	业务培训制度化、经验交流经常化	专业化职业化
※※教育学院	模式化体系化规范化信息化	职业发展全程化标准模式、大学生创业教育师资培训	无科研带头人、无科研规划	业务培训制度化、经验交流经常化、一线就业指导人员稳定化	专业化职业化专家化

学校名称	就业指导服务	就业教育	就业科研	培训师资	专职人员
＊＊师范学院	模式化 体系化 规范化 信息化	职业发展全程化标准模式、大学生创业教育师资培训、就业教学信息平台	无科研带头人、缺乏校科研经费支持	业务培训制度化、经验交流经常化、一线就业指导人员稳定化	专业化 职业化
＊＊科技学院	模式化 体系化 规范化 信息化	职业发展全程化标准模式、大学生创业教育师资培训、就业课程体系模式、就业教学信息平台	无科研带头人、无科研规划、缺乏校科研经费支持、缺乏校方政策支持	业务培训制度化、经验交流经常化、一线就业指导人员稳定化	专业化 职业化 专家化
＊＊医学院	模式化 体系化 规范化 信息化	职业发展全程化标准模式、就业课程体系模式、就业教学信息平台	无科研带头人、无科研规划、缺乏校科研经费支持、缺乏校方政策支持	业务培训制度化、经验交流经常化、一线就业指导人员稳定化	专业化 职业化 专家化 信息化
※※机电高等专科学校	模式化 体系化 规范化 信息化	职业发展全程化标准模式、大学生创业教育师资培训、就业课程体系模式、就业教学信息平台	无科研带头人、无科研规划、缺乏校科研经费支持、缺乏校方政策支持	业务培训制度化、经验交流经常化、一线就业指导人员稳定化	专业化 职业化 专家化 信息化
※※城市职业学院	模式化 体系化 规范化 信息化	职业发展全程化标准模式、大学生创业教育师资培训、就业课程体系模式、就业教学信息平台	无科研带头人、无科研规划、缺乏校科研经费支持、缺乏校方政策支持	业务培训制度化、经验交流经常化、一线就业指导人员稳定化	专业化 职业化 专家化 信息化
※※师范高等专科学校	模式化 体系化 规范化 信息化	职业发展全程化标准模式、大学生创业教育师资培训、就业课程体系模式、就业教学信息平台	无科研带头人、无科研规划、缺乏校科研经费支持、缺乏校方政策支持	业务培训制度化、经验交流经常化、一线就业指导人员稳定化	专业化 职业化 专家化 信息化
※※职业技术学院	模式化 体系化 规范化 信息化	职业发展全程化标准模式、大学生创业教育师资培训、就业课程体系模式、就业教学信息平台	无科研带头人、无科研规划、缺乏校科研经费支持、缺乏校方政策支持	业务培训制度化、经验交流经常化、一线就业指导人员稳定化	专业化 职业化 专家化 信息化

（三）就业经费调查

充裕的就业经费是大学生就业指导模式建设的重要保证。调查发现,各高校在就业经费的使用上均为合理。其中13所高校反映就业经费能得到真正落实,9所高校能"有计划"地划拨就业经费,5所部属高校"按教育部规定的比例划拨"。其中＊＊医学院、※※城市职业学院、※※职业技术学院等3所高校反映其就业经费"无法真正落实",＊＊师范学院反映学校能够"划拨但数额不够"（见表2-10）。

表2-10　就业经费调查统计

学校名称	经费划拨	经费落实	经费使用
XX大学	按教育部规定的比例划拨	真正落实	经费使用合理
XX大学	按教育部规定的比例划拨	真正落实	经费使用合理
XX师范大学	按教育部规定的比例划拨	真正落实	经费使用合理
XX交通大学	按教育部规定的比例划拨	真正落实	经费使用合理
XX政法大学	按教育部规定的比例划拨	真正落实	经费使用合理
＊＊师范大学	有计划	真正落实	经费使用合理
＊＊农业大学	有计划	真正落实	经费使用合理
＊＊医学院	有计划	无法真正落实	经费使用合理
＊＊师范学院	划拨但数额不够	真正落实	经费使用合理
＊＊科技学院	有计划	真正落实	经费使用合理
※※教育学院	有计划	真正落实	经费使用合理
※※机电高等专科学校	有计划	真正落实	经费使用合理
※※城市职业学院	有计划	无法真正落实	经费使用合理
※※师范高等专科学校	有计划	真正落实	经费使用合理
※※职业技术学院	有计划	无法真正落实	经费使用合理

五、大学生就业指导模式趋向类型调查

调查发现,各高校在就业指导模式上多为混合型,其中有"管理型"趋向的占到11所,地方本科院校和专科高校均包含其中;14所高校有"服务型"趋向;有"指导型"趋向的高校仅为6所;※※职业技术学院仅采用"管理

型"为主的就业指导模式;三种模式均采用的混合型模式的高校仅 2 所(见表 2-11)。

表 2-11　大学生就业指导模式趋向类型调查

学校名称	就业指导模式趋向类型
XX 大学	指导型、服务型
XX 大学	指导型、服务型
XX 师范大学	指导型、服务型
XX 交通大学	指导型、服务型
XX 政法大学	管理型、指导型、服务型
＊＊师范大学	管理型、服务型
＊＊农业大学	管理型、指导型、服务型
＊＊医学院	管理型、服务型
＊＊师范学院	管理型、服务型
＊＊科技学院	管理型、服务型
※※教育学院	管理型、服务型
※※机电高等专科学校	管理型、服务型
※※城市职业学院	管理型、服务型
※※师范高等专科学校	管理型、服务型
※※职业技术学院	管理型

六、主要问题

调查发现,虽然各高校能将大学生就业指导工作摆在更加重要的位置,也采取了相应的措施,但仍有诸多欠缺的地方,面临着许多现实问题,尤其是在机构建设、经费投入、场地、人员配备等方面不同程度地存在薄弱环节,需要进一步加大力度,以切实满足大学生就业指导模式建设工作的实际需要。在"急需解决的问题"调查发现,"提高认识"、"就业经费投入"等是各高校关注的重点问题。领导重视是前提,提高认识是基础。要保证高校就业指导机构顺利开展工作,高校应进一步提高对大学生就业工作的认识,加大就业经费的投入,按照教育部规定的比例足额划拨,有条件的高校可根据本校实际划拨专项经费。此外,需要严格规范经费使用管理制度,对就业经费的使用进行合理预算,加强经费规划落实情况的监督和管理,切实提升就业经费使用效能。

各高校就业指导队伍建设方面有较大的差别,人员配备相差悬殊,职业素质不一,专业化水平参差不齐。从调查统计结果来看,各高校普遍反映急需就业指导服务模式化;在就业教育方面,缺乏"职业发展全程化标准模式"和"大学生创业师资培训";在就业科研上,普遍认为无科研带头人,缺乏科研经费支持;在培训师资方面,普遍反映需要加大专职化建设力度,使"一线就业指导人员稳定化";各高校普遍认为在就业指导专职人员配备上应加强"职业化"、"专业化"和"专家化"等。同时,一线就业指导人员变动频繁,这在一定程度上导致了就业指导专职人员不稳定现象。

部分高校虽然开展了相应的就业指导,但就业指导内容和就业指导方式与大学生实际需求有一定出入,不能有效满足大学生日益增长的就业指导需求。在就业指导内容方面,不外乎就业形势与政策,择业技巧等,大学生基本上都能从网络上获取。就业指导方式则较为趋同,不能与时俱进,缺乏创新性、灵活性和多样性,多以课堂教学、报告、讲座为主,实际效果不理想,很难得到大学生的普遍认同和青睐。

在就业指导模式类型问题上,多数高校趋向并不明晰。调查中发现,服务型、管理型趋向居多,指导型趋向的高校仅为 6 所,有 2 所高校是三种趋向模式同时并存。这也在一定程度上表明,一些高校在大学生就业指导模式问题上还停留在传统认知上,即以管理为主或以服务为主的就业指导模式。新的就业形势致使高校的大学生就业指导模式趋向类型也发生了相应的变化,这也对新常态下如何构建适合本校的大学生就业指导模式指出了更高的要求,即建立以指导为主导、服务为根本、管理为辅助且三者相结合的新模式。

第二节 大学生就业指导课程开设及教学现状调查

为准确了解大学生就业指导课程开设及教学现状,针对 15 所不同层次、类别、属性的高校,发放和回收问卷 15 份,回收率和有效率均为 100%。

一、就业指导课程教学师资情况调查

（一）专、兼职教师情况调查

从调查统计情况看,专职就业指导教师配备人数最多的为＊＊科技学院,达到13人,其次为XX师范大学10人,＊＊农业大学8人,＊＊医学院和XX大学目前尚没有配备专职就业指导教师;兼职就业指导教师人数最多为XX大学,达到60人,其次为＊＊农业大学58人,XX师范大学30人。各高校专、兼职教师中以研究生(包括硕博士研究生,这里没有加以细分)学历居多,且随着学校层次、类别、属性不同而有很大的差异;在职称结构上多以中级为主;教师的从业年限以5—10年居多(见表2-12、表2-13)。

表 2-12　专职教师情况调查统计

院校	专职教师人数	学历构成	职称构成	专业构成	从事就业工作年限
XX大学	7	本科2人研究生5人	高级1人中级5人初级1人	思政2人、心理学2人、人力资源1人、管理学2人	2—3年2人3—5年4人5—10年1人
XX大学	0	0	0	0	0
XX师范大学	10	研究生10人	高级4人中级6人	思政1人、两课1人、心理学5人、人力资源1人、管理学1人、行政管理1人	3—5年6人5—10年3人10年以上1人
XX交通大学	4	研究生4人	高级2人中级2人	思政1人、心理学2人、管理学1人	3—5年1人5—10年2人10年以上1人
XX政法大学	3	研究生3人	高级1人中级2人	心理学1人管理学2人	3—5年1人5—10年1人10年以上1人
＊＊师范大学	2	本科2人	高级1人中级1人	思政1人管理学1人	3—5年2人
＊＊农业大学	8	本科1人研究生7人	高级2人中级4人初级2人	思政2人、两课1人、心理学2人、人力资源1人、管理学1人、行政管理1人	均为3—5年
＊＊医学院	0	0	0	0	0

院校	专职教师人数	学历构成	职称构成	专业构成	从事就业工作年限
＊＊师范学院	4	研究生4人	高级2人 中级2人	思政1人、两课1人、心理学2人	均为5—10年
＊＊科技学院	13	本科5人 研究生8人	高级3人 中级7人 初级3人	思政2人、两课2人、心理学3人、人力资源2人、管理学2人、行政管理2人	1年内3人 2—3年5人 3—5年3人 5—10年2人
※※教育学院	3	本科1人 研究生2人	中级1人 高级2人	心理学1人 教育学2人	3—5年2人 5年以上1人
※※机电高等专科学校	6	研究生6人	中级2人 初级4人	管理学2人 教育学4人	3—5年4人 5—10年2人
※※城市职业学院	5	本科2人 研究生3人	中级5人	心理学3人 教育学2人	3—5年1人 5—10年1人 10年以上3人
※※师范高等专科学校	2	研究生2人	中级1人 高级1人	心理学1人 教育学1人	2—3年1人 3—5年1人
※※职业技术学院	1	研究生1人	高级1人	教育学1人	5—10年1人

表2-13　兼职教师情况调查统计

院校	兼职教师人数	学历构成	职称构成	专业构成	从事就业工作年限
XX大学	13	本科5人 研究生8人	高级4人 中级7人 初级2人	思政3人、心理学3人、人力资源2人、管理学3人、行政管理2人	2—3年3人 3—5年6人 5—10年3人 10年以上1人
XX大学	60	本科25人 研究生35人	高级25人 中级35人	思政10人、两课5人、心理学15人、人力资源10人、管理学10人、行政管理5人、教育学5人	3—5年10人 5—10年20人 10年以上30人
XX师范大学	30	本科2人 研究生28人	高级15人 中级12人 初级3人	思政15人、两课5人、心理学4人、人力资源3人、管理学2人、行政管理1人	2—3年8人 3—5年15人 5—10年5人 10年以上2人

院校	兼职教师人数	学历构成	职称构成	专业构成	从事就业工作年限
XX交通大学	16	本科3人 研究生13人	高级3人 中级13人	思政2人、心理学5人、管理学4人、人力资源2人、教育学3人	2—3年2人 3—5年4人 5—10年7人 10年以上3人
XX政法大学	14	本科2人 研究生12人	高级4人 中级10人	思政1人、心理学4人、管理学3人、教育学4人、行政管理2人	2—3年1人 3—5年3人 5—10年6人 10年以上4人
＊＊师范大学	10	研究生10人	高级3人 中级7人	思政5人 管理学1人 其他4人	1—3年2人 3—5年5人 5—10年2人 10年以上1人
＊＊农业大学	58	本科17人 研究生41人	高级10人 中级36人 初级12人	思政7人、心理学6人、管理学9人、行政管理12人、其他24人	1—3年22人 3—5年13人 5—10年16人 10年以上7人
＊＊医学院	14	研究生14人	高级2人 中级11人 初级1人	思政1人、心理学4人、人力资源1人、教育2人、其他6人	2—3年1人 3—5年10人 5—10年2人 10年以上1人
＊＊师范学院	9	本科2人 研究生7人	高级5人 中级4人	思政5人、两课1人、心理学1人、教育学2人	均为5—10年
＊＊科技学院	28	本科10人 研究生18人	高级8人 中级10人 初级10人	思政4人、两课4人、心理学5人、人力资源4人、管理学3人、行政管理8人	1—3年11人 3—5年10人 5—10年7人
※※教育学院	11	本科3人 研究生8人	高级4人 中级6人 初级1人	思政5人、两课2人、心理学1人、人力资源1人、管理学2人	1—3年3人 3—5年7人 10年以上1人
※※机电高等专科学校	6	本科4人 研究生2人	中级2人 初级4人	思政1人、心理学1人、管理学1人、教育学3人	3—5年5人 5—10年1人
※※城市职业学院	8	本科3人 研究生5人	高级2人 中级6人	心理学3人、教育学3人、管理学2人	3—5年1人 5—10年4人 10年以上3人

续表

院校	兼职教师人数	学历构成	职称构成	专业构成	从事就业工作年限
※※师范高等专科学校	7	本科6人研究生1人	高级3人中级4人	思政1人、心理学1人、管理学1人、行政管理4人	3—5年6人5—10年1人
※※职业技术学院	6	本科2人研究生4人	高级1人中级4人初级1人	思政2人、心理学1人、管理学1人、行政管理1人、其他1人	1—3年3人3—5年3人

（二）就业指导教师专业背景调查

从调查结果统计中我们可以看出，专职就业指导教师的专业背景分布人数最多的为心理学，占到调查总人数的32.4%；其次是管理学、思想政治教育（简称思政）和教育学，分别占到调查总人数的17.6%、14.7%和14.7%；最少的为行政管理，仅占调查总人数的5.8%。兼职就业指导教师的专业背景相对较为复杂，分布人数最多的为思政，占到调查总人数的21.7%；其次是心理学、管理学和行政管理，分别占到调查总人数的18.6%、14.1%和13.5%；最少的为"两课"，仅占调查总人数的5.9%；其他专业占到10.7%（见表2-14）。

表2-14　就业指导专、兼职教师受教育背景调查统计

教育背景		思政	两课	心理学	人力资源	管理学	行政管理	教育学	其他
专职	人数（68人）	10	5	22	5	12	4	10	0
	比例（%）	14.7	7.4	32.4	7.4	17.6	5.8	14.7	0
兼职	人数（290人）	63	17	54	23	41	39	22	31
	比例（%）	21.7	5.9	18.6	7.9	14.1	13.5	7.6	10.7

（三）就业指导教师受培训情况调查

调查发现，15所高校的就业指导专、兼职教师均接受过相应地就业指导培训，参加过学校组织的相关培训活动。同时，大部分专、兼职就业指导教师有机会外出学习，或参加过就业指导理论与实践的进修和培训。

二、课程建设调查

（一）开设课程信息调查

调查结果显示,所有高校均开设有就业指导相关的课程。其中,有 10 所高校的一年级学生就可以选修就业指导课程。各高校开设的课程门数、内容和学时数等则有很大差别,其中 XX 师范大学开设就业指导相关课程高达 11 门,总学时数达到 340 个学时,极大地拓宽了大学生的选择空间。值得注意的是,绝大多数高校开设了全程化的就业指导课程,且符合教育部规定的不低于 38 学时的基本学时要求。但也有个别高校,如＊＊师范大学,仅开设一门课程,且总学时达不到教育部规定的基本学时要求,仅为 18 个学时(见表 2-15)。

表 2-15　开设课程信息调查统计

院校	课程名称	学时	类型	开课学期	授课教师
XX 大学	大学生职业生涯规划 创新创业的理论与实践	32 30	选修 选修	四个年级均可选	专、兼职
XX 大学	职业生涯发展与规划 KAB 创业培训班	38	必修 必修	大一、二 大三、大四	兼职 兼职
XX 师范大学	大学生职业发展与就业指导	34	选修	大一、大二、大三	兼职
	大学生求职就业策略与技巧	17		大三	
	大学生职业生涯发展与规划	17		大一、大二	
	择业与生涯辅导	34		大二、大三	专职
	大学生就业法律指导	34		大二、大三	
	公务员考试的主试与运用	34		大三、大四	
	考试学	34		大三、大四	未填写
	职业发展与就业指导	34		大三	
	大学生互联网创业务实	34			
	教师生涯规划	34			
	大学生求职风险规避与防范	34			

续表

院校	课程名称	学时	类型	开课学期	授课教师
XX 交通大学	大学生职业发展与就业指导 创业基础	38 32	必修 选修	大四 大三	专、兼职
XX 政法大学	大学生职业发展与就业指导	38 18	必修 选修	大一、大二 大三	专、兼职
＊＊师范大学	大学生职业发展与就业指导	18	必修	大四	专、兼职
＊＊农业大学	大学生职业规划	38	必修	大一	专、兼职
＊＊医学院	职业生涯规划 就业创业指导	15 24	必修 必修	大一 大三	兼职 兼职
＊＊师范学院	大中专毕业生就业导论	38	必修	大一、大四	专、兼职
＊＊科技学院	大学生职业发展与就业指导	38	必修	大一、大二、 大三、大四	专、兼职
※※师范高 等专科学校	职业生涯发展与规划 就业指导	38	必修 必修	大一 大二	专、兼职
※※机电高 等专科学校	就业指导（一） 就业指导（二） 就业指导（三） 创业指导	10 10 14 10	必修 必修 必修 选修	大一 大二 大三 大二	专、兼职
※※城市 职业学院	职业生涯规划 就业指导 创业基础	18 20 18	必修 必修 选修	大一 大三 大二	专、兼职
※※职业 技术学院	职业素养与规划 就业指导 创业教育	12 18 8	必修 必修 必修	大一 大二 大三	专、兼职
※※教育 学院	职业生涯规划 就业指导	18 18	必修 必修	未填写	未填写

（二）就业指导课程主要教学形式调查

调查发现,部属高校和一些地方本科高校的就业指导课程教学形式相对灵活,在以"传统课堂教学"为主阵地的同时,注重多种教学方式兼顾并存。其中"请企业高管与大学生交流"、"请企业 HR 做职业分析"、"团体就业辅导"、"模拟求职招聘"等方式受到大学生的普遍欢迎。一些专科院校,如※※职业技术学院、※※师范高等专科学校、※※机电高等专科学校、※※城市职业学院等,则更多地是以"传统课堂教学"和"专题就业讲座"为主要教学形式,在多种教学方式相互兼顾方面需要加强(见表2-16)。

表 2-16　就业指导课程主要教学形式调查统计

院校	主要教学形式
XX 大学	传统课堂教学、学校网络就业指导课堂、就业专题讲座、走出学校参观、请企业高管与大学生交流、请企业 HR 做职业分析、看电教资料片、职业素质拓展训练、团体就业辅导、模拟求职招聘
XX 大学	传统课堂教学、学校网络就业指导课堂、就业专题讲座、走出学校参观、请企业高管与大学生交流、请企业 HR 做职业分析、请往届毕业生谈职业素质、看电教资料片、团体就业辅导、模拟求职招聘
XX 师范大学	传统课堂教学、请企业高管与大学生交流、请企业 HR 做职业分析、请往届毕业生谈职业素质、团体就业辅导、模拟求职招聘
XX 交通大学	传统课堂教学、请企业高管与大学生交流、请企业 HR 做职业分析、团体就业辅导、模拟求职招聘
XX 政法大学	传统课堂教学、请企业高管与大学生交流、请企业 HR 做职业分析、团体就业辅导、模拟求职招聘
＊＊师范大学	传统课堂教学、学校网络就业指导课堂、就业专题讲座、请企业高管与大学生交流、模拟求职招聘
＊＊农业大学	传统课堂教学、就业专题讲座、学校网络就业指导课堂、走出学校参观、企业高管与大学生交流、模拟求职招聘
＊＊医学院	传统课堂教学、学校网络就业指导课堂、模拟求职招聘、职业素质拓展训练、走出学校参观
＊＊师范学院	传统课堂教学、就业专题讲座、走出学校参观、请企业高管与大学生交流、请往届毕业生谈职业素质、看电教资料片、模拟求职招聘
＊＊科技学院	传统课堂教学、就业专题讲座、走出学校参观、请企业高管与大学生交流、请企业 HR 做职业分析、请往届毕业生谈职业素质、模拟求职招聘
※※教育学院	传统课堂教学、就业专题讲座、请企业高管与大学生交流、请企业 HR 做职业分析、模拟求职招聘
※※师范高等专科学校	传统课堂教学、就业专题讲座、看电教资料片
※※城市职业学院	传统课堂教学、专题就业讲座、请往届毕业生谈职业素质、模拟求职招聘
※※机电高等专科学校	传统课堂教学、就业专题讲座、请往届毕业生谈职业素质
※※职业技术学院	传统课堂教学、就业专题讲座、看电教资料片、模拟求职招聘

（三）就业指导教材调查

各高校在就业指导教材使用方面存在很大的差别。XX大学、XX师范大学不仅有本校编写的正式出版教材,而且有自编讲义;＊＊师范大学、＊＊农业大学、＊＊医学院、＊＊师范学院、※※职业技术学院等5所院校使用正式出版的省统编教材。XX大学、※※教育学院、※※机电高等专科学校使用本校编写的正式出版的教材;＊＊科技学院使用自编的讲义;※※城市职业学院则准备出版正式教材等(见表2-17)。

表2-17　就业指导教材调查统计

院校	教材
XX大学	有自编讲义、有本校编写的正式出版的教材
XX大学	有本校编写的正式出版的教材
XX师范大学	有自编讲义、有本校编写的正式出版的教材
XX交通大学	有本校编写的正式出版的教材
XX政法大学	有本校编写的正式出版的教材
＊＊师范大学	使用正式出版的省统编教材
＊＊农业大学	使用正式出版的省统编教材
＊＊医学院	使用正式出版的省统编教材
＊＊师范学院	使用正式出版的省统编教材
＊＊科技学院	有自编讲义
※※教育学院	有本校编写的正式出版的教材
※※机电高等专科学校	有本校编写的正式出版的教材
※※城市职业学院	准备出版正式教材
※※师范高等专科学校	有本校编写的正式出版的教材、使用正式出版的省统编教材
※※职业技术学院	使用正式出版的省统编教材

（四）全程化就业指导课程建设调查

在全程化的就业指导课程建设方面,各高校均表示对全程化的就业指导内容比较了解。其中,4所高校已经开展全程化的就业指导,8所高校准备开展全程化就业指导,3所高校反映虽然"对全程化就业指导内容比较了解",但因校情不同,在教学模式、专业师资和组织机构等方面则相对缺乏。总体来看,在全程化就业指导课程建设方面,XX大学、XX师范大学、XX大学和XX交通大学等4所部属高校走在所调查高校的前列(见表2-18)。

表2-18　全程化就业指导课程建设调查统计

院校	课程建设
XX大学	对全程化就业指导内容比较了解、已经开展全程化就业指导
XX大学	对全程化就业指导内容比较了解、已经开展全程化就业指导
XX师范大学	对全程化就业指导内容比较了解、已经开展全程化就业指导
XX交通大学	对全程化就业指导内容比较了解、已经开展全程化就业指导
XX政法大学	对全程化就业指导内容比较了解、准备开展全程化就业指导
＊＊师范大学	对全程化就业指导内容比较了解、准备开展全程化就业指导
＊＊农业大学	对全程化就业指导内容比较了解、准备开展全程化就业指导
＊＊医学院	对全程化就业指导内容比较了解、准备开展全程化就业指导
＊＊师范学院	对全程化就业指导内容比较了解、准备开展全程化就业指导、进行全程化就业指导缺乏专业教材
＊＊科技学院	对全程化就业指导内容比较了解、准备开展全程化就业指导
※※教育学院	对全程化就业指导内容比较了解、准备开展全程化就业指导
※※机电高等专科学校	对全程化就业指导内容比较了解、准备开展全程化就业指导
※※城市职业学院	对全程化就业指导内容比较了解、进行全程化就业指导缺少科学的教学模式、进行全程化就业指导缺乏专业师资、进行全程化就业指导缺乏组织机构
※※师范高等专科学校	对全程化就业指导内容比较了解、进行全程化就业指导缺少科学的教学模式、进行全程化就业指导缺乏专业师资、进行全程化就业指导缺乏组织机构
※※职业技术学院	对全程化就业指导内容比较了解、进行全程化就业指导缺少科学的教学模式、进行全程化就业指导缺乏专业师资、进行全程化就业指导缺乏组织机构

(五)就业指导教学备课参考资料调查

调查结果显示,各高校在选用就业指导课程教学的备课参考资料方面灵活多样,所调查的15所高校均采用互联网和音像资料进行备课。有的高校除了参考省统编教材和本校编写的教材外,还充分利用互联网、报纸期刊等参考资料。部属高校基本上选用的是校统编教材,地方本科院校和专科院校则较多地参考省统编教材和报纸期刊。调查中也发现,部属高校除参考国内资料的同时,也兼顾参考一些国外的资料备课(见表2-19)。

表2-19　就业指导教学备课参考资料调查统计

院校	主要参考资料
XX 大学	互联网、校统编教材、音像资料、其他
XX 大学	互联网、校统编教材、报纸期刊、音像资料、其他
XX 师范大学	互联网、校统编教材、报纸期刊、音像资料、其他
XX 交通大学	互联网、校统编教材、音像资料
XX 政法大学	互联网、校统编教材、报纸期刊、音像资料、其他
＊＊师范大学	互联网、省统编教材、报纸期刊、音像资料
＊＊农业大学	互联网、省统编教材、报纸期刊、音像资料、
＊＊医学院	互联网、报纸期刊、音像资料
＊＊师范学院	互联网、省统编教材、报纸期刊、音像资料
＊＊科技学院	互联网、省统编教材、报纸期刊、音像资料
※※教育学院	互联网、省统编教材、报纸期刊、音像资料
※※机电高等专科学校	互联网、省统编教材、音像资料
※※城市职业学院	互联网、省统编教材、报纸期刊、音像资料
※※师范高等专科学校	互联网、省统编教材、报纸期刊、音像资料、其他
※※职业技术学院	互联网、省统编教材、音像资料

(六)就业指导研究调查

就业指导研究是构建大学生就业指导模式的重要组成部分,能在一定程度上推动大学生就业指导模式的理论发展和实践探索。所调查高校就业指导人员在重视就业指导教学的同时,均重视就业指导研究工作,除了一所高校没有填写之外,其他高校都参与了教材编写、课题研究和就业指导相关论文撰写工作。其中,XX 大学、XX 师范大学、＊＊师范大学、＊＊医学院等高校非常重视就业指导研究工作,在撰写论文、教材编写、承担课题及科研成果获奖等方面,成效较为显著(见表2-20)。

表 2-20　就业指导研究调查统计

院校	研究成果
XX 大学	撰写论文 30 篇,其中正式发表 25 篇;会议交流 5 篇 教材编写 5 部,其中正式出版 5 部,主编 3 部,参编 2 部 承担课题 10 项,其中主持 8 项,参加 2 项,已经完成 8 项 科研获奖国家级 2 项,省(部)级 3 项,校级 3 项
XX 大学	撰写论文 15 篇,其中正式发表 15 篇;会议交流 2 篇 教材编写 1 部,其中正式出版 1 部,主编 1 部,参编 3 部 承担课题 2 项,其中主持 2 项,已经完成 2 项 科研获奖省(部)级 1 项
XX 师范大学	撰写论文 40 篇,其中正式发表 30 篇;会议交流 10 篇 教材编写 5 部,其中正式出版 5 部,主编 4 部,参编 1 部 承担课题 2 项,其中主持 2 项,已经完成 2 项
XX 交通大学	撰写论文 26 篇,其中正式发表 22 篇;会议交流 4 篇 教材编写 3 部,其中正式出版 2 部,主编 2 部,参编 1 部 承担课题 9 项,其中主持 8 项,参加 1 项,已经完成 6 项 科研获奖省(部)级 1 项,校级 3 项
XX 政法大学	撰写论文 34 篇,其中正式发表 28 篇;会议交流 6 篇 教材编写 6 部,其中正式出版 6 部,主编 4 部,参编 2 部 承担课题 15 项,其中主持 13 项,参加 2 项,已经完成 1 项 科研获奖国家级 1 项,省(部)级 3 项
＊＊师范大学	撰写论文 59 篇,其中正式发表 59 篇;会议交流 6 篇 教材编写 9 部,其中正式出版 9 部,主编 2 部,参编 7 部 承担课题 35 项,其中主持 21 项,参加 14 项,已经完成 31 项 科研获奖省(部)级 2 项,厅级 22 项
＊＊农业大学	未填写
＊＊医学院	撰写论文 50 篇,其中正式发表 50 篇 教材编写 3 部,其中正式出版 3 部,主编 1 部,参编 2 部 承担课题 30 项,其中主持 30 项,完成 30 项 科研获奖省(部)级 3 项,厅级 30 项,校级 7 项
＊＊师范学院	撰写论文 17 篇,其中正式发表 17 篇 承担课题 21 项,其中主持 15 项,参加 6 项,已经完成 10 项 科研获奖省(部)级 3 项,厅级 11 项,校级 22 项
＊＊科技学院	撰写论文 18 篇,其中正式发表 15 篇;会议交流 3 篇 承担课题 5 项,其中主持 3 项,参加 2 项,已经完成 4 项
※※教育学院	撰写论文 30 篇,其中正式发表 30 篇 教材编写 4 部 承担课题 18 项,其中主持 15 项,参加 2 项 科研获奖厅级 5 项
※※机电高等专科学校	撰写论文 3 篇,其中正式发表 3 篇 教材编写 5 部,其中正式出版 5 部,主编 5 部

续表

院校	研究成果
※※城市职业学院	撰写论文 30 篇,其中正式发表 25 篇;会议交流 5 篇 承担课题 3 项,其中主持 2 项,参加 1 项,已经完成 2 项 科研获奖校级 3 项
※※师范高等专科学校	撰写论文 12 篇,其中正式发表 12 篇 教材编写 2 部,其中正式出版 2 部,主编 1 部,参编 1 部 承担课题 9 项,其中主持 9 项,已经完成 2 项
※※职业技术学院	撰写论文 2 篇,其中正式发表 1 篇;会议交流 1 篇 教材编写 2 部,其中正式出版 1 部,主编 1 部 承担课题 1 项,其中主持 1 项

三、就业指导课程质量评价调查

调查发现,XX 大学、XX 大学、XX 师范大学的就业指导课程教学可"满足"大学生的就业指导需求,其他 12 所高校为"基本满足";所调查高校的就业指导课程均能"基本实现"其教学目的;在就业指导课程教学的实际效果上,XX 大学、XX 大学、XX 师范大学、＊＊农业大学和※※教育学院等 5 所高校反映"良好",其余 10 所高校反映"一般";在"影响就业指导课程质量的原因"调查中,所有高校均表示"课程不能有效满足大学生的实际需求",这是影响就业指导课程质量的主要因素。其他如"师资不足"、"课时严重不足"等问题在不同高校也各有不同程度的体现(见表 2-21)。

表 2-21 就业指导课程质量评价调查统计

院校	学生需求	教学目的	就业指导实际效果	影响就业指导课程质量的原因
XX 大学	满足	基本实现	良好	师资不足、课程不能有效满足大学生的实际需求
XX 大学	满足	基本实现	良好	课程不能有效满足大学生的实际需求
XX 师范大学	满足	基本实现	良好	课程不能有效满足大学生的实际需求
XX 交通大学	基本满足	基本实现	一般	课程不能有效满足大学生的实际需求

院校	学生需求	教学目的	就业指导实际效果	影响就业指导课程质量的原因
XX 政法大学	基本满足	基本实现	一般	课程不能有效满足大学生的实际需求
＊＊师范大学	基本满足	基本实现	一般	师资不足、课时严重不足、课程不能有效满足大学生的实际需求
＊＊农业大学	基本满足	基本实现	良好	师资不足、课程不能满足大学生的实际需求
＊＊医学院	基本满足	基本实现	一般	师资不足、单纯为完成教学任务、课程不能有效满足大学生的实际需求
＊＊师范学院	基本满足	基本实现	一般	课程不能有效满足大学生的实际需求
＊＊科技学院	基本满足	基本实现	一般	课程不能有效满足大学生的实际需求
※※教育学院	基本满足	基本实现	良好	课程不能有效满足大学生的实际需求
※※机电高等专科学校	基本满足	基本实现	一般	师资不足、课时严重不足、课程不能有效满足大学生的实际需求
※※城市职业学院	基本满足	基本实现	一般	师资不足、课程不能有效满足大学生的实际需求
※※师范高等专科学校	基本满足	基本实现	一般	师资不足、课程不能有效满足大学生的实际需求、课时严重不足
※※职业技术学院	基本满足	基本实现	一般	师资不足、单纯为完成教学任务、教学方法效果差、课程不能有效满足大学生的实际需求

四、主要问题

针对就业指导课程开设及教学现状问题,各高校纷纷提出了本校存在的诸多薄弱环节,经笔者归纳和总结,主要问题如下。

(一)就业指导教学师资建设问题

从师资职业素质上看,就业指导教师专业化、专家化程度有待提高。有的高校就业指导教师不重视就业指导课程教学,在态度上存在懈怠行为,在管理上存在放松思想,对逃课的学生听之任之,甚至明确告诉学生可以不来上课,这种不负责任的行为,不仅在就业指导教学中不能起到应有的作用和效果,而且可能误导学生,或者说贻误学生。从师资数量上看,专职教师人数明显偏少,兼职教师数量相对较多,且师资队伍专业化、专家化、职业化程度较低,不稳定现象较为普遍。从待遇上看,有的高校并未将就业指导教师与一线专业教师同等对待,在职称、职务晋升、工资待遇等关系到其切实利益问题上与一线专业课程老师存在一定的差别,在一定程度上影响了就业指导教师的积极性和主动性。从职称评定上看,目前,很多高校并未将就业指导教师纳入学校教师专业技术职务评聘范畴,建议将就业指导职称序列单列。

(二)就业指导课程开设问题

就业指导课程教学是大学生就业指导模式建设工作的重要组成部分。各高校普遍反映,学校领导要进一步提高对大学生就业指导课程教学的认识。主要表现在:部分高校虽然将就业指导课程纳入学校总体教学计划,但课时、门数明显偏少;开设时间不一,有的高校开设时间仅仅停留在高年级阶段;专、兼职教师配备比例不协调、职称结构不合理、教学方式单一等仍是影响课程顺利开设的制约因素;职业生涯规划、创新创业教育等相关课程开设急需加强;就业指导课程全程化程度仍待进一步提高。

(三)就业指导教师教育背景问题

就业指导教师缺乏相应的专业教育背景,不能对大学生进行高质量和针对性的指导。调查发现,虽然有的高校已经配备有部分心理学、思政、管理学等专业背景的专职教师,但管理学和社会学专业背景的专职教师较为欠缺;年轻教师攻读博士学位有待进一步加强;缺乏长时间(一年以上)国外学习、考察经历,不能有效借鉴国外先进理念;中国本土化就业指导理论研究有待提高,基本依赖西方职业生涯规划理论知识,缺乏对中国现实社会和经济发展最真切、最及时、最全面的把握与分析,难以对大学生开展具有针对性和建设性的分类指导与分层次指导。

(四)就业指导教学手段和方法问题

就业指导课程教学与其他课程教学相比较,有共性也有其特殊性。共性是高校就业指导教师能运用一定的教学手段和方法,对大学生开展相应的教育教学活动,使大学生掌握必要的知识和技能,从而提高其综合能力和素质。

就业指导教学又有其特殊性,就业指导是一门交叉学科,涉及多学科的知识和内容,对就业指导教师的教学手段和方法要求相对较高。就业指导教学不但包括传统的课堂教学,也包括网络就业指导课堂、就业专题讲座、走出学校参观、请企业高管与大学生交流、请企业 HR 做职业分析、看电教资料片、职业素质拓展训练、团体就业辅导等。因此,高校在开展就业指导课程教学时,要及时改进课程教学的手段和方法,根据就业指导教学活动自身的特点和实际,增强实践教学和网络教学环节,切实提升就业指导课程教学的效果。

第三节　大学生就业指导现状及需求调查

了解和掌握大学生就业指导现状及需求是建构大学生就业指导模式的重要环节。为此,笔者开展了《大学生就业指导现状及需求》问卷调查。为增强调查结果的有效度、可信度和代表性,对不同层次、类别、属性高校开展全方位、多角度的问卷调查。本次共发放调查问卷 1000 份为调研样本,收回有效问卷 966 份,回收率和有效率均为 96.6%。其中部属高校 295 人,占 30.5%,地方高校 671 人,占总调查人数的 69.5%;理科类学生 204 人,占 21.12%,工科类学生 192 人,占 19.88%,文科类学生 262 人,占 27.12%,农业类学生 68 人,占 7.04%,医科类学生 69 人,占 7.14%,师范类学生 171 人,占 17.70%;本科生占 65.21%,专科生占 34.79%;男生 471 人,占 48.8%,女生 495 人,占 51.2%;231 人来自城市,占调查人数的 23.91%,189 人来自乡镇,占调查人数的 19.57%,546 人来自农村,占调查人数的 56.52%。从选取样本看,样本的性别、专业、家庭所在地、学校属性等相对科学、合理。

一、对学校就业指导的了解情况调查

(一)对学校就业指导机构及服务的了解情况调查

大学生对学校就业指导机构及服务了解程度方面,"非常了解"的占 20.29%;"比较了解"的占 46.38%;"一般"的占 25.05%;"了解一点"的占 8.28%。

（二）对学校提供就业指导的调查

大学生对学校提供就业指导了解调查上，"一般"的占 39.96%；"非常了解"的占 19.15%；"比较了解"的占 31.78%；"了解一点"和"不知道"的分别占 4.76%和 4.35%。

（三）对学校就业信息资源获取方式调查

大学生对学校就业信息资源获取方式多处于"比较了解"和"一般"之间，分别占到 36.96%和 30.43%；"非常了解"的占 17.39%；"了解一点"的占 10.87%；也有一部分同学表示"不知道"，占到总调查人数的 4.35%。

（四）对学校发布就业信息渠道的调查

大学生对学校发布就业信息渠道集中在"比较了解"和"一般"之间，分别占 47.83%和 26.09%；有 15.22%的大学生表示"非常了解"；"了解一点"的占 10.86%；表示"不知道"的尚未发现。

（五）享受过学校提供的就业指导调查

这一调查结果相对较为集中，表示"有"的占到调查总人数的 63.35%；表示"无"的占 36.65%。这也在一定程度上表明，大多数大学生享受过学校提供就业指导。

（六）对学校就业指导内容的了解调查（可多选）

大学生对学校的"就业指导课程"、"提供用人单位信息"、"职业测评服务"等传统意义上的就业指导内容了解程度相对较高，所占比例均超过 60%；对"就业政策咨询"、"就业心理辅导"、"就业程序咨询"等内容了解比例则相对稍低，所占比例为 40%左右；调查中也发现，大学生对就业指导中融入"思想政治教育"内容了解程度不高，仅占 32.30%（见表 2-22）。

表 2-22　对学校就业指导内容的了解调查统计

调查项目	人数（人）	百分比（%）
提供用人单位信息	609	63.04
职业测评服务	588	60.87
就业指导课程	672	69.57
就业政策咨询	441	45.65
就业心理辅导	399	41.30

调查项目	人数（人）	百分比（%）
思想政治教育	312	32.30
就业技巧指导	504	52.17
就业程序咨询	378	39.13
其他	84	8.70

（七）对学校就业指导的评价调查

在对学校就业指导进行整体评价时,16.15%的大学生对学校的就业指导服务质量表示"很满意",23.91%的大学生"较满意",这两项只占总调查人数的40.06%;39.55%、20.39%的大学生则对学校的就业指导呈现"一般"和"较不满意"的态度,这两项占总调查人数的59.94%。

二、职业测评调查

（一）了解职业测评情况调查

大学生普遍反映对职业测评"了解"和"了解一点"所占比例相对较高,分别占到32.31%和39.13%;"非常了解"的仅占6.52%。调查发现,仍有22.04%的大学生表示对职业测评"不了解"。

（二）是否进行过职业测评情况调查

调查中发现,大学生普遍关注职业测评,"进行过"职业测评的占到54.97%,但"没有进行过"职业测评的这部分大学生也不容忽视,占到35.20%,仍有9.83%的大学生"不清楚什么是职业测评"。

（三）对使用的职业测评软件的了解调查

大学生对"北森的朗途职业规划系列软件"的了解程度相对较高,占到有效调查人数的43.80%;了解"飞途职业测评系列软件"的占21.42%;对"本校自己开发的测评软件"的了解占总调查人数的34.78%。

（四）是否希望在毕业前进行全面的职业测评调查

调查发现,82.61%的大学生"非常希望"在毕业前进行全面的职业测评,以了解自己的职业兴趣、性格特点和能力现状;13.04%的大学生表示"不希望";另有4.35%的大学生表示"没有考虑过"。

（五）职业测评结果处理调查

大学生对职业测评报告的信任度并不高，仅有 12.01% 的大学生对测评结果表示"完全相信"；28.16% 的大学生表示"做重要参考"；有 42.55% 的大学生"仅做一般参考"；另外，有 17.28% 的大学生表示"完全不信"。

（六）是否需要解析职业测评报告调查

在"对于职业测评报告，你需要解析吗？"调查统计时发现，66.77% 的大学生表示"非常需要，不能完全看懂"；"不需要，自己可以看懂"的仅占 22.46%；"没有考虑过"的占 10.77%。

（七）职业测评对自身职业定位重要程度调查

大学生普遍认为职业测评对自身职业定位"重要"，占到总有效调查人数的 71.74%；觉得"非常重要"的仅占 10.87%；也有一部分学生持"不重要、可有可无"的态度，占总数的 15.22%；只有 2.17% 的大学生认为职业测评"一点没有必要"。

三、就业指导课程调查

（一）课程开设情况调查

15 所高校均开设有就业指导课程，但开设情况有很大的不同。开设 1 门、2 门或 3 门（含 3 门）以上就业指导课程的学校各占三分之一；48.34% 的大学生希望从大学一年级就开设就业指导课，认为大二和大三开始的分别为 38.61% 和 10.46%，认为应该从大四开始的仅为 2.59%。

（二）"你喜欢的就业指导课开设形式"调查（可多选）

79.50% 的大学生选择喜欢"小班上课"；选择按"必修课"开设的占 56.62%；选择"面向全校学生的专题讲座"占 43.48%；36.96% 的大学生选择"全校任选课"。调查中也发现，仍有 26.09% 的大学生选择"各系上大课"。

（三）"你喜欢的教学方法"调查（可多选）

82.61% 的大学生更喜欢"师生互动"的教学方法；"走出校门参观企业"的占 66.56%；"请企业家作专题报告"的占 51.35%；只有 4.35% 的大学生选择"照本宣科"的教学方式（见表 2-23）。

表 2-23 "你喜欢的教学方法"调查统计

调查项目	人数(人)	百分比(%)
照本宣科	42	4.35
师生互动	798	82.61
案例教学	441	45.65
专题讲座、报告	399	41.30
请校友做讲座	273	28.26
走出校门参观企业	643	66.56
请企业家作专题报告	496	51.35

（四）"你喜欢的就业指导课内容"调查(可多选)

63.04%的大学生选择"职业生涯规划";52.17%的选择为"择业心理";选择"思想政治教育"的只占21.84%;喜欢"就业法规"的人数最少,只占总调查人数的19.57%(见表2-24)。

表 2-24 "你喜欢的就业指导课内容"调查统计

调查项目	人数(人)	百分比(%)
职业生涯规划	609	63.04
择业心理	504	52.17
就业法规	189	19.57
面试技巧	546	56.52
简历、求职书写作技巧	273	28.26
创业教育	315	32.61
职业发展理论	252	26.09
思想政治教育	211	21.84
专业分析	282	29.20
职业分析	399	41.30

（五）就业指导课的效果和作用调查

"你认为学校就业指导课的效果"调查显示,认为本校就业指导课的效果非常好的大学生,仅占总调查有效人数的15.16%;32.19%的大学生表示效果一般;42.65%的大学生表示效果不好;10%的大学生表示效果差。

"你认为就业指导与未来职业发展有关系吗?"调查显示,选择"有一定关系"的占69.57%;"关系很大"的占23.91%;选择"关系不大"和"没有关系"的分别为4.45%和2.07%。

"就业指导课内容是否和你的需求一致"调查显示,23.40%的大学生选择"相关较大";选择"不一致"的占48.86%;"基本一致"和"一致"的分别占15.63%和12.11%。

"学校开设的就业指导课对大学生的帮助"调查显示,选择"帮助较大"的占18.53%;"一般"的占28.16%;选择"帮助很大"的占15.94%;有37.37%的大学生选择"帮助较小"。

"就业指导课对帮助你了解所学专业发展前景的程度"调查显示,36.13%的大学生表示"有一定帮助";只有21.43%的选择"很有帮助";表示"一般"的占42.44%。

四、就业准备调查

（一）就业途径选择调查

调查发现,选择"先就业再择业"的占64.18%;"先择业再就业"的占11.18%;选择创业的比例偏低,"自主创业"和"合伙创业"的分别占6.73%和8.59%;另有9.32%的大学生选择"暂时没有考虑"。

（二）首选就业单位类型调查

本项调查设置了20个选项。在20个选项中,19个选项有所涉及。其中,国有企业、中初教育、事业单位、机关等分别占到被调查人数的14.49%、12.73%、12.52%和12.01%;国家基层项目、地方基层项目、农村建制村、城镇社区、自由职业等分别占2.59%、2.17%、1.45%、1.24和0.51%(见表2-25)。

表2-25　首选就业单位类型调查统计

内容	人数（人）	百分比（%）	内容	人数（人）	百分比（%）
机关	116	12.01	部队	43	4.45
科研设计单位	37	3.83	国家基层项目	25	2.59
高等教育	28	2.90	地方基层项目	21	2.17

内容	人数(人)	百分比(%)	内容	人数(人)	百分比(%)
中初教育	123	12.73	农村建制村	14	1.45
医疗卫生单位	26	2.69	城镇社区	12	1.24
事业单位	121	12.53	自主创业	105	10.87
科研助理	5	0.52	自由职业	5	0.52
国有企业	140	14.49	其他灵活就业	21	2.17
三资企业	42	4.35	出国、出境	46	4.76
其他企业	36	3.73	其他	0	0

(三)毕业前应该重点积累和准备情况调查(可多选)

在此项调查中发现,大学生的选择呈现多样性的特点。选择"外语4/6级证书"的高达71.74%;"职业素质培训"的占63.04%;"社交礼仪培训"的占60.87%;"辅修第二专业"、"社会实践"的选择则相对较低,分别占有效调查人数的36.96%和23.08%(见表2-26)。

表2-26 毕业前应该重点积累和准备情况调查统计

调查项目	人数(人)	百分比(%)
外语4/6级证书	693	71.74
辅修第二专业	357	36.96
职业素质培训	609	63.04
社交礼仪培训	588	60.87
社会实践	223	23.08

(四)就业地点选择调查

调查中发现,有49.48%的大学生将东部沿海作为择业首选地区,内地省会城市占21.74%;京津沪渝地区占10.56%;选择到"中小城市"、"急需人才的边远农村地区"就业的大学生占总调查人数的9.11%(见表2-27)。

表 2-27　就业地点选择调查统计

调查项目	人数（人）	百分比（%）
国外	54	5.59
京津沪渝	102	10.56
沿海开放城市	478	49.48
内地省会城市	210	21.74
中小城市	66	6.83
急需人才的边远农村地区	22	2.28
其他	34	3.52

（五）工作后收入期望值调查

从薪酬期望值来看，大学生选择"工作后月薪期望值"在 3000—3500 元所占的比重最大，达到 28.26%；其次，2500—3000 元之间的比例为 26.09%；1500—2000 元之间的比例为 21.74%；选择 1000 元以下的占 4.35%；选择 3500 元以上的占 6.52%。调查发现，大学生希望工作后月薪期望值主要集中在 1500—3500 元之间。当然，部属高校、地方本科院校和专科院校大学生的选择也有所不同，这里没有将其具体地加以统计（见表 2-28）。

表 2-28　工作后收入期望值调查统计

调查项目（元）	人数（人）	百分比（%）
1000 元以下	42	4.35
1000—1500	21	2.17
1500—2000	210	21.74
2000—2500	105	10.87
2500—3000	252	26.09
3000—3500	273	28.26
3500 元以上	63	6.52

（六）影响就业成功的主要因素调查（可多选）

调查发现，大学生普遍认为"自身综合实力"和"就业指导"对自己就业成功与否影响最大，分别占到 84.78% 和 68.01%。其他各项选择则主要集中在

20%—40%之间(见表2-29)。

表2-29 "影响就业成功的主要因素"调查统计

调查项目	人数(人)	百分比(%)
就业指导	657	68.01
兼职经历	252	26.09
社会实践	273	28.26
各种证书	189	19.57
专业实习	357	36.96
就业信息充足	315	32.61
学校知名度	273	28.26
校园文化	231	23.91
自身综合实力	819	84.78

(七)职业定位、职业探索和体验、就业基本程序了解等方面的调查

在"你知道如何进行职业定位吗?"调查发现,55.59%的学生表示不能独立完成职业定位,需要老师的协助;26.09%的学生对职业定位处于迷茫状态,自己不能进行职业定位;只有18.32%的学生表示可以完成职业定位。

在"你知道如何进行职业探索和体验吗?"调查发现,60.87%的大学生表示"自己不能,需要老师协助";22.88%的大学生选择"不能";只有16.25%的大学生选择"可以自己完成"。

在"你对就业的基本程序了解吗?"调查发现,"比较了解"的占多数,达到56.53%;选择"了解"的,占总人数的13.04%;值得注意的是,有30.43%的大学生对就业的基本程序表示"不了解"。

(八)择业时最多考虑因素调查(可多选)

大学生在选择职业时最多考虑的因素是未来的"发展空间",占到80.43%;其次是"工作稳定性",占45.65%。其中,"专业对口"和"兴趣爱好"较为接近,分别占28.26%和26.09%(见表2-30)。

表 2-30 择业时最多考虑因素调查统计

调查项目	人数（人）	百分比（%）
兴趣爱好	252	26.09
薪水高低	336	34.78
发展空间	777	80.43
工作稳定性	441	45.65
专业对口	273	28.26
其他	42	4.35

（九）择业时哪些因素的作用更重要调查（可多选）

调查发现，大学生在求职择业时，普遍认为"个人的努力"更重要，达到 81.78%；其次为"学校提供的就业信息"，占 64.70%；"亲戚朋友的引荐"和"媒介信息获取"则相对较低，分别为 26.09% 和 22.78%（见表 2-31）。

表 2-31 择业时哪些因素的作用更重要调查统计

调查项目	人数（人）	百分比（%）
学校提供的就业信息	625	64.70
个人的努力	790	81.78
媒介信息获取	220	22.78
亲戚朋友的引荐	252	26.09
其他	63	6.52

（十）求职前准备调查（可多选）

调查显示，大学生求职前对"了解求职面试技巧"、"制作简历和求职信"和"进行自我探索，了解自己适合什么职业"等选项比较重视，所选择的比例分别为 65.22%、63.04% 和 60.87%；"参加职业测评，进行职业定位"、"参加职业技能培训"和"进行相关职业咨询"则显示薄弱，分别为 28.26%、23.91% 和 22.36%（见表 2-32）。

表 2-32　求职前准备调查统计

调查项目	人数(人)	百分比(%)
制作简历和求职信	609	63.04
了解求职面试技巧	630	65.22
进行自我探索,了解自己适合什么职业	588	60.87
对选择的职业进行职业分析	336	34.78
参加职业测评,进行职业定位	273	28.26
进行相关职业咨询	216	22.36
参加职业技能培训	231	23.91

(十一)最有效求职渠道调查(可多选)

大学生普遍认为"学校双选会"是最有效的求职渠道,选择此项的占65.22%;其次为"参加各种招聘会",占56.52%;选择"父母"和"朋友介绍"的分别为36.96%和34.78%;选择"招聘网站"和"上网发信息"相对较少,分别为17.39%和13.25%(见表2-33)。

表 2-33　最有效求职渠道调查统计

调查项目	人数(人)	百分比(%)
到人才市场	215	22.26
朋友介绍	336	34.78
学校双选会	630	65.22
招聘网站	168	17.39
父母	357	36.96
上网发信息	128	13.25
参加各种招聘会	546	56.52

(十二)实现就业的关键因素调查

大学生普遍认为"自身综合实力"是实现就业的关键因素,占总调查人数的42.65%;"国家的整体就业形势"占26.09%;"社会关系"和"经济条件"分别占18.22%和13.04%。

（十三）是否知道职业生涯规划的基本程序调查

调查发现,针对大学生职业生涯规划的基本程序问题,有13.05%的大学毕业生表示知道;34.16%的大学生表示"知道一点,希望知道得更多一些";"不知道,希望知道"的占到45.03%;也有7.76%的大学生表示"没有考虑过"。

（十四）是否有三到五年的职业目标调查

对未来三至五年有职业目标的大学生占31.16%;"不太确定"的约占总数的一半,高达49.48%;13.35%的大学生没有职业目标;从来"没有考虑"此问题的占6.01%。

（十五）"你认为用人单位对大学生看重什么?"调查(可多选)

大学生普遍认为用人单位看重的是"能力",占78.88%;其次是"学历",占62.00%。同时,"学校的知名度"和"专业"也是用人单位考虑的重要因素,分别占到58.90%和57.14%;用人单位看重大学生的"思想政治素质"比例较低,只有22.57%的大学生选择该项(见表2-34)。

表2-34 "你认为用人单位对大学生看重什么?"调查统计

调查项目	人数(人)	百分比(%)
专业	552	57.14
学校的知名度	569	58.90
能力	762	78.88
学历	599	62.00
思想政治素质	218	22.57
兼职经历	284	29.40
工作经验	525	54.35
其他	48	4.97

（十六）"你在求职时遇到问题会寻求哪种帮助"调查

调查结果显示,大学生在求职择业遇到问题时,38.20%的大学生会向老师寻求帮助;19.36%的大学生会选择父母;16.87%的大学生寻求亲朋好友帮助;有12.22%的大学生能"自己决策";选择"就业信息网站"的比例不高,只占总调查人数的 10.14%；而选择到"专业咨询机构"寻求帮助的仅占 3.21%（见表 2-35）。

表 2-35 "你在求职时遇到问题会寻求哪种帮助"调查统计

调查项目	人数（人）	百分比（%）
老师	369	38.20
父母	187	19.36
亲朋好友	163	16.87
专业咨询机构	31	3.21
自己决策	118	12.22
就业信息网站	98	10.14

五、大学生对学校就业指导的主要建议

在整理问卷调查时发现，大学生对学校的就业指导提出了近三百条建议，笔者进行了认真、梳理归纳和总结，主要集中在以下方面。

（一）将大学生就业指导课程列入学校整体教学计划，开展职业生涯规划、求职择业指导、创新创业教育、职业适应与发展等方面的课程教学，促使大学生从大学一年级开始进行系统地学习，让大学生及早树立职业目标。

（二）加大创新创业教育力度，建立大学生创业中心，加强校园创业孵化园建设，以满足广大学生对创业基础知识、创业流程的了解。

（三）树立就业典型，通过报告会、成功人士演讲、举办座谈会等形式，帮助大学生结合自身特点，切实找准定位，增强大学生就业自信心。

（四）突破传统就业指导理念，加强大学生就业指导模式建设，希望学校增加实训、实践教学、网络教学内容。进一步完善和充实就业指导内容，使学校提供的就业指导内容和形式更具针对性和实效性。

（五）加强本校就业指导网站建设，增加相应模块，保持常新状态，为大学生提供更加丰富的就业信息资源。

第四节　大学生就业指导模式建设存在的主要问题

虽然本次问卷调查只涉及 15 所高校,但笔者有意识地选择不同类别(理科、文科、工科、医学、农学、师范)、不同层次(本科、专科)和不同属性(部属、地方)的高校,对大学生就业指导模式现状问题开展问卷调查。虽然调查院校相对较少,但笔者认为,调查统计结果具有一定的共性和代表性。从问卷调查结果统计可以看出,虽然各高校有其自身层次、类别和属性的特殊性,所面临的问题也各有不同,但不可否认的是,各高校在大学生就业指导模式建设工作中,一些问题的确存在且不容忽视。这就需要高校进一步提高认识,根据自身实际,加强调研和分析,及时总结、发现本校就业指导工作存在的问题,有计划、有目的地进行加强和改进,以促进和完善大学生就业指导模式建设工作。

一、大学生就业指导组织模式问题

从问卷调查统计情况看,各高校就业指导组织模式极不均衡,只有 5 所高校就业指导机构单独设置,其余高校隶属于其他部门或合署办公,其中一所高校仅设置就业指导科;就业指导队伍配备参差不齐,且专业化、专家化、信息化和职业化水平尚待提高。可以说,多数高校立体化、系统化和全方位化的就业指导组织模式尚未建立。

二、大学生就业指导运行模式问题

一般情况下,大学生就业指导运行模式主要包括了解自我、职业环境评价及探索、职业生涯规划、求职择业指导、创新创业教育、职业发展与适应、评估与调整等。调查发现,部分高校仅停留在求职择业技巧、职业生涯规划、创新创业教育阶段,职业发展与适应等内容尚未真正涉及,大学生就业指导运行模式中大学生作为主体的理念尚未真正确立和落实。

三、大学生就业指导课程教学模式问题

因高校层次、类别和属性等不同,大学生就业指导课程教学模式参差不齐,其师资力量配备、课程门数、课时量、课程内容、授课方式等方面也有较大区别。例如,有的高校专、专职就业指导师资配备失调,兼职教师过少,专、兼职就业指导师资队伍的专业背景、职称、学历结构、从业年限等均存在一定的问题;有的高校仅开设一门课程,且学时少,授课方式单一等,全程化课程教学更无从谈起;有的高校课程内容陈旧。调查发现,48.86%的大学生认为就业指导课程内容与自己的需求不一致。这些在一定程度上导致课程教学模式不能有效满足大学生日益增长的就业指导需求。

四、大学生就业指导思想政治教育模式问题

高校并没有真正重视大学生就业指导过程中的思想政治教育。调查发现,各高校思想政治教育多在大学低年级进行,在就业教育中,高校多以讲座、报告会等形式进行,或者在世界观、就业心理、择业观和创业观等部分融入一些思想政治教育内容;在"你喜欢的就业指导课内容"调查中,仅有21.84%的大学生选择"思想政治教育"。因而,将思想政治教育充分融入大学生就业指导模式之中,是各个高校均需注重和加强的问题。

五、大学生就业指导网络化模式问题

各高校虽然都相应开展了网络化就业指导,但作用和效果有待进一步提高。在"最有效求职渠道"调查发现,大学生选择"招聘网站"和"上网发信息"比例偏低,分别为17.39%、13.25%;利用就业信息网站进行求职的比例仅占966名有效调查人数的10.14%。调查结果在很大程度上表明,高校的大学生就业指导网络化模式仍需进一步完善和提高,这也是以后发展的重要方向。

综上所述,笔者认为,我国现行的大学生就业指导模式存在着指导主体不清晰,软、硬件基础设施建设不理想,大学生对学校就业指导模式不尽认同等诸多问题,这在一定程度上影响和制约着我国的大学生就业指导模式的发展、完善和提高。因此,创新大学生就业指导模式,构建"五位一体"就

业指导综合模式工作格局,发挥高校的核心作用,进一步改革高校人才培养模式,推动实现大学生更高层次的就业,促进大学生的职业发展,是现阶段我国大学生就业指导模式建设工作亟须解决的重要问题,也是我国高等教育发展的方向。

第三章 影响大学生就业指导模式 建设的原因分析

现阶段,我国大学生就业指导模式有哪些特色,哪些类型? 不同类别、不同属性、不同层次高校的大学生就业指导模式有何异同? 这些模式有怎样的运行机制? 国外大学生就业指导模式对我国有何借鉴和启示? 如何构建适合我国的大学生就业指导模式? 哪一种模式是最成功的? 成功的标准是什么? 在哪里? 如果不合理或不科学,其缺陷和不足在哪里? 如何改进和完善? 如何构建不同层次、类别、属性高校实际的大学生就业指导模式? 等等。目前,这些问题还没有肯定或相对完善的答案。

马克思指出:"问题就是公开的、无畏的、左右一切个人的时代声音。问题就是时代的口号,是它表现自己精神状况的最实际的呼声"。① 自觉地关注问题、把握问题、回应问题,是高校就业指导模式建设工作中理论创新和实践探索的重要前提。创新性构建"五位一体"大学生就业指导综合模式,需要我们搞清楚影响大学生就业指导模式的客观原因和主观原因,本着发现问题、解决问题的态度,树立全新的建设理念和原则,进而使我们构建的大学生就业指导模式更加符合中国国情和高校实际,更具科学性、系统性、针对性、实效性和普及性。

第一节 影响大学生就业指导模式建设的客观原因

大学生就业指导模式的建立和完善必定会受到各种客观原因的影响。高

---

① 《马克思恩格斯全集》第 40 卷,人民出版社 1982 年版,第 289—290 页。

校应正视影响大学生就业指导模式建设的客观原因,树立科学、合理的大学生就业指导模式建设理念,按照"五位一体"的建设目标、理念和原则,构建中国特色和适合本校实际的大学生就业指导模式。通过查阅国内外相关专家和学者现有的研究成果,结合问卷调查中反映出来当前我国高校大学生就业指导模式的现状、问题和发展趋势,分析大学生就业难的实质,是当前我们必须重视和关注的问题。

在大学生就业指导模式的社会认同问题上,业界也是众说纷纭、莫衷一是,出现不同的声音,主流认同意识不明显,尚有诸多差强人意之处。

政府层面:党和政府高度重视大学生就业问题,每年都针对大学毕业生就业出台相应的文件和政策,要求加大就业创业工作力度和就业指导力度。因东部沿海、西部、中部等地区的区域经济发展状况不同,各级政府落实状况参差不齐。有些地方实施地方保护主义,如北京、上海、天津等直辖市尚存在着户口、人事档案等限制,对大学生就业指导模式建设工作造成一定的制度障碍和政策影响。

高校层面:高校是大学生就业指导模式建设的主体。现阶段,高校虽然普遍重视就业指导模式建设工作,但因高校层次、类别、属性、地域等综合因素的影响,无论是就业质量、就业率和就业层次上,都存在着较大的差别。有些高校认为学校的任务只是负责培养,高校并不创造就业岗位,大学生就业是政府、社会的事情,大学生就业率高低、就业质量好坏与自己关系不大。这种不担当、不负责的理念或思维,既不利于大学生的职业发展,也不利于自身的就业指导模式建设。

社会层面:用人单位在选拔毕业生时,并没有对大学生就业指导模式运行和发展状况进行深层次的考虑。在当前大学毕业生总数"供大于求"的状况下,出于自身可持续发展考虑,用人单位在选聘人才时,往往会出现在学历上就高不就低、在性别上选男不选女、在层次上能选择重点高校就不选地方院校毕业生等现象。同时,各种歧视现象也不同程度地存在。

家庭层面:相当部分家庭有这样的认识,家庭为大学生付出了大量的财力、物力和精力,大学生毕业理应获得理想的就业岗位。一旦大学生就业岗位不理想或暂时不能落实就业岗位时,家庭往往将责任归结于政府和高校,归结于我们的大学生就业指导模式是否完善和合理等。

这样,往往会形成一种怪圈,造成政府、高校虽然重视大学生就业指导模式建设工作,并采取相应的办法和措施,努力促进大学生就业,但基于各种因素的影响,出现社会、家庭和大学生个体不尽认同的现象。

一、政府原因

政府既是国家政治、经济发展和调控的领导者和组织者,也是国家公共资源的拥有者和调配者。政府在社会经济发展、就业政策制定、就业体制运行等方面有着绝对的话语权。因而,政府的宏观调控功能和主导作用对大学生就业指导模式建设有着十分重要的影响。

（一）社会经济发展的影响

一个国家的社会经济发展状况对大学生就业的影响显而易见,进而也会对大学生就业指导模式的建立和完善造成不同程度的影响。当前,我国经济发展进入新常态,新产业、新业态、新模式发展势头良好,通过稳定经济增长和调整经济结构,改革红利还将进一步释放,"四化同步"的发展路径将加快带动基础设施建设、服务业发展和产业链的延伸,创造新的就业机会和就业形态。但我们也应看到,受我国社会经济发展水平、经济增长模式、产业结构升级、体制转轨等原因的影响,出现一定程度的大学毕业生"就业难"问题,这在很大程度上影响了我国的大学生就业指导模式建设。现阶段,我国社会经济结构正处于快速发展的战略调整时期,社会经济结构的调整使传统产业的比重下降,第一产业、第二产业发展规模和速度有所减缓,第三产业发展又极不均衡。在此背景下,我国政府确立了经济结构调整的方向和目标,"推进经济结构战略性调整。这是加快转变经济发展方式的主攻方向。必须以改善需求结构、优化产业结构、促进区域协调发展、推进城镇化为重点,着力解决制约经济持续健康发展的重大结构性问题"。① 我们要用创新驱动的战略眼光来分析和研判当前的经济发展形势。"从国际竞争态势看,创新驱动是大势所趋。新一轮科技革命和全球产业变革正在孕育,欧美发达国家纷纷加快发展新兴

---

① 《胡锦涛在中国共产党第十八次全国代表大会上的报告》,人民网,2012 年 11 月 18 日。

产业,力图抢占未来发展制高点;印度、印尼等发展中国家也不断加大科技投入,谋求实现跨越发展。我国发展面临着发达国家高端封锁和新兴经济体追赶比拼的双重挑战,必须增强危机意识、忧患意识,在科技创新上寻求更大突破,创造未来发展新优势,掌握主动权。从国内发展情况看,创新驱动是形势所迫。我国虽已成为世界第二大经济体,国内生产总值达到了63万亿元,人均GDP达到7000美元,但大而不强、大而不优,同时还面临着'中等收入陷阱'等挑战。特别是当前我国正处于'新四化'(工业化、信息化、城镇化、农业现代化)建设的重要阶段,经济下行压力很大,面临着经济增速换挡期、结构调整阵痛期、前期刺激政策消化期'三期叠加'的经济发展新常态,再用'三拼'(拼投资、拼资源、拼环境)的老办法、走'三高'(高投入、高能耗、高污染)的老路子已经难以为继。要实现质量更优效率更高的发展,必须依靠创新驱动,在保持经济中高速增长过程中,推动经济向中高端水平迈进"①。同时,我们也应清醒地认识到,随着现代企业制度的建立和完善,国有企业普遍实行减员增效的股份制改革,国家机关、事业单位普遍实行"凡进必考"的用人选拔机制,使得传统吸纳大学毕业生就业的渠道变窄。经济全球一体化对我国的经济结构发展和调整造成了深远的影响,高新技术在企业的应用也对我国城镇新增就业岗位产生挤压,导致用人单位的岗位需求锐减。

此外,我国区域经济发展极不平衡,城乡二元经济结构矛盾突出、社会保障体系不均衡等问题将在短时期内很难消除,也在一定程度上影响和制约着大学生的就业渠道和发展空间。如北京、上海、天津、重庆等直辖市和杭州、厦门、广州、深圳等东部、沿海城市区域经济发展相对迅速,一直以来都是大学毕业生的理想择业区域,而一些中部、西部和边远地区及广大农村基层,受经济发展水平、工资福利、生活环境、个人发展机会等综合因素的影响,巨大的就业空间对广大高校毕业生尚未形成足够的吸引力。面对大学毕业生这个庞大的就业群体,大学生是否充分就业问题,政府层面表现出极大的关注,大学毕业生就业质量和就业率的高低成为近一时期政府高度重视的问题。因而,在大

---

① 《刘延东在听取"全民科学素质行动计划纲要实施情况汇报"时的讲话》,2015年1月28日。

学生就业指导模式建设问题上,政府主要是发挥其宏观调控和主导功能,高校理应是大学生就业指导模式建设的主体。目前,受总体就业形势的影响,相当部分的高校在解决大学生就业问题上尚显得力不从心,为了学校的发展,疲于应付如何提高就业率,当然也无暇顾及大学生就业指导模式建设工作。

(二)就业政策的影响

在大学生就业问题上,政府扮演着其他任何部门都无可替代的重要角色。近年来,大学毕业生就业形势复杂严峻。为促进大学毕业生就业创业,国务院及其下属相关部委每年都会针对大学毕业生出台一系列有针对性的优惠政策和措施,如《关于引导和鼓励高校毕业生面向基层就业的意见》《关于组织开展高校毕业生到农村基层从事支教、支农、支医和扶贫工作的通知》《教育部办公厅关于进一步做好高校学生参军入伍工作的通知》等。各省级政府也会依据国家就业政策,结合本区域的实际情况,出台相应的具体规定和措施,这对大学生就业指导模式建设工作起到很大的促进作用。但我们也应看到,现阶段,因各省(直辖市、自治区)经济发展状况不一,各高校属性、层次、类别和所处地域等不同,加之受监管力度、领导重视程度等各种因素的影响,大学生就业过程反映出来的问题也千差万别。近年来,"国家虽然出台了一系列促进毕业生就业创业的政策措施,但少数地方仍存在政策不落实、措施不到位等问题。"①大学生就业相关政策在执行、对接和落实过程中还存在着诸如体系有待健全、整体规划有待完善等问题。另外,大学生学历、户籍、性别、残疾、民族歧视等问题也不容忽视。因此,政府要积极发挥其宏观调控功能,正视区域差别和高校差别,加强大学生就业的相关立法工作,建立大学生就业政策的长效运行机制,不断完善大学生就业政策,最大限度地实现大学生就业政策实施过程中的公开、公平与公正,进而不断地促进大学生就业指导模式建设工作。

(三)就业体制的影响

新中国成立以来,我国高校毕业生就业体制大致经历了以下几个阶段。一是计划经济体制下的"统包统分"阶段(新中国成立初期—1984 年)。二是

---

① 《杜玉波在 2013 年全国普通高校毕业生就业工作推进会上的讲话》,《中国教育报》2013 年 4 月 12 日。

"切块计划、供需见面"阶段(1985—1988年)。三是"双向选择"阶段(1989—1999年)。四是市场经济体制下以市场为导向的自主择业阶段(2000年至今)。不同历史时期,我国大学生就业指导模式的形式和内容也有很大的差别。在前两个时期,大学毕业生总体上供小于求,基本上不存在就业问题,大学生就业指导模式尚是一个陌生的概念,并没有引起社会和高校的重视。第三个阶段,处于过渡时期,这一阶段高校毕业生人数总体趋于相对稳中有升状态,增长幅度较小,大学生就业问题虽不明显,但一些问题不同程度地开始呈现,为应对大学生就业问题,大学生就业指导的理念开始确立。1999年后,随着我国高等教育改革的不断深入,高等教育得以长足发展。近十年来,大批专科学校升格为本科院校,职业学校升格为专科或高职院校。我们在看到高等教育可喜发展趋势的同时,也应该对大学生就业指导模式建设有一些前瞻性的战略规划。当前,在众多高校升格和普遍扩招的背景下,大学毕业生人数随之逐年增多,出现大学生就业问题,大学生就业指导模式建设工作逐渐被提上重要议事日程。目前,我国基本建立了与社会主义市场经济体制相适应的一整套高校毕业生就业制度,即"市场导向、政府调控、学校推荐、学生和用人单位双向选择"的工作机制,实施"中央和地方两级管理、以地方为主,统一领导、分工负责、齐抓共管、多方支持"的管理体制,不断完善和健全教育部、人力资源和社会保障部共同负责、相关部门配合高校毕业生就业指导和服务的工作模式。新的工作机制、管理体制和工作模式给大学生就业工作带来了新的挑战,对大学生就业指导模式建设工作带来不同程度的影响,需要政府教育部门、高校未雨绸缪,及时规划。

二、高校原因

进入21世纪后,我国高等教育在跨越式发展进程中取得了可喜的历史性成就,高校规模和大学生总数都有了"量"的飞跃,基本实现了从人口大国向教育大国的转变,进入了高等教育"大众化"阶段。截止2015年,我国高等教育毛入学率已达40%,正处于质量提升、内涵发展的转型时期。我们也应看到,高等教育"大众化"也带来办学场地不足、经费缺乏、师资紧张、大学生就业难等一系列问题,大学生"质"的问题凸显,社会对高校培养的大学生质量评价也出现不同的声音。特别是近一时期以来,大学生就业难问题成为困扰众多高校的突出问题,引起高校的普遍重视和关注,因高校层次、类别和属性等不同,对大学生就业指导模式建设工作的认知、重视程度等也有很大的差别。因而,高校自身原因对大学生就业指导模式的影响不容忽视。

(一)就业指导机构及工作内容现状的影响

现阶段,我国高等教育发展极不均衡,因高校类别、层次、属性等不同,各高校就业指导机构建设和工作内容也有很大的差别。调查中发现,有的高校设置了独立的就业指导机构,有的高校仍挂靠在学生处或与招生部门合署办公。有的高校真正地将大学生就业工作作为"一把手工程",提上学校的重要工作日程,在机构、人员、场地、经费等方面给予充分重视,有的高校则明显有一定的差距。当前,部属高校大学生就业基本上不存在问题,或近一时期没有出现所谓的就业难问题,就业指导机构工作重心是推动实现大学生更高质量、更高层次的就业;地方省属本科院校,就业指导机构工作重心则是根据学校特色和毕业生的专业特点,实行分类指导,为大学生高质量就业做好相应的指导与服务;相当部分的专科院校就业指导机构工作重心则为进一步引导大学生转变就业观念,降低期望值,加大培训力度,促进大学生充分就业、顺利创业,提高就业率。

1.就业指导机构建设

一所高校对大学生就业工作的重视与否,就业指导机构建设状况如何,将对大学生就业指导模式建设工作有着举足轻重的作用。

(1)职能部门设置。早在2004年,全国普通高校毕业生就业工作会议就提出高校要继续抓好"机构到位、人员到位、经费到位",将大学生就业指导"全程化、全员化、专业化和信息化"的要求提高到前所未有的高度。调查发现,各高校虽然都普遍重视大学生就业工作,对就业指导机构设置的重要性和必要性也有清晰的认识,也能将大学生就业指导机构设置作为促进大学生就业指导模式建设的前提和先决条件,但在职能部门设置上却存在较大程度的差别。所调查的15所高校,就业指导机构独立设置的仅为5所,分别为XX师范大学、XX交通大学、XX政法大学、＊＊师范大学和＊＊医学院;2所高校就业指导机构挂靠在学生处,分别为XX大学、※※教育学院;XX大学就业指导机构隶属于学生工作部,其它7所高校就业指导机构与招生部门合署办公。其中最值得一提的是＊＊农业大学,仅仅在学生处设置就业科。在"急需解决的问题调查"中,尚未独立设置就业指导机构的10所高校均反映急需机构到位,以便于更加高效地开展大学生就业指导工作,完善就业职能部门设置业已成为当前迫切需要解决的问题之一。高校就业指导机构设置之所以出现很不均衡的现象,受多种原因影响和制约,有领导重视程度的原因,也有高校在自身长期的发展过程中自然形成相应格局的原因。一般情况下,建立健全高校就业指导机构是做好大学生就业指导模式建设工作的前提,也是有效促进本校大学生就业工作的关键因素,当然对大学生就业指导模式也有明显的影响。独立设置就业指导机构的高校,在开展大学生就业指导时受影响和制约的因素相对较小,也更容易建立符合本校实际的大学生就业指导模式。

(2)办公场所。拥有一定的办公场所是高校顺利开展就业指导工作的保证,办公场所面积不足和内部科室设置不健全,同样会对大学生就业指导模式建设造成不同程度的影响。调查发现,虽然各高校均拥有相应的就业指导服务场所,且基本上能满足本校大学生就业指导的需求,但各高校存在着很大的差别。办公场所相对完善和齐备的有XX大学和XX师范大学。例如,XX大学办公场所面积达到1300平方米,拥有就业管理办公室、市场信息办公室、职业指导办公室、信息发布厅、会议室、洽谈室、职业茶空间和职业规划工作室等。XX师范大学拥有办公室、就业管理办公室、市场与信息办公室、就业指导办公室,配备招聘宣讲室、面试洽谈室、职业测评实验室、职业咨询室、微格教室、资料室等。也有一些高校,如＊＊农业大学、※※职业技术学院,其办公场所的面积和配备等方面都急需提高和完善。其他高校在办公场所面积和配备方面,也或多或少地存在一些问题。在"急需解决的问题调查"中,13所高校反映急需场地到位,这在一定程度上影响或制约着本校就业工作的顺利开展,必须引起高校领导和就业指导机构负责人的高度重视。

(3)人员配备。各高校均配备有一定数量的专、兼职就业指导工作人员,且基本符合教育部提出"各高校要加快建设全员化、专兼结合的就业工作队伍和高水平、专业化、相对稳定的就业指导工作队伍,不断提高就业指导队伍的整体素质"①的相关规定和要求。但受高校层次、类别、属性、领导重视程度、所处地域等多种因素影响,各高校在就业指导师资配备方面参差不齐。如XX师范大学、XX大学和※※城市职业学院的就业指导人员配备力量较强,专、兼职人员与应届毕业生配备分别达到1：161、1：178、1：258;但也有一些高校,如XX大学、＊＊医学院、※※机电高等专科学校、XX交通大学、※※师范高等专科学校,就业指导人员配备分别为1：910、1：860、1：744、1：527、1：526,达不到教育部规定1：500的基本要求。各高校专、兼职就业指导人员中,虽有部分高校的就业指导人员取得职业指导师、心理咨询师等从业资格证,但总体人员中所占比例偏低。从业人员从事就业指导年限多地集中在3—5年,年龄在30岁以下的占有相当比例。从业年限少,职称多以中级为主,年龄结构偏低,其资历和社会经验等都相对缺乏,当然也很难保证大学生就业指导模式建设工作的质量效果。

在"急需解决的问题调查"中,14所高校呼吁急需人员到位。在就业科研上,各高校普遍反映本校无科研带头人,认为在就业指导专职人员配备上应加强"职业化"、"专业化"和"专家化"。早在2003年教育部就提出要"加强就业指导机构和队伍建设,建设一支专兼相结合的强有力的就业指导队伍和机构"。2009年,国务院强调要"强化高校毕业生就业服务和就业指导"。② 这些,为高校加强就业指导队伍建设提供了有力的政策支持。通常情况下,没有专业知识扎实、职业素质过硬的就业指导队伍,高校的就业指导模式建设工作就很难达到理想的效果。因而,高校应加快制定就业指导队伍培养方案,加大投入力度,着力建设一支高素质的就业指导队伍。

2.就业教育

在大学生就业指导模式运行过程中,就业教育可直接或间接地影响到大学生就业指导模式的质量和效果。调查发现,各高校虽然都相应地开展了大学生就业教育活动,但也存在着不同程度的问题。就业教育缺乏"职业发展

---

① 《教育部关于进一步加强普通高等学校毕业生就业指导服务机构及队伍建设的几点意见》(教学〔2002〕18号),2002年12月30日。
② 张佩芬、华颖等:《高校加强就业指导教师队伍建设的途径》,《宁波大学学报》2009年第5期。

全程化标准模式"和"大学生创业师资培训"已经成为普遍现象。虽然各高校相应开展了就业观念教育,但主要以课堂讲授的形式开展。例如,XX 大学将"教育和引导毕业生树立正确的择业观念"作为就业指导机构的基本职责,XX 师范大学、XX 大学等高校也将大学生的"就业观念教育"放在大学生就业指导工作的重要地位。一些地方院校,尤其是专科院校,因考虑到毕业生就业问题,其就业教育内容偏重于就业技巧方面的指导。调查中发现,9 所高校开展了"基层就业教育"和"创业教育",但多以"课堂讲授"的形式出现。只有 8 所开展了"职业素质教育和培训",且"组织相关证书考试"所占比例不多;只有 7 所高校在就业教育过程中融入了相应的思想政治教育,但仅以讲座、报告会的形式开展,这在一定程度上削弱了就业指导与思想政治教育充分相融合的功能和效果。高校"就业教育"所显现的各种问题,既有共性问题,也有个性问题。这就需要各高校针对本校实际,各有侧重地开展相应的就业教育活动,使就业教育环节对大学生就业指导模式建设的影响降到最低限度。

3.就业服务

加强就业服务是做好大学生就业工作的重要组成部分。目前,各高校的大学生就业服务工作主要受以下原因的影响。

(1)就业市场服务。调查发现,各高校普遍重视就业市场建设工作,均能提供相应的就业市场服务场所,定期举办全校型的"双选会",且举办"双选会"时场地面积基本上能够满足本校要求,但存在着有较大的差别。有的高校"双选会"服务场所达到 2400 平方米,有的高校仅为 300 平方米。多数高校有"全校型"、"院(系)型"和"专场招聘型"规模的双选会,也有高校只有"全校型"规模的双选会;其中 3 所专科院校暂无院(系)级双选会。这种大学生校内就业市场服务场所和内容参差不齐的现象,在一定程度上影响大学生就业工作的质量和效果。

(2)就业信息服务。所调查高校均开通了本校的毕业生就业信息网站,但服务内容却有很大的区别。XX 大学、XX 大学和 XX 师范大学就业信息服务比较完善,内容不仅涵盖了调查问卷所涉及的基本内容,还开通了"讲座培训"和"精品活动"等模块或栏目。但一些专科院校就业信息服务相对薄弱,其就业网站栏目设置和内容更新频度等方面都有待进一步完善和提高。高效、完善的就业信息服务,能够在用人单位和毕业生之间搭建一座互通的桥梁。各高校就业信息管理和服务水平存在较大差别的现象,这无疑也是造成各高校就业指导模式参差不齐的原因之一。

(3)测评与咨询服务。各高校之间开展职业测评与咨询服务工作存在着较大的差别。13所高校拥有职业测评软件,且均免费在规定的时间内对大学生开放;8所高校虽开展了咨询服务,但是咨询服务的内容主要为普通咨询,多集中在求职技巧、就业心理和行业分析方面,专业的职业咨询则很少涉及;咨询专业人员1—5人不等,其中兼职咨询人员占60%以上,专职咨询人员所占比例明显偏低。只有9所高校设置有职业测评室,且有专职人员对大学生的职业测评报告进行解析。

(4)就业手续办理。虽然各高校对毕业生就业手续办理都非常重视,配备专职人员办理毕业生的各项就业手续。但随着高校毕业生就业人数的逐年增多,加之国家规定大学生择业期延长至两年,就业手续办理也随之由过去的阶段性工作变为全年性工作,工作任务也更复杂和繁重。调查中发现,有4所高校没有发放就业服务手册,这在一定程度上增加了就业工作人员的工作量和工作难度。

(5)帮扶就业困难群体。因学校类型、层次和属性等不同,各高校在就业困难群体帮扶方面也各有所侧重。在帮扶类型上,选择困难家庭15所,长线专业6所,少数民族4所,女毕业生4所,残疾毕业生3所。在提供帮扶服务上,8所高校采取重点指导,6所高校采取重点培训,7所高校通过重点推荐,4所高校进行人文关怀。就业困难群体是普通大学生就业群体的重要组成部分,高校更多注重帮助困难家庭毕业生。调查发现,高校对少数民族、女大学生、残疾毕业生等群体帮扶则明显不足,在重点指导、重点培训和人文关怀等方面也有待提高。加大对就业困难群体毕业生的帮扶力度,做到统筹安排,协调发展,这是高校就业指导机构的职责范畴,也是广大就业指导人员应担负的责任。

(6)就业维权。因受学校层次、类别、属性等原因影响,部属高校在社会上享有较高的声誉和知名度,社会影响力大,用人单位侵权现象并不常见。一些地方院校,尤其在一些专科院校,在大学生就业过程中用人单位侵权现象较为普遍。大学生在择业时,处于相对的弱势地位,大学生在真正走向工作岗位之前,高校就业指导人员应及时向大学生灌输相应的法律维权知识,以防患于未然。一旦在就业过程中用人单位出现侵犯毕业生权益时,就业指导人员理应为大学生做好维权服务和指导,大学生也能运用法律武器来维护自己的合法权益。

4.就业工作宣传

加大就业工作宣传,有利于增强学校知名度,扩大学校影响力,提高社会的认可度,也有利于用人单位和大学生对学校就业工作的了解。调查发现,各高校虽然普遍开展了就业宣传工作,但宣传主题和宣传形式上有较大的差别。在宣传主题上,各高校均开展了"就业创业"和"基层工作"宣传,但"先进经验"宣传工作不理想;在宣传形式上,高校多以信息网站和专题讲座等传统形式展开,开展"典型人物报告会"、"到企业参观"的高校则分别只为10所和7所。这些高校在就业工作宣传主题和宣传形式上的差别,在一定程度上也影响了就业工作的宣传效果。

(二)就业指导课程开设及教学现状的影响

各高校就业指导课程开设及教学现状基本上能满足大学生对就业指导的需求,能够实现就业指导教学的目的并取得一定的效果。但受各种因素影响,目前,各高校就业指导课程开设及教学现状极不平衡,发展状况也有很大的差别。有相当多的高校在就业指导课程开设及教学方面,因内容缺乏新意、教师水平参差不齐、时间滞后及教学方法陈旧等原因,就业指导课程开设及教学现状存在着潜在的危机,尚有诸多问题需要加强和改进,这些必然会对大学生就业指导模式建立和完善造成不同程度的影响。

1.就业指导课程教学师资

一般情况下,高校就业指导课程教学师资队伍发展状况是大学生就业指导模式建设成效的重要影响因素。各高校在就业指导课程教学师资配备上差距悬殊,尤其是专职教师与兼职教师配备方面相比较,比例明显偏小。值得注意的是,XX大学和＊＊医学院目前尚未有专职教师。在职业素质上,就业指导教师专业化、专家化程度有待进一步提高;在学历构成上,专职教师队伍中研究生学历相对较多,兼职教师队伍本科学历相对较多;在职称构成方面,中级职称是课程教学师资队伍的主力,其中也不乏初级职称人员;在专业背景上,就业指导教师受教育背景或多或少地会对大学生就业指导的效果产生影响。调查发现,专职教师中心理学专业背景最多,占到 32.4%,兼职教师中以"思政"专业背景最多,占到总数的 21.7%;专职教师专业背景最少的为行政管理,占总数的 5.8%,兼职教师中专业背景最少的为"两课",占 5.9%。专职教师专业背景相对合理,兼职教师专业背景需要进一步优化和完善。在从事课程教学年限上,超过 10 年的教师比重较小。就业指导教师是大学生就业指导的直接参与者,其个人职业素质的高低,影响和决定着就业指导师资队伍的整体层次和水平,影响着学校就业指导模式建设的成效,进而影响到大学生职业发展。总体来看,各高校在专、兼职就业指导课程教学师资队伍建设上层次不一,其中,专职教师配备、学历、职称提升和待遇等方面普遍反映有待进一步提高和完善。

2.就业指导课程

高校开设相应的就业指导课程,能在一定程度上为大学生就业提供相应的指导、服务、教育和培训,提高大学生的职业素质和职业技能,促进大学生的全面发现,进而促进大学生顺利成长成才。

从就业指导课程开设信息统计结果来看,各高校开设的就业指导课程虽然基本上能满足大学生就业指导的需求,但一些高校在开设门数、开设时间和课程学时等方面仍需进一步提高和加强。调查发现,各高校就业指导课程开设多以必修课为主,也有高校采取选修课和必修课两种方式进行。值得一提的是,XX 师范大学开设就业指导相关课程为 11 门,达到 340 个学时,四个年级均可选择,且均为选修课,采用专、兼职相结合的授课形式,为大学生选择自己感兴趣的课程提供了极为便利的条件;XX 大学面向四个年级开设 2 门就业指导选修课程,达到 62 个学时;也有高校只开设一门课程,仅为 18 学时,远远低于教育部规定的高校就业指导课程开设不低于 38 个学时的规定。职业素质的积累和提高是大学生进入职场的基础,而课堂教学是完成这一过程的主要方式。教育部规定的学时数是经过全方位、多角度的调研和实践基础上得出的结果,是高校开展就业指导课程教学的最基本标准,具有很强的科学性和指导性。如果高校连教育部规定的基本学时数都不能有效满足,势必会影响到就业指导课程教学的效果。

从就业指导课程主要教学形式来看,因调查高校不同,教学形式也有较大的区别。其中 XX 大学、XX 师范大学、XX 大学等部属高校,就业指导课程教学形式灵活多样,教学效果比较明显。地方院校多以传统课堂教学为主,在团体就业辅导和职业素质拓展训练方面较为缺乏。一般情况下,科学合理的就业指导课程教学不但包括传统意义的课堂教学,也包括网络就业指导课堂、网上辅导、就业专题讲座、走出学校参观、请企业高管与大学生交流、请企业 HR 做职业分析、看电教资料片、职业素质拓展训练、团体就业辅导等网络教学和实践教学内容。因此,高校在开展就业指导课程教学时,在充分运用传统课堂教学的同时,也要综合运用其他课程教学的形式和手段,根据就业指导教学活动自身的特点,增强实践教学和网络教学环节,切实提高就业指导课程教学的效果。

在就业指导课程教材选用方面,虽然各高校在开展就业指导教学时都普遍重视教材的选取,但教材使用情况有很大的差别。XX 大学、XX 师范大学既有自编讲义,又有本校编写的正式出版的教材,其他高校大部分使用正式出版的省统编教材。诚然,使用省统编教材在对大学生进行共性的就业指导方面能起到一定的作用,但受大学生本、专科的不同、所学专业不同、性别不同等因素的影响,省统编教材的针对性、时效性等则会受到一定的制约和影响,当然也会对就业指导课程教学的效果造成一定的影响。

在全程化就业指导课程建设方面,XX 大学、XX 大学、XX 师范大学和 XX 交通大学等 4 所部属高校已经开展了全程化就业指导,其他大部分高校处于准备开展全程化就业指导阶段,其中 3 所专科院校在全程化就业指导课程建设方面则十分薄弱。全程化就业指导课程建设是未来高校大学生就业指导课程建设发展的必然趋势,也是大学生就业指导模式建设的重要支撑内容,各高校在该方面表现出参差不齐的现象,在一定程度上影响了大学生就业指导模式的整体发展。

各高校在就业指导教学备课参考资料选择上也有很大的差别。部属高校在选择就业指导课程教学备课参考资料方面资源更为丰富,方式更为灵活,内容也更为全面。一些本科院校、多数专科院校在备课参考资料方面尚需要进一步加强。

在就业指导教学研究方面,各高校对大学生就业指导教学理论与实践相结合问题普遍有了充分的认识,从业人员纷纷投身其中,并取得了较为丰硕的成果。通过相关科研活动的开展,能在很大程度上起到以科研促教学,以教学促科研的目的,从而为确保就业指导教学质量提供了有力的理论保障。受学校类别、属性和层次的影响,各高校开展的相关研究成果也有很大的差别。总体来看,就业指导教学研究工作表现为部属高校好于地方院校,本科院校好于专科院校。

3.就业指导课程质量

就业指导课程质量关系大学生就业指导的质量和效果,也关系到大学生就业指导模式建设的成效。

从学生需求上看,大部分高校就业指导课程教学为"基本满足"。从就业指导实际效果来看,10所学校反映"一般",8所高校反映"师资不足"问题。所有高校都反映影响就业指导效果不佳的重要原因是"课程不能有效满足大学生的实际需求"。目前大学生反映出就业指导课程教学质量不高的现象,对我们的课程教学提出了严峻的挑战,这在另一层面反映出,切实提高就业指导课程质量是开展课程教学时必须面对的问题,也是高校大学生就业指导模式建设过程中应注重和加强的问题。

调查发现,各高校就业指导课程开设时间、内容和方法等方面有很大的差别。在开设时间上,大学生更倾向于从大学一年级就开设就业指导相关课程,这部分学生占到总数的48.34%。在"你喜欢的就业指导课开设形式"上,大学生更多地偏爱"小班上课",占调查人数的79.50%。在"你喜欢的教学方法"上,学生喜欢师生互动式的教学方式,传统照本宣科的课堂教学方法已调动不了大学生的学习热情,也很难有效地满足大学生日益增长的对就业指导实际需求。请企业家作专题报告、走出校门参观企业等方式,因其具有很强的实践性和示范性,备受学生的青睐。在"你喜欢的就业指导课内容"上,大学生选择最多地为"职业生涯规划"和"面试技巧",分别占到63.04%和56.52%;职业分析、择业心理、创业教育等也普遍受到大学生的欢迎;"思想政治教育"内容选择比例相对较低,仅占21.84%。这充分映射出当代大学生愈加关心自身职业的发展前景,注重择业过程中心理素质和实际操作能力的培养,对发掘大学生的自身优势与潜能有很强的引导作用,但从另一方面也反映出,在大学生就业指导中的思想政治教育引导亟需加强。这些,为高校完善和改进大学生就业指导模式提供了有益的参考。

在就业指导课的效果和作用调查方面,42.65%的大学生认为"学校就业指导课的效果"为"不好"。在"你认为就业指导与未来的职业发展有关系吗?"调查中,69.57%的大学生选择"有一定关系"。在"就业指导课内容是否和你的需求一致"中,48.86%的大学生选择"不一致"。在"学校开设的就业指导课对大学生帮助"中,选择"帮助很大"的仅占15.94%,37.37%的大学生选择"帮助较小"。在"就业指导课对帮助你了解所学专业发展前景的程度"调查统计中,只有21.43%的大学生选择"很有帮助",表示"一般"的占42.44%。

虽然大学生普遍对就业指导课程教学寄予厚望,但仍有48.86%的大学生认为就业指导课程内容与自己的实际需求并不相一致。调查结果也一定程度上表明,大学生对就业指导课程无论是开设时间、开设形式,还是在教学方法、课程内容方面都趋于务实,这对高校的就业指导课程教学提出了更高的要求。在大学生中开展切实有效的就业指导课程教学非常重要也非常必要,学校应该从大学生入学开始就逐渐地为其介绍本专业发展状况及未来就业趋势,进而将就业指导相关内容融入专业课程和公共课程教学之中,将就业指导贯穿大学生活的全过程,使大学生在日常的学习生活中,自觉将自身的职业素质提高与未来的职业发展有机地结合起来。

(三)高校专业设置

受传统高等教育发展惯性的影响,部分高校在专业设置上并没有及时考虑社会政治、经济发展的变化而做出及时调整。一些高校"重招生"、"淡培养"、"轻就业"现象不同程度地存在,这在一定程度上加重了大学毕业生的就业困难。现阶段,我国普通高校在招生时,还基本上延续计划经济时代的招生模式,一般是由学校提出招生计划方案,报请省级招生主管部门审批。高校在申报专业时为了各自利益,往往存在一定的盲目跟风现象,没有充分考虑未来社会发展需要和人才市场的实际需求,未能建立起适应市场经济的长效运行机制。省级招生主管部门在审批时,有时并未能根据社会需求变化进行严格审核和调控,这就势必会出现一些所谓的热门专业,各个高校都纷纷设置,一些社会需求暂时相对平稳,但未来有广泛需求的传统专业,因看不到其未来的发展潜力,在专业设置时往往不予考虑或出现缩小招生规模的现象。有的高校没有充分考虑本校的特色,在专业设置时没有进行科学论证,造成一些专业社会需求量不大,在利益的驱动下,却仍在大规模招生,导致出现一些专业供大于求的现象。例如,河南省现有河南师范大学、信阳师范学院等十几所师范性质的本、专科院校,这些高校普遍设置有数学与应用数学、物理学、化学、生物科学、英语、汉语言文学等师范类专业,专业趋同或重复化现象严重,造成这些专业的毕业生人数众多,在一定程度上造成了师范类大学生就业的困难,进而影响了这类高校的大学生就业指导模式建设工作。这种专业设置与就业市场相脱节的现象,不仅影响了大学生顺利就业,也在很大程度上造成高等教育资源的浪费。

（四）人才培养模式

目前,我国高等教育领域重理论、轻实践的现象普遍存在,尤其在高校普遍扩招的今天,大学生人数越来越多,而应有的基础设施建设却没有跟上扩招的步伐,部分高校的师资、教室、实验室、教学设备和后勤保障等严重不足。有些高校某些专业招生人数动辄上百人或数百人,往往实行大班上课,教育教学手段单一,教学模式僵化,教学内容趋同,任课教师疲于应付日常的教学工作,很难进行有针对性和个性化的培养,当然也很难保证高等教育的人才培养质量。因高校在校学生人数众多,出于安全考虑及方便管理等原因,大学生很少有机会走出校门,接触社会和了解社会,导致大学生社会实践和操作能力欠佳。这种人才模式培养出来的大学毕业生既不能有效满足社会对复合型、应用型人才的需要,也缺乏适应社会的职业竞争力。高等教育人才培养模式与社会政治、经济发展不能很好地接轨,大学生综合素质达不到用人单位的预期要求,势必在很大程度上影响大学生的全面发展与顺利就业。

近年来,西安交通大学在人才培养新模式改革上进行了很好的尝试。该校积极探索,大胆创新,实现了人才培养模式的全方位改革。学校积极推进基于通识教育、科研能力和创新能力培养的"2+4+X"研究型大学人才培养新模式,实现从知识传授型向探索研究型教育的转变。为充分利用研究型大学的资源,打通本科生与研究生教育的新路径,培养学生的创新和研究能力,西安交通大学实施的"2+4+X",即实施 2 年综合基础素质培养教育、4 年科研能力培养教育和 X 年创新能力培养教育的"三段式"模式,引起了强烈的社会反响。大学生从入学起,不分专业而是按学科大类首先接受 2 年文理兼容的基础教育,随后按学科专业进行 4 年科研能力的培养教育,学习合格者获得硕士学位。此后,再接受 X 年创新能力的培养教育,取得博士学位。X 年创新能力培养教育阶段属于攻读博士学位,是学校最高层次的人才培养阶段。在这种人才培养模式下,西安交通大学的大学生就业指导更全面,更具体,对大学生的职业发展也更直接,更实际。

三、社会原因

(一)就业市场

近一时期以来,我国政府、社会、高校等各个层面越来越重视大学生就业指导模式建设工作,大学生就业市场运行机制随之逐步建立和完善。一般情况下,大学毕业生就业市场有以下三种类型。一是政府部门建立的就业市场。现阶段,我国高校普遍扩招,大学毕业生数量逐年增加,就业问题凸显。面对新的就业形势,各级政府高度重视大学生就业工作,将其提上重要工作日程,积极推动大学毕业生就业市场建设。各省级政府的就业指导机构纷纷建立了相应的大学毕业生就业市场,举办各类具有区域性、行业性的就业招聘活动。因这类就业市场由政府就业指导机构举办,具有时效性强、可信度高等优势,但也存在着一定的缺陷,即此类就业市场的服务对象主要是辖区内的高校毕业生,具有普遍参与性特点,很难为某一高校、某特定专业或行业的毕业生提供专业化和个性化服务。二是高校建立的毕业生就业市场。各高校为使自己培养的大学生顺利就业,相应建立了适合本校特色的毕业生就业市场,定期或不定期地举办不同规模和层次的"双选"活动。为此,教育部要求各高校"要充分发挥校园市场的重要作用,通过举办分层次、分类别、分行业的招聘活动。提高招聘活动效率"。[①] "双选会"既有校际间联合的大型双选会,也有校内

---

① 《教育部关于做好 2016 届全国普通高等学校毕业生就业创业工作的通知》(教学〔2015〕12 号),2015 年 11 月 27 日。

的中小型双选会、专场招聘会、宣讲会等,为毕业生和用人单位架设沟通和交流的平台。此类市场具有较强的专业性、针对性,但也同样面临着一些问题。大学生就业具有明显的即时性特征,各高校每年可能都会在大致相近的时间段内举办"双选会",形成所谓的"双选"高峰期,用人单位在同一时间段内可能会接到很多的邀请函。因时间冲突、路程远近等原因,致使许多用人单位只能有选择地参加某些高校举办的"双选会"。近年来,为争取更多的用人单位资源,诸多高校纷纷展开了对用人单位的争夺战,跑市场、跑用人单位成为高校就业指导机构的一项重要工作,造成了高校花费大量的人力、物力、财力,但实际效果并不理想的现象。三是各类人才中介机构的就业市场。随着大学毕业生逐年增多,各类人才中介机构也开始关注大学毕业生这块越来越大的人才资源市场,纷纷建立了相应的就业市场,举办各类"双选"活动。此类就业市场虽然是前两种就业市场的有益补充,但也存在明显的缺陷。具体表现为各类人才中介机构建立的就业市场呈现鱼龙混杂、良莠不齐的现象。有的人才中介机构以盈利为目的,为使自身利益最大化,不可能更多地考虑毕业生和用人单位的利益。

就业市场是大学生就业指导模式建设的重要内容,完善的就业市场是大学生实现顺利就业的重要保障。为此,"政府应该进一步制定法规规范就业市场,建立健全公平、公正、公开透明的用人机制,使用人单位真正做到尊重人才、用好人才,为大学生的多渠道、多形式就业扫除一切人为障碍"。① 总体来说,我国的就业市场建设正朝着有利于大学毕业生充分就业的方向发展。但因各种因素的影响,现行的就业市场也存在着诸多不利于大学生就业指导模式建设的影响因素。一些地方政府出台的就业政策和户籍制度具有明显的地方保护主义色彩,导致了劳动力市场制度性人为分割比较严重,从而影响了大学生择业取向,也在一定程度上增加了大学毕业生就业的难度。

(二)用人单位

随着我国高校毕业生就业体制改革进一步深入,除国家党政机关和部分国有企业、事业单位实施公开招考外,全面推行人事代理聘用制度将是未来用

---

① 卢立霞:《大学毕业生就业难的理性思考》,《黑龙江高教研究》2005 年第 3 期。

人单位招聘人才的基本趋势。在完善大学生就业指导模式过程中,用人单位的用人观念、理念和用人标准也起着越来越重要的影响。在"你认为用人单位对大学生看重什么"调查发现,大学生普遍认为用人单位更关注"能力"、"学历"、"学校的知名度"和"专业";只有 22.57% 的大学生认为用人单位看重"思想政治素质"。随着社会政治、经济的发展和社会岗位分工的细化,各级各类用人单位对人才标准提出了更高的要求,未来社会的人才竞争也将日益激烈。

部分用人单位在选聘和使用人才时,存在着一些不合理和不规范现象。一方面,用人单位选拔人才时自主权不断扩大,选择范围增大,市场化特征逐步明显,一些不公正、不公平现象时有发生;另一方面,一些用人单位缺乏先进的管理理念和科学的人才消费观念,不同程度地存在法律意识淡薄、管理理念落后和管理手段粗放等现象,造成不能人尽其才、才尽其用的尴尬局面。从用人单位选聘人才的角度考虑,一些用人单位对大学毕业生也有自己的看法。一是认为大学生眼高手低,动手能力和社会适应能力较差。二是认为大学生进入单位后培训费用较高,因而更愿意选聘有一定工作经验的毕业生。三是大学生进入单位后,面临着户口迁移、档案托管、转正定级等诸多事项的办理,这意味着又有一笔额外费用的支付。四是现阶段就业市场供需失衡,造成了选聘人才时学历标准不断攀高的现象。在各类招聘会上,用人单位纷纷在学历层次上提出"就高不就低"的要求,这种追求人才高消费现象在客观上加剧了教育资源的浪费。五是用人单位在选聘人才时,就业歧视现象时有发生,虽然在招聘条件中未有列出,但在实际操作中却有歧视体现。主要包括专业、性别、区域、户籍、学校、学历、健康、相貌歧视等。用人单位的这些不规范、不合理的用人标准客观上加剧了大学生的就业压力,在很大程度上影响和制约了人力资源的合理和优化配置,当然也对大学生就业指导模式建设工作造成不同程度的影响。

四、家庭原因

大学生就业指导模式的建立和完善离不开家庭的支持和认同。一般情况下,大学毕业生在选择职业时,往往会在职业岗位、工作地域、环境、待遇和发展前景等问题上征询家长的意见和建议,因此,家庭对大学生就业指导模式建设的影响同样不容忽视。一方面,家庭作为一个集体,与尚未走出校门的大学生相比较,有其更为广泛的人脉资源和社会关系网络,家长有着更为丰富的社会经验和阅历,对社会的认知更为系统和全面。诚然,社会资源是开拓就业信息渠道的重要工具,大学生在择业时,充分利用家庭的社会资源,可以了解更多的就业信息,家庭也能为大学生创造更多的就业机会。另一方面,我们也应看到,受传统思想和观念的影响,一些家长在大学生择业时会充分利用自己的各种资源,依据自己的人生经验或职业体验,即父母或家庭成员为大学毕业生设计一个自认为理想的就业计划或蓝图,并自觉或不自觉地灌输、引导毕业生按照他们的意愿,选择环境优越、地域好、地位高、待遇优、风险小、发展前景相对广阔的用人单位和职业岗位。同时,父母往往会根据自己的阅历和经验对大学生择业施加压力和影响,一旦子女就业不理想,则更多的是将责任归结于政府,归结于高校和社会。这种做法或想法往往并没有充分考虑子女的专业特点、性别特征、主观愿望、个性特征和能力特长等,从而导致家长和子女在择业意愿上出现分歧,致使大学毕业生在择业时表现出种种矛盾的心理,这在一定程度上影响着大学生的顺利就业。

我国现在已经是在校大学生规模世界第一的高等教育大国,截至2014年年底,全国共有普通高校2529所,各种形式的高等教育在学总规模达到3559万人,毛入学率达到37.5%。在高等教育已全面进入"大众化"的今天,2013年全国高校毕业生达到699万,2014年为727万,2015年为749万,2016年达到765万人,①加上因各种原因造成在"择业期内"②积淀下来的未就业毕业生,每年实际需要参与就业的毕业生超过800万人甚至更多,以后每年还会呈数十万毕业生增长的趋势。一方面大学毕业生人数逐年增多,对社会总体就业短时期内造成一定的冲击;另一方面是城镇下岗和失业人员、农村剩余劳动

① 笔者注:以上数据由作者在教育部网站整理获得。
② 《国务院办公厅转发教育部等部门关于进一步深化普通高等学校毕业生就业制度改革有关问题意见的通知》(国办发〔2002〕19号):毕业生离校前仍未落实就业单位的应届毕业生可以延长择业期,从当年7月1日起,延长期限为两年。对离校时未落实工作单位的高校毕业生,档案管理机构对保管其档案免收服务费用。学校可根据本人意愿,将其户口转至入学前户籍所在地或两年内继续保留在原就读的高校,待落实工作单位后,将户口迁至工作单位所在地。

第三章　影响大学生就业指导模式建设的原因分析

力、部队复员军人等参与就业的挤占效应等。在社会提供就业岗位相对稳定的状况下,大学毕业生就业形势复杂严峻。

高等教育"大众化"带来大学毕业生就业"大众化",在新的就业体制下,大学毕业生不再具有所谓的"干部"身份,与普通劳动者等同就业。这是客观现实,也是大学生就业的总体发展趋势和方向。这就需要我们认真审视现行的高校毕业生就业体制,提高认识,统一思想,理清影响就业体制运行过程中的各种不利因素,分析其客观原因,进一步建立、健全大学生就业体制和机制,努力消除大学生就业过程中的体制性障碍,从而构建更加科学、合理的大学生就业指导模式。

第二节　影响大学生就业指导模式建设的主观原因

大学生在选择职业时,一些主观原因,如大学生对学校提供就业指导的了解程度、参与职业测评情况,以及其自身的就业观念、综合素质、期望值及诚信意识等,这些都会对其择业造成不同程度的影响。通常情况下,这些主观原因不是通过外界环境的改观就能得到及时的改善和提高,而是需要大学毕业生发自内心的深刻反省、认知和自身变革,通过自身努力、校正才能得以实现。我们应正视主观原因对大学生顺利就业的影响,这也是大学生就业指导模式建设过程中应高度重视和关注的问题。

一、对学校就业指导了解程度的影响

一般情况下,大学生只有对学校的就业指导有了充分的了解,才能在未来的职业选择上做出相应的准备,这是大学生求职择业顺利与否的先决条件。调查发现,大学生"对学校就业指导机构及服务"工作"非常了解"的仅占20.29%;"对学校提供就业指导的调查"发现,持"非常了解"态度的仅占19.15%;"对学校就业信息资源获取方式"统计发现,"非常了解"的只占17.39%;"对学校发布就业信息渠道的调查"统计中,仅15.22%的大学生表示"非常了解";在"享受过学校提供的就业指导调查"发现,有高达36.65%的毕业生表示没有享受。从统计数据上看，对学校就业指导"非常了解"的大学生所占比例偏低，大部分停留在"比较了解"和"一般"之间。值得注意的是，部分大学生依然存在对学校就业机构及服务"了解一点"甚至是"不知道"的现象。高校全程化、信息化就业指导不到位，指导对象覆盖范围窄，部分学生表示自己没有享受到高校提供的就业指导服务等，在一定程度上暴露出当前大学生就业指导模式建设工作的缺陷。

大学生对"就业指导课程"了解程度相对较高，占到调查人数的69.57%；在"就业程序咨询"了解上偏低，占调查人数的39.13%，尤其在"思想政治教育"方面则差强人意，仅占32.30%；在"对学校就业指导评价"上，仅有16.15%的大学生对学校的就业指导服务质量表示满意，分别有39.55%、20.39%的大学生则对学校的就业指导呈现一般和较不满意的态度。大学生一方面对"就业指导课程"了解程度较高，另一方面表现出对"学校就业指导评价"不高，也从一定角度反映出，进一步丰富和完善就业指导内容，提高就业指导质量和层次，这将成为下一时期高校大学生就业指导模式建设的重要任务和工作目标。

二、大学生参与职业测评的影响

职业测评是大学生就业指导运行模式的一项重要内容。大学生参与相应的职业测评，可在一定程度上增强其了解自我、认识自我的目的。调查显示，大学生在职业测评的需求度和信任度之间存在一定程度的"倒挂"现象。在"是否希望在毕业前进行全面的职业测评调查"中，大学生普遍对职业测评的需求度非常高，71.74%的大学生认为职业测评对自己的职业定位重要，82.61%的大学生非常希望进行专业、全面的职业测评，以了解自己的职业兴趣、性格特点和能力现状。这在一定程度上表明，职业测评已逐步为大学生理解和接受，职业测评推广工作起到一定的成效。然而，在大学生这一强烈需求的背后，却依然存在着相当部分的大学生不了解甚至完全没有涉及该领域的现实情况。大学生对职业测评"非常了解"的仅占6.52%，有22.04%的大学生对职业测评持"不了解"态度，35.20%没有进行过专业的职业测评，有9.83%的人不清楚什么是职业测评。在"对使用的职业测评软件的了解"方面,43.80%的大学生了解"北森的朗途职业规划系列软件"。

大学生对职业测评报告的信任度并不高,仅有12.01%的大学生对结果完全相信,有42.55%的大学生仅作一般参考,另外17.28%的大学生则表示完全不信。造成这一现象出现的原因,也从某种程度上反映出学校引进的职业测评软件的科学性和精确度有待提高。大学生对职业测评的认识不够,对测评报告的理解不透彻、不清晰,甚至看不懂,直接导致大学生对测评结果持谨慎怀疑态度。在"是否需要解析职业测评报告"调查中发现,66.77%的大学生表示"不能完全看懂",非常需要专业人士进行解析。在"职业测评对自身职业定位重要程度"上,只有10.87%表示"非常重要"。有的高校虽然有相应的职业测评系统软件,由于大学生对职业测评的不了解,或者没有专业的解析人员,使职业测评流于形式,形成大学生虽有较高的需求,却对"职业测评结果"并不认同,从而造成大学生对职业测评的热情度不高的现象。

事实上,科学、系统的职业测评对大学生未来的职业发展起着重要的作用和影响。大学生进行相应的职业测评,对于其了解自己、认知自己、了解职业和认知职业等具有重要的参考价值。大学生不仅需要学校提供科学的职业测评系统,更需要专业人士提供清晰、准确的解析服务,唯有如此,才能最大限度地发挥职业测评的作用和效果。

三、就业观念的影响

树立正确的就业观念,进行准确的职业定位,能使大学毕业生在择业时对社会需求有一个清晰的认识,进而内化为自身的实际行动。当前,部分大学毕业生不能正确认识自身的知识结构、职业素质和职业技能与社会实际需求之间的差距,不能从自身角度来科学定位适合自己的职业和岗位,在择业时好高骛远,不愿意到基层、农村和城镇社区,不愿意到一些技术性、服务性岗位就业,在择业过程中存在种种不良的就业观念。

一般情况下,大学毕业生参与双向选择获得的第一份职业,都是最基层、最基础的岗位,没有哪一位大学生刚毕业时,就能取得别人通过不懈努力,并为职业目标奋斗多年才能取得的工作业绩和成就,获得令人称羡的职业岗位。现实生活中,许多大学生理想的职业岗位是就业时就能一步到位,就能一劳永逸地获取一份理想的工作。一旦不如意时,一些大学生会产生迷茫、困惑、怨天尤人、自暴自弃等不良心态。大学生应清楚地认识到,随着我国社会政治经济发展变化和就业体制、人事分配制度等改革的进一步深入,社会保障体系不断健全和完善,人力资源配置不断优化和调整,就业竞争将更趋于公开、公正、公平和合理,实行优胜劣汰的用人选拔机制,实现人才合理、有序的流动是就业市场发展的必然趋势。国家机关、事业单位公开招考、人事代理制度的全面实施是我国未来就业体制改革和完善的基本方向,现代企业兼并、重组、破产、裁员、分流等将成为常态,用人单位和大学毕业生互相选择和适应是人力资源合理配置的必然结果。受各种因素的影响,一个人的职业岗位是一个不断发展变化的动态过程,大学毕业生"一次就业定终身"的意愿往往只是一种理想的愿景。在这种背景下,大学毕业生要不断地适应和调整就业心态,以适应未来职业发展的需要。

在就业途径选择上,大学生在就业途径选择上趋向于务实和具体,选择"先就业再择业"的占 64.18%,选择自主创业或合伙创业的比例明显偏低。对于有创业意愿的大学毕业生来讲,国家针对大学毕业生出台的创新创业政策是前提,专业人士指导、资金、经验、创业团队组建等的重要性也不可忽视。当前,虽然政府鼓励自主创业的优惠政策在一定程度上激发了大学毕业生自主创业的热情,具有自主创业意愿的大学毕业生也占据一定比重,但实际投入运营的不多,自主创业成功的比例偏低。2015 年,全国普通高校实现创业及参与创业大学生总人数 42.3 万人,仅占毕业生总数的 5.65%。选择自主创业的比例偏低与大学生缺乏必备的创业知识,创业难度大,具有一定风险等有很大关系,也与高校的创业创新教育开展状况有着一定的关系。

从首选就业单位类型来看,在大学毕业生首选就业单位问题上呈现多元化趋势,国有企业、中初教育、事业单位、机关等对大学毕业生的吸引力较大,毕业生首选单位类型以稳定为主,职业岗位的发展空间、薪水、专业对口程度和兴趣爱好也是吸引大学毕业生就业的重要因素。

从就业地域的选择来看,大学毕业生比较注重未来的就业区域。因经济发达、起点高、待遇好等因素影响,东部沿海地区、省会以上大中城市仍然是大学毕业生择业的首选。受传统观念的惯性影响,加之不稳定、待遇低、社会保障体系仍待完善等原因影响,急需人才的中西部、农村基层和边远地区、老工业基地县以下基层等仍是毕业生择业的慎选之地。

"择业时最多考虑因素"调查中发现,大学生最多考虑因素是未来的"发展空间",占到 80.43%,只要能找到好的工作,是否"专业对口",是否满足自己的"兴趣爱好"则考虑不多。"择业时,你认为哪些因素的作用更重要"方面,大学生认为"个人努力"占到 81.78%。这充分说明,大学生在择业时更关注的是未来的职业发展空间,同时,大学生普遍认为个人努力与未来的职业发展有直接的关系,其他因素则往往被大学生所忽视。受当前就业形势和就业压力的影响,这种现象既与大学生的就业观念相关,也与现行的大学生就业指导模式不完善和不健全不无关系。

许多毕业生择业时并没有科学、客观的定位自己的职业目标,没有充分考虑自身的专业、性别、知识结构、职业素质、兴趣和特长等,盲目攀比,随波逐流,看到其他同学选择所谓的理想职业岗位时,自己很容易受到影响。别人找什么工作,自己也想选择什么工作,什么工作热门找什么工作,从众现象非常普遍。部分毕业生缺乏必要的职业生涯规划,在就业过程中过分放大或片面理解一些社会腐败和不公正现象,产生畏难情绪或抵触心理,过分依赖学校和家庭,消极等待,缺乏积极进取的就业心态和行动,不是主动提高专业知识和职业技能,不能主动走出去,而是期望学校推荐、等待用人单位上门选拔、依靠亲朋或社会关系安排等,作为就业主体的主动性却明显缺乏。殊不知,很多就业机会就在大学生的"等"与"靠"过程中悄然流失。在这里引用李白的诗句"停杯投箸不能食,拔剑四顾心茫然。欲渡黄河冰塞川,将登太行雪满山"来形容部分大学生的就业观念颇为贴切。一些大学毕业生在择业时所表现出的从众和依赖心理现象,不仅对大学生本人择业造成危害,也会对其他毕业生造成一定的影响。

计划经济时代,我国高等教育实行的是"精英化"教育,大学生毕业后即由国家分配工作,作为国家干部对待,享受各种福利待遇。受千百年来形成所谓的"学而优则仕"、"人往高处走,水往低处流"、"凤凰择良木而栖"等传统观念影响,许多大学生并没有真正意识到客观就业环境的变化,在择业时往往对地位、待遇、个人发展前景的向往超越了对精神和思想的追求。诚然,大学生经过十几年的寒窗苦读,付出了大量的精力、财力和时间,在大学毕业时希望到理想的工作岗位就业,这一点无可厚非。但是,大学毕业生也应该看到,理想和现实是有一定差距的,"大众化"的高等教育必将带来"大众化"的就业。职业本无贵贱高低之分,在传统就业观念的作用和影响下,人们往往会根据自己的思维、观念和喜好人为地将职业加以区别和划分。历史在发展,社会在进步,所谓的"好职业"和"差职业"也会相应地相互转化,大学生的就业观念也应随着社会的发展而相应发生变化。当前,部分大学毕业生在择业时,价值取向上功利思想突出,历史责任感和使命感相对缺失,在选择职业岗位时表现出"重实惠、轻思想"、"重物质、轻精神"的趋利性特征。这种不顾国家和社会需求,过分强调个人利益的传统就业观念,必然会影响到大学生就业指导模式建设,影响到大学生未来的职业发展。

四、择业准备的影响

高校在开展教育教学活动时,普遍注重对大学生专业知识的传授和专业技能的培养,而对其未来职业发展所需要的职业道德培养和职业技能训练等则显得相对薄弱。提高大学生的综合素质是高校人才培养工作的重要内容,涉及大学生全面发展的方方面面,缺失任何一项都有可能对大学生的成长成才造成不同程度的影响。因此,在大学学习生活中,大学生进行相应的择业准备活动显得尤为重要。部分大学毕业生在择业时表现出诸如知识结构不合理,人文素养、职业素质缺乏,职业道德意识薄弱,交往、沟通、协调、适应能力与用人单位需求不相匹配等现象,往往会造成其择业困难。当今社会,就业竞争归根结底是综合素质的竞争。用人单位在选聘大学毕业生时,往往更希望他们不仅应具备扎实的专业基础知识、必备的职业技能、良好的职业道德和一定的人文素养,还应具备较强的思考能力、沟通协调能力、实践能力和创新能力等。

目前,我国高等教育大众化迅速推进,随之而来的是高校普遍扩招,规模扩大,加之众多专科院校升格为本科院校,中专学校升格为专科院校,大学生在校人数剧增。一些高校追求"大"而"全",而办学条件、师资力量、专业设置、课程建设、实践活动等都会受到不同程度的限制和影响,大学生的综合素质也会出现下滑现象。大学毕业生择业准备与社会需求期望存在的一定差距，在一定程度上削弱了毕业生择业时的综合就业竞争力。

在"毕业前应该重点积累和准备情况"调查中发现，大学生普遍认识到就业难问题，也对未来的就业压力有一定的认知。多数大学生认为外语四、六级证书、职业素质培养和社交礼仪培训的重要性，在毕业前做好相应的重点积累和准备，以期为未来的职业选择创造有利的条件。"社会实践"是大学生了解社会和了解职场的有效方式，调查中发现，大学生在这个选项上比例相对较低，仅占23.08%。

在"影响就业成功的主要因素"方面，大学生普遍认为"自身综合实力"、"就业指导"对自身成功就业有较大的影响。大学生在对学校的就业指导寄予较高希望的同时，更愿意相信自身综合实力对自己未来就业的影响。同时也发现，大学生对"社会实践"、"各种证书"的影响则持谨慎态度，选择"社会实践"的仅占28.26%。

在"你知道如何进行职业定位吗"的调查中，55.59%的大学生表示不能独立完成职业定位，需要老师协助；在"你知道如何进行职业探索和体验吗"的调查中，仅有16.25%的大学生选择"可以自己完成"；在"你对就业的基本程序了解吗"调查中，高达30.43%的大学生表示"不了解"；在"是否知道职业生涯规划的基本程序"方面，只有13.04%的大学生选择"知道"；在"是否有三到五年的职业目标"调查中，"不太确定"的高达49.48%，占到调查人数的几近一半；等等。大学毕业生要想实现理想的就业目标，必须对将来所要从事的职业有一个客观和理性的思考，根据自身的特长与条件进行恰当定位，并有目的、有计划地制定合理的职业发展路径。当前，进一步引导大学毕业生进行职业定位、职业探索与体验，熟悉和了解就业、职业规划的基本程序，制定符合自身的职业发展目标，提高职业竞争力，这些是目前乃至今后一个相当长时期内高校开展大学就业指导时应切实加强和提高的重要工作目标和任务。

在"求职前准备"调查上，大学生普遍进行了"了解求职面试技巧"、"制作简历和求职信"和"进行自我探索，了解自己适合什么职业"等方面的准备，在"参加职业测评，进行职业定位"和"参加职业技能培训"方面的相应准备则相对不足。这就需要高校的就业指导要根据学校实际对大学生加以引导，帮助大学生进行合理的职业定位,同时,举办相应的职业技能培训活动,使大学生能更好地做好求职前的准备工作。

在"你认为哪种求职渠道最有效"调查中,大学生对"学校双选会"和"参加各种招聘会"相对来说比较认可,对"招聘网站"和"上网发信息"等则持谨慎态度,分别为17.39%和13.25%。当前,部分大学生对互联网求职并没有引起足够的重视,网络利用也不够充分。诚然,造成这一现象的原因,有大学生基于网络求职风险方面的考虑,也与其对网络求职的认知程度有关。高校应着力加强就业网站建设,进一步净化网络环境,发挥网络的便捷、高效功能,提高网络化求职的作用和效果。

"你在求职时遇到问题会寻求哪种帮助"上,大学生对老师比较信任,也更愿意在遇到问题时找老师以寻求帮助;选择"就业信息网站"的比例不高,只占调查总数的10.14%;至于到"专业咨询机构"寻求帮助的则鲜有问津。

在"就业准备"调查上,大学生站在自身的角度,反映出诸多问题,如对就业机构的不了解,对思想政治教育的功能和效果认识不足,对就业指导课程教学不满意,对网络持谨慎、怀疑的态度,对职业测评和就业指导抱有很高的期望,但结果并不理想,等等。这些问题如果不能得到有效解决,不但会对大学毕业生顺利就业造成诸多的影响,也会对大学生就业指导模式建设工作造成很大程度的影响。

五、就业期望值的影响

从工作后收入期望值的调查结果来看,大学生选择职业时,月薪期望值集中在1500—3000元之间,"1000元以下"和"3500元以上"的比例均不高。因大学生学历不同,在选择工作后收入期望值上也会有所不同,专科生选择以"2500元"以下居多,本科生选择以"2500元"以上居多。这也在一定程度上说明,学历高低对大学生的收入期望值会有不同程度的影响,大学生在收入期望值上也有一个最低和最高的底线。

诚然,完成学业、走出校门就能获得理想的职业岗位是绝大多数大学毕业生追求的目标,也是学校、家庭对大学生择业的普遍期待。然而,理想和现实总会有一定的差距,大学毕业生就业时不可能每个人都能够如愿以偿。从我国经济发展和社会总体需求来看,高校毕业生的供给在总量上并不全为供大于求,社会对高层次人力资源的需求仍呈现强劲势头。一方面是一些基层岗位、民营企业、私立单位急需高层次人才,但是高校毕业生不愿意低就;另一方面是高校毕业生连年增多,出现失业、待业或找不到工作现象,结果出现用人单位招不到人才,而毕业生找不到工作的矛盾困境。许多大学生在主观上缺乏理性的自我认知,在选择职业时并没有结合总体就业形势严峻的大环境来客观、科学地评价和分析自己,没有及时调整自己的就业期望值,对就业形势及自身条件认识不足,加之缺乏必要的职业定位和规划,往往很容易造成其就业期望值偏高的现象。

六、诚信意识的影响

诚信是最基本的为人之道,是一个社会人的立身之本。可以说,诚信伴随着我们每一个人,也影响到我们每一个人。在大学生就业过程中,树立诚信意识尤为重要,因诚信问题而导致的失败案例举不胜举。因此,在大学生就业指导模式建设过程中,应将大学生的诚信意识教育纳入其范畴。

（一）弄虚作假

在大学毕业生求职过程中,相应的职业资格证书、获奖证书、学历证书、光鲜的履历、担任过学生干部等,这些都是较高综合素质的最直接体现,能为大学毕业生获取理想的工作岗位创设更多的条件,带来更多的机会。在择业时,一些毕业生为增加其就业竞争的筹码,有时舍弃最基本的诚信意识,采取一些非正当的手段,例如在求职简历上不真实填写组织评语、推荐意见、考试成绩和担任学生干部等情况,或者在应聘时假冒"三好学生"、"优秀学生干部"、"共产党员"和制作一些资格证书等,以期博取用人单位青睐,达到排挤其他竞争者的目的。有此类行为的毕业生,虽然通过投机取巧或弄虚作假手段可能一时取得了用人单位的信任,殊不知,纸终究包不住火。用人单位确定人选后,本着对单位和毕业生负责的态度,一般会到毕业生所在学校核实、查阅学籍档案,或向其辅导员、同班同学了解情况,一经查实其有弄虚作假的不诚信行为,不诚实守信者往往会"搬起石头砸自己的脚"。

（二）随意违约

签订正式的就业协议书是大学毕业生落实就业单位的基本形式。通常情况下，用人单位和毕业生经过双向选择，达成双方满意的基本意向后，就可以签订就业协议书。《全国普通高等学校毕业生就业协议书》"签约须知"第八条明确规定：本协议经各方签字、盖章后生效。三方都应严格履行本协议，若有一方提出变更协议，须征得另两方同意违约，由违约方承担违约责任，并将双方同意的相关条款和约定在备注栏中加以注明。然而，在签订就业协议书后的履约过程中，存在的突出问题是部分大学毕业生诚信意识淡漠，当遇到自认为更好或更理想的用人单位后，往往会以就业协议书丢失重新补办、借用已考取硕士研究生的就业协议书（为了方便毕业生签约，有的学校在毕业学年开始时就将就业协议书发放至应届毕业生，相当多报考硕士研究生且确定能录取的毕业生不会再使用协议书）等方式重新签订就业协议书，造成个人违约，由此引发的争议和诉讼时有发生。有些毕业生择业期内容易出现"这山望着那山高"的现象，在择业期内不断更换工作单位，出现频繁违约现象。大学生择业过程中的诚信缺失行为虽然是少数，但由此产生的负面影响却不可估量。一是给用人单位留下大学生诚信意识缺乏的印象，可能影响到用人单位对其所在高校以后的人才招聘计划。二是加大了用人单位的招聘成本，毕业生因各种原因违约后，用人单位要考虑重新招聘人才，由此则会产生新的人力、物力成本。三是对失信者本人也会产生一定的消极影响。同时，随意违约现象不仅涉及大学个人的诚信问题，对大学生群体的整体形象也有所损害，对毕业生就业市场也会造成一定的冲击。

第三节　影响大学生就业指导
模式建设的综合因素

大学生就业指导模式的建立和完善，应处处体现以大学生为主体的基本原则。想学生所想，急学生所急，改革人才培养模式，强化就业指导，做好各项管理和服务，实现大学生的全面发展，促进大学生高质量就业和充分就业，既是大学生就业指导模式建设的目标,也是坚持科学发展观的最直接表现。在具体的就业指导中,笔者遇到这样的实际案例,值得我们深思。

其一,笔者在就业指导课程教学"求职择业指导"环节讲授时,经过认真备课,详细讲解,运用案例、互动、视频等多种手段进行教学,临近下课时,给同学们一个自由提问的时间。当问及同学们有什么问题或不清楚之处时,竟然没有一个同学提问。笔者深感疑惑,于是在下课后主动与同学们交流,大家道出了心声,老师,我们现在没有接触用人单位,还没有遇到问题,所以也不知道在就业过程中有什么问题。

其二,一名毕业生和一家私立中学签约后,又到一家国有企业应聘,结果被通知录用,于是和前一家单位办理了改签手续。随后又遇到银行招聘,认为比国企好一些,于是又办理了改签手续。后来,该毕业生又报考一所重点中学,结果被通知录用,又办理了改签手续。如此三番,引起了笔者的注意。当笔者问及这名毕业生时,毕业生振振有词地回答,我们就业指导课老师说,只要能找到更好的单位,可以随意违约。这种不负责任的行为,令笔者大为震惊。

其三,一名就业指导老师临时有事,委托笔者代替上一节就业指导课。当笔者在上课时间准时到班级时发现,120人上课的偌大教室,只有3名同学。当笔者问及为什么时,同学们回答,老师说了,有关就业形势与政策、择业技巧、就业手续办理等内容,我们可以在就业指导教材和网上搜寻。我们的中心任务是就业,只要我们出去找工作、参加考研或报考公务员,或者有其他事情,可以不来上课。

以上案例绝不是个案,在相当多的高校时有发生,必须引起广大高校就业指导人员的充分重视。

大学生经过十几年的学校学习生活,国家、家庭为其付出了大量的财力、物力,大学生个人付出了大量的精力、时间,从付出与回报角度讲,就业是大学毕业生人生和职业发展的头等大事。大学生就业与普通劳动力就业有明显的不同,其就业成本要远远高于普通劳动力的就业成本。我们应看到,绝大多数的大学生在毕业时能顺利就业,走上相对理想的职业岗位,对政府、社会、高校、家庭、大学生个体等都有着积极的影响。构建科学的大学生就业指导模式,对于大学生能否顺利获取理想的职业岗位,发挥其主观能动性、调动其积极性、激发其内在潜能和正能量,促进大学生自由、和谐、全面发展,具有重要的引领和启迪作用。

研究和探寻解决大学生就业难问题的思路和方法,加强大学生就业指导模式建设,对于进一步推进高校人才培养模式改革,提高大学生就业指导模式的成效,实现绝大多数大学毕业生顺利就业和充分就业,具有重要的现实意义。目前,仍有相当部分的高校,尤其是一些新升格的本科高校和一些专科高校,在大学生就业指导、职业生涯教育和创新创业教育等方面显得相对滞后,其大学生就业指导模式的理论和实践研究上更是薄弱,当然也不可能有较为完善的大学生就业指导模式。总体来讲,我国大学生就业指导模式尚处于起步阶段,各高校就业指导开展状况参差不齐,就业指导模式建设和发展也极不均衡。这是我国大学生就业指导模式建设面临的现实问题,也是我们下一时期需要关注和重视的重要课题。

从宏观上看,大学生就业指导模式有其共性,即传统意义上的指导。现阶段,各高校针对本校发展定位和专业特色,相应地开展了诸如就业形势、就业政策、职业规划、择业心理、权益保障、择业观念、择业技巧、信息收集、创新创业教育、实践环节、职业适应与发展、就业渠道、流程等方面的指导。当然,不同的高校在共性问题上也采取了不同的措施和做法。

从微观上看,大学生就业指导模式有其显著的个性特征。比如,因学校层次、类别和属性不同,大学生就业指导模式构建原则和方法也有所区别。我们应认识到,不同高校、不同专业、不同性别的高校毕业生,其能力素质、就业意愿、择业期望值、择业创业区域和行业等都有着明显的差别。

总而言之,通过对影响大学生就业指导模式的客观和主观原因分析,结合多年从事就业指导的经验、心得和体会,笔者提出了一个相对科学和合理的"五位一体"大学生就业指导综合模式,力图使其更具互通性和共享性,并试图将这种模式普遍应用到不同层次、不同类别和不同属性的高校之中,这是本书所重点研究和探讨的问题,也是笔者开展大学生就业指导模式研究的动因所在。

第四章　国外大学生就业指导模式

自 20 世纪初美国学者帕森斯提出"职业指导"概念以来,世界各国都在不断研究和探索大学生就业指导模式的理论与实践问题。经过一百余年的发展和完善,目前,西方一些发达国家逐步建立了相对成熟和完善的大学生就业指导模式。国外发达国家的大学生就业指导模式有其产生的社会政治制度、经济发展状况和历史文化背景,并深受西方社会价值认同理论体系的深刻影响。西方一些发达国家的大学生就业指导模式研究成果,虽对我们社会主义国家高校的人才培养目标可能造成不同程度的冲击和影响,但其完善的理论体系和先进的建设理念对我们也有一定的借鉴意义,不能"全盘否定",需要我们不断地去芜存菁,认真加以甄别,取其精华,去其糟粕。因此,我们当前的重要任务是把西方发达国家相对成熟和完善的大学生就业指导模式相关理论研究和实践探索成果本土化,本着马克思主义中国化、时代化和大众化的原则,结合我国国情和各高校实际,加以创新和发展,从而构建适合我国不同层次、类别、属性高校的大学生就业指导模式。

西方一些发达国家,如美国、英国、德国和日本等,社会整体经济发达,市场经济体制相对完善,高等教育发展迅速,早在 20 世纪 70 年代前就实现了高等教育"大众化"阶段。西方发达国家高等教育起步早,政府高度重视和关注高等教育发展进程中出现的各种问题,因此,大学生就业指导模式建设工作也起步较早。针对大学生就业指导模式问题,政府高度重视,众多专家、学者也参与其中,纷纷提出了一些先进的职业生涯、职业指导和生涯辅导理论,并在理论研究与实践探索过程中不断地修正和完善,相应建立了符合自身发展的大学生就业指导模式。我国高等教育发展相对缓慢,进入高等教育"大众化"的时间较晚,大学生就业指导模式建设工作起步也较晚。20 世纪 90 年代以前,我国高校毕业生实行"统招统分"的就业制度,基本上没有出现所谓的大学生就业问题,也就没有所谓的大学生就业指导模式。近年来,随着高校毕业生人数的快速增长,大学生就业问题日益突出,大学生就业指导模式建设工作逐渐提上了政府和高校的重要工作日程,各高校纷纷探寻适合自身发展的大学生就业指导模式。受经济发展水平、就业体制及学校层次、类别和属性等因素影响,我国大学生就业指导模式发展极不均衡,且呈现无序化、无规划化发展之趋势。"他山之石,可以攻玉",针对我国大学生就业指导模式建设现状,笔者重点选取西方发达国家,如美国、英国、德国和日本等为研究对象,分析和探讨其大学生就业指导模式的基本情况,学习其先进的就业指导理论和实践方法,为构建我国高校"五位一体"大学生就业指导综合模式提供一定的理论借鉴和实践参考。

第一节　美国大学生就业指导模式

自 20 世纪 40 年代以来,大学生就业指导模式建设工作受到美国政府、社会和高校的高度重视和关注。经过七十余年的不断发展和完善,美国基本上建立和形成了相对科学和完善的大学生就业指导模式,其理论研究和实践探索也取得了显著的效果。正如陈禹、谷峪等所言:"当前,美国高校的就业指导形成了以职业生涯教育为核心思想、以关注学生个体'发展'为内涵、注重'服务'质量的高校就业指导模式及突出系统化、专业化、实效性的高校就业指导特征。"[①]

一、美国大学生就业指导模式概况

美国哈佛大学在 1911 年就开设了大学生就业指导课。[②] 此后,就业指导作为高等教育人才培养的重要工作职责之一,引起了美国高校就业指导人员和学术界的重视和关注。"从 20 世纪初至 20 世纪 70 年代,经过发展和完善,

---

① 陈禹、谷峪:《美国高校就业指导模式及特征分析——以爱荷华州立大学为例》,《外国教育研究》2011 年第 2 期。
② 荆德刚:《国外高校毕业生就业模式研究》,《教育研究》2009 年第 8 期。

美国的就业指导理论从关注'人职匹配'的职业指导阶段逐渐转移到了关注个体终身发展的生涯辅导（Career Guidance）阶段,在此过程中,相应地产生了几种职业指导理论,萨伯（Super）的发展性理论、霍兰德（Holland）的类型学理论、派特森（Peterson）的认知信息加工理论。"①随着职业指导理论的不断完善和发展,先进、科学的就业指导理论研究与实践探索成果被引入美国各高校,逐渐形成了相对科学、成熟和完善的大学生就业指导模式。在美国,各高校开展就业指导的目的并不只是简单地指导大学生掌握择业技巧,提高就业竞争力,顺利获取理想的职业岗位,更重要的是让大学生在接受指导的过程中学会体验和认知"职业生涯",进而提高其可持续发展的职业生涯规划和职业决策能力。现阶段,美国高校的大学生就业指导已由过去传统的就业安置、择业指导,逐渐向生涯辅导和大学生自我实现转化,指导内容更加丰富,指导手段更加科学,指导方式更加科学化、人性化和理性化,当然,大学生就业指导模式在运行过程中的效果也十分明显。

此外,作为大学生就业指导模式的特殊形式——创业指导模式,也逐渐引起了美国各高校的普遍重视。自 20 世纪 70 年代开始,中小企业在美国得以迅猛发展和壮大,在社会经济结构中的地位和比重不断提高,创业逐渐成为广大普通民众实现就业的新途径。特别是美国硅谷的崛起和近年来微软公司的兴起更是激发了人们的创业梦想。"在这样的时代背景下,美国的创业教育应运而生。哈佛商学院、麻省理工、斯坦福大学等著名高校,从 20 世纪 80 年代开始纷纷设置创业教育课程,以适应社会经济变革对教育的冲击"②。随后,大学生创业指导在美国各高校中得以蓬勃发展,取得了显著的效果。"自 1967 年美国百森商学院（Babson College）在全球第一个设置了创业教育课程以来,至 2005 年初,美国已有一千六百所高等院校开设了创业学课程,并已经形成了一套比较科学、完善的创业教育、教学研究体系"③。不仅如此,"目前,

---

①　Campbell,C.A.Sharing the vision：*The nationalstandards for school counseling programs.*.Alexandria,VA：American School Counselor Association,1997. 321-322.

②　顾明远、孟繁华：《国际教育新理念》,海南出版社 2001 年版,第 84 页。

③　常建坤、李时椿：《美国的创业教育及启示》,http://www.gmw.cn/content/200601/08/content_352730.htm,2006 年 1 月 8 日。

美国的创业教育已纳入国民教育体系,贯穿了从初中、高中、大学本科直到研究生的正规教育。高校的创业活动已成为美国经济的直接驱动力,当代许多著名高科技公司几乎都是大学生创业者们的成果"。①

二、美国大学生就业指导模式基本内容

美国实行毕业生自主择业制度,政府不直接干预和限制,而是由劳工部、学校、中介机构和用人单位协同进行。② 现行的美国大学生就业指导模式可以做这样简单地概括:政府不负责大学生就业安置,高校提供相应的就业指导与服务,各类社会组织积极参与,大学生自由选择职业。美国没有建立专门针对大学毕业生的各类就业市场,而是将其视为普通劳动者,由劳工部和高校共同为毕业生就业提供指导和服务,大学生参与整个社会就业。值得注意的是,政府虽然不直接承担大学毕业生就业安置的责任和义务,但是会通过制定相关的法律、法规来保障大学毕业生就业的合法权益。在这种情况下,经过政府、社会、高校的相互磨合、发展和共同促进,逐渐形成了富有特色的美国大学生就业指导模式,即政府制定相关就业法规,提供政策保障和宏观职业信息服务,高校进行具体的指导、教育和服务,学生进行自主择业和创业,社会组织为大学生就业提供相应的指导、咨询、培训和服务等。

(一)政府在大学生就业指导模式建设中的主要作用

"美国在大学生就业制度设计方面与我们迥然不同。美国首先强调的是个性和自主,其次是公平和效率,其在大学生就业制度设计当中基本规避了政府的责任,因此政府没有特定的部门负责高校毕业生就业,也没有毕业生或高校因无法就业而怪罪政府。"③美国高等教育相对发达,国民整体受教育程度高,加之社会经济发展迅速,政府将大学生就业与社会其他适龄劳动者就业同等对待,大学生就业主要依靠就业市场来调节。在大学生就业指导模式建设问题上,政府的主要作用是"组织就业调查,制定相关政策和措施,建立全国

---

① 闫成文:《美国大学生就业指导体系初探及其对我国的启示》,东北师范大学 2008 年硕士学位论文。
② 全力:《国外大学生就业模式及对我国就业工作的启示》,《北京教育》2007 年第 3 期。
③ 荆德刚:《中美高校毕业生就业的比较分析》,《中国教育报》2008 年 7 月 11 日。

通行的就业指导和服务的网络平台,为大学生和用人单位双方提供交流媒介"。① 美国非常重视就业信息渠道建设,"在开通信息渠道这一方面,美国多管齐下,做得非常出色,值得我们学习。例如,高校学生在毕业前从多方渠道了解就业行情及用人单位信息。劳工部主要负责制定宏观政策和做好就业调查等基础性工作。"②政府、一些社会组织和团体为了给广大民众就业提供方便,在全国各地设立职业介绍所为供需双方牵线搭桥。劳工部作为管理人力资源工作的政府职能部门,在全国各地采集就业数据,对就业市场供需状况进行多角度的调查,并将调查、统计结果通过网络、杂志、报纸等新闻媒介向全社会公布。同时,发布未来十年全国就业环境和各行业需求的预测信息和发展趋势,为政府决策、高校完善人才培养模式和求职者择业等提供一定的参考。这样,美国大学生和其他适龄劳动者往往会将其作为职业选择的重要就业信息参考资料,这是大学毕业生除学校提供就业指导服务以外获取职业信息的另一重要途径。各级地方政府也采取不同的方式促进大学毕业生就业,主要是建设完善的就业信息服务网络,召开供需见面会等。

总之,美国政府通过制定相应的法律法规,不断完善大学生就业指导模式建设工作,规范就业市场,保障大学生的合法权益,支持和鼓励社会各种就业指导机构有序竞争和发展。同时,出台优惠政策和措施,通过免还大学生学费贷款等来鼓励和支持大学生到一些特殊行业和岗位就业。例如,大学毕业生如果在政府指定的中小学做全职教师,或为低收入家庭的学生进行一定的教育服务等连续5年,即可享受学费贷款免还政策。另外,政府加大了对大学生自主创业活动的支持力度。政府通过收集、整理、分析和发布各种创业相关信息,供有创业意愿的大学生创业者参考,并实施直接资助、贷款、免税等优惠政策,对大学生新创办的企业或服务项目进行支持和扶助,并加强指导和培训力度,鼓励和支持大学生积极参与创业。

(二)高校在大学生就业指导模式建设中的主要作用

"每年,美国有关机构都要按国立和私立两种类型对美国大专院校进行

① 闫成文:《美国大学生就业指导体系初探及其对我国的启示》,东北师范大学2008年硕士学位论文。
② 杨涛:《各国大学生就业面面观》,《就业与保障》2008年第1期。

评估,以此得出当年的大学排行榜。排行评比中的主要 6 种指标之一就是毕业生就业率,包括 3 个月后毕业生的一次就业率、雇主对毕业生的满意度、毕业生的工资收入等。"①此举无论是对国立还是私立高校都有着十分重要的影响。因此,在大学毕业生求职择业过程中,学校绝不是旁观者,而是积极的组织者和参与者。由于参与竞争的需要,美国各高校都会想方设法加强大学生就业指导模式建设工作,健全就业指导机构,加强软、硬件设施建设,划拨足额的就业经费,注重就业指导内容和效果,提高毕业生的就业质量和就业率,以此来提高学校的社会地位、知名度和影响力,更多地获得社会的认可和各方面的支持,从而吸引更多的优秀高中生源报考。经过不断发展、完善和融合,目前,美国高校普遍建立了较为成熟和完善的大学生就业指导模式,有效保障了大学生就业指导的高效性、系统性和专业性。

1.机构设置与办公条件

第一,机构设置情况。各高校普遍重视和关注大学生就业指导模式建设,几乎所有的高校都设置有校级就业指导机构,且有不断加强和壮大之趋势。一般情况下,根据学校规模和毕业生人数,各高校都有十几到二十几人的就业指导队伍,有的高校可能配备人数更多。就业指导机构由分管学生事务工作的副校长直接领导,通常由主任、就业顾问、就业主管、对外联络员、秘书等专职人员构成,并聘请一定数量的校内外兼职就业指导人员,从业人员数量与毕业生的数量为 1∶200 左右,以确保每位大学生都能得到有针对性和个性化的指导与服务。美国高校对就业指导人员素质要求很高,不仅要按规定拥有相关的资格证书,还要具备管理学、心理学、咨询学、教育学等多学科的专业知识,并具有较强的行政管理工作能力和一定的实际操作经验。一般来说,他们都要具备辅导学、咨询学、高等教育学的硕士或博士学位,具有较强的信息收集和人际沟通能力,有的甚至要求要有经商或教学的经历。② 在美国高校,就业指导从业人员都有着明确的岗位职责和任职资格要求,专家化、职业化、信息化、高素质化等特征明显。例如,主任负责就业指导机构全面工作,一般需

① 马立武:《美国大学生就业呈现新特点》,《中国教育报》2006 年 4 月 21 日。
② 胡宇辰:《中美部分著名大学的就业指导及比较研究》,上海交通大学 2005 年硕士学位论文。

具备咨询相关专业背景博士或硕士学位;就业顾问一般负责大学生的心理测评、求职技巧指导、能力评估、生涯辅导等,也需要具备相应学科的博士或硕士学位。第二,经费划拨情况。充足的经费是做好大学生就业指导模式建设工作的保证,美国高校普遍对此高度重视。目前,"美国高校的就业指导机构资金充足,据统计,高校学生学费总额5%会拨给高校就业指导机构,占就业指导活动经费的60%,另外的40%来自社会资助"。① 第三,基础设施情况。高校的就业指导机构与其他校内职能部门相比,在学校享有较高的地位,基础设施建设更是突出。通常情况下,"高校就业指导机构的设施健全、完善,就业指导中心一般设有专门的职业办公室、就业心理咨询室、就业指导接待室、实习办公室、证件办公室以及专门的就业指导机房"。② 各高校就业指导机构的基础设施建设比较健全,一般都有十几间甚至几十间专门的办公室,条件好的高校甚至拥有专门的就业工作办公楼。办公条件优越,设备配备齐全,打印机、电视机、复印机、多媒体设备、可视电话、传真及高配置电脑等应有尽有。例如,加州大学洛杉矶分校每年为就业指导机构拨款约150万美元,还有各种社会捐款,为大学生就业指导提供了充足的经费保障;另外,供招聘单位与毕业生面谈的洽谈室达到十余间;提供高配置电脑方便大学生随时查阅就业信息和制作简历;配备就业指导图书查阅室,供大学生查阅各种就业信息与资料;配备可视电话,方便大学毕业生与雇主面谈等。

2.主要工作职责和内容

在美国,高校是大学生就业指导模式建设的核心,就业指导又处于高校日常工作的核心地位。各高校均十分重视大学生就业指导模式建设工作,并为此"投入充足的人力、物力、财力,建立、健全就业服务机构,强化就业过程指导"③,同时,"通过课程设置和校内外实践活动两方面来提高学生的就业能力",④以

① 申万兵、谢芳琳等:《美国高校生涯辅导的特点与启示》,《职业教育研究》2007年第8期。
② 陈禹、谷峪:《美国高校就业指导模式及特征分析——以爱荷华州立大学为例》,《外国教育研究》2011年第2期。
③ 闫成文:《美国大学生就业指导体系初探及其对我国的启示》,东北师范大学2008年硕士学位论文。
④ 杨丝丝:《国外高校大学生就业指导基本经验及启示》(上),《中国电子教育》2014年第4期。

切实提高大学生就业指导与服务的效果。

美国高校的就业指导机构主要有两个方面的职责：一是加强就业指导。就业指导一般由就业顾问负责进行，实际上就是对大学生进行相应的生涯规划辅导。辅导者与被辅导者是平等关系，辅导者运用职业生涯、职业辅导等理论，向被辅导者灌输指导理念、方法及技巧。被辅导者接收指导，通过他助与自助，不断澄清自我、认识自我和全面评价自我，自觉完善和提高自己。同时，开设形式多样的就业指导相关课程，如职业指导、信息指导、咨询指导和生涯辅导等，促进大学生职业目标的确立、职业素质的提升和择业技巧的提高。二是提供就业服务。美国高校就业指导机构的另一项重要职责就是为大学毕业生提供各种便捷高效的就业服务。如提供覆盖全国的就业信息网上查询系统；各种就业指导咨询服务；就业信息的收集、整理与发布服务；组织雇主与大学生举行洽谈会等。"美国各高校就业指导机构对学生进行就业指导并提供就业信息，每年还要向雇主推荐学生就业，举办就业洽谈会。经学校推荐的毕业生成功率通常高于其他渠道。"①如今，就业指导和服务已成为英美高等教育的重要组成部门，学生就业中心已遍及英美每一所高校甚至院系，成为学生就业的必经之地。以美国佛罗里达大学为例，2006—2007学年，访问该校就业中心的人数达15万多人次，平均每个学生3次，每个毕业生超过10次；该中心就业网站2006—2007学年的点击率高达290万次，访问人数超过89万人，平均每天访问人数2437人。②

在美国大学生就业指导模式运行过程中，就业指导和就业服务两方面各有侧重。在就业指导方面，美国高校就业指导贯穿于大学生的大学学习生活。第一学年，学校对大学生进行相应的职业观教育，帮助大学生熟悉和了解就业形势和往届毕业生就业状况。第二学年，组织大学生参加相应的职业心理测试，帮助大学生了解自身的性格特征、职业倾向、能力结构、兴趣和特长等，并在客观评价自我的基础上进行专业选择和职业定向，协调专业、职业和自我的关系。第三学年，帮助大学生了解就业市场的各种信息，注重专业学习，并通

① 马立武：《美国大学生就业呈现新特点》，《中国教育报》2006年4月21日。
② 荆德刚：《国外高校毕业生就业模式研究》，《教育研究》2009年第8期。

过参加各种社会实践活动,增加其就业体验和工作经验,提高自身综合素质和技能水平,缩小自身职业能力素质与就业期望之间的差距。第四学年则重点提高其求职技巧,训练大学生如何撰写简历、如何参加面试、如何确定求职策略等。整个就业指导过程更加注重大学生的个性心理发展,体现出较强的人文关怀和发展性特征,深受大学生欢迎。在就业服务方面,美国高校十分注重大学生的各项就业服务工作,具有明显的全方位、精准化特点,其时效性和针对性特征明显。高校就业指导机构通过实地访问雇主、邀请雇主参加校园招聘会、加强与校友会联系等方式收集各种就业信息,并对各种就业信息进行分门别类的整理,通过就业信息网络及时公布,随时供大学生查阅。同时,为大学生免费提供各种就业杂志刊物,并收集美国各大用人单位的招聘信息,建立就业信息库,方便大学生了解相关用人单位情况。另外,在就业服务方面,一些高校还对社会未来职业需求情况和发展趋势进行科学、客观地分析和预测,供大学生适时调整和完善自己的职业目标。

(三)社会组织在大学生就业指导模式建设中的主要作用

虽然美国高校高度重视大学生就业指导服务工作,建立了相对成熟和完善的就业指导模式,这在一定程度上促进了大学生的职业发展,但是,我们也应看到,各类社会组织在大学生就业指导模式建设中的作用也不可低估。"美国大量中介机构在学生和用人单位、高校与用人单位之间从事与就业相关的业务。政府给予它们与州发展局同等的政策。"①美国非常重视一些社会组织和非营利性社会团体在大学生就业中的作用。目前,美国有很多非营利性就业中介组织机构,他们提供大量的就业信息,并吸收高校和用人单位成为会员。这些社会组织为毕业生和用人单位牵线搭桥,帮助用人单位制定切实有效的招聘计划,为用人单位和毕业生提供一定的就业信息交流平台。如"美国的高校就业指导专业协会有美国咨询协会(ACA)、全国生涯发展协会(NCDA)、美国高校咨询协会(ACCA)、全美咨询服务与发展服务协会(AACD)、美国就业咨询协会(NECA)、全美高校和雇主协会(NACE)等等,这些专业协会活跃在美国高校学生就业指导工作的各个领域,规范、指导和引领

---

① 马立武:《美国大学生就业呈现新特点》,《中国教育报》2006年4月21日。

着美国高校就业指导工作的发展,也极大地推动了美国高校就业指导工作的专业化进程。"①其中,这些社会组织中又以全美高校和雇主协会(NACE)最为著名。据全美高校和雇主协会2006—2007年度报告显示,协会共有3295个机构会员和6032名个人会员②,协会有五千二百多名专职人员在全国近200所高校里进行生涯辅导和就业服务工作,并有三千多名兼职或全职人员在从事联系大学和招募新成员的工作,积极履行着协会的使命,"帮助学生选择对自己的生涯发展最有益的工作,帮助用人单位招聘最合适的人才,并在两者之间达成最佳匹配"③。

美国的一些社会组织还会定期对国内就业市场的现状、发展趋势和大学生所学专业职业发展前景等进行调查分析,对用人单位和毕业生相互选择过程中遇到的各种问题提供帮助,为大学毕业生提供职业发展指导和咨询服务。有的社会组织还出版相应的刊物,制定相应的指导原则和标准,方便和促进大学生就业。如"全国生涯发展协会第一个为职业指导设立了标准,于1921年出版了《职业指导的原则和实践》的第一版本,其中包括了该协会对有关原则和标准的陈述,并定期进行修改;全美高校和雇主协会的刊物《择业》是最受美国在校大学生和毕业生欢迎的求职刊物,许多学校都将它列为求职和就业的指导用书"④。这些社会组织充当着高校、大学生、用人单位之间的纽带和桥梁,对指导大学生顺利就业起到了重要作用。大学生普遍对这些社会组织非常信赖,其提供相应指导和服务的作用和效果在大学生就业指导模式建设过程中也表现得比较明显。

第二节　英国大学生就业指导模式

"20世纪60年代和70年代,随着高等教育机构的扩张以及学生进入大

---

① 王惠燕、卢峰:《美国高校就业指导专业协会的角色功能与启示》,《教育探索》2011年第3期。
② *National association college and employers 2006 - 2007 annu-al. report.* [2008 - 08 - 15]. http://www.naceweb.org/Annual Report 2007/default.htm.
③ 张娟娟、贾万刚:《美国、日本典型的大学生就业中介组织介绍》,《世界教育信息》2005年第9期。
④ 王惠燕、卢峰:《美国高校就业指导专业协会的角色功能与启示》,《教育探索》2011年第3期。

学比例的提高,就业压力凸现,毕业生面临的种种就业困惑引起了英国政府、大学和各类社会机构的普遍关注,就业指导服务由此进入快速发展时期。"① 经过多年的不断发展和完善,现阶段,英国建立了较为成熟的大学生就业指导模式,其先进的就业指导理念、细致周到的服务受到广大雇主和大学生的普遍欢迎和认可,高效、快捷、实用的大学生就业指导模式也引起了各国高校的广泛关注。可以说,目前英国的大学生就业指导模式建设工作走在了世界各国高校的前列。英国大学生就业指导模式可简单地概括为:政府大力支持,高校起主导作用,大学生就业受市场调节,各类企业、行业协会、非政府就业组织和各方雇主积极参与,共同构成全方位、立体化的大学生就业指导模式。

一、英国大学生就业指导模式概况

英国大学生就业指导模式在西方国家,尤其在欧美等发达国家中具有一定的共性和代表性,也可以说是西方发达国家大学生就业指导模式的典范。英国政府虽然对高校大学生就业工作的机构设置、人员配备和经费划拨等方面没有硬性或明确规定,但由于大学毕业生的状况对一所高校的社会声誉和招生有着至关重要的影响,甚至影响到高校的生存和发展。因此,英国高校普遍重视大学生就业问题,就业指导在高校教育教学工作中的地位十分突出。英国的"就业指导在高校也往往处于中心地位。它以政府、用人单位、高校和大学生作为就业指导的主体,以'市场就业制度'或'自由就业制度'为基础,配备较多的专职人员在大学生中开展内容全面、形式多样、方法先进的就业指导,帮助学生及时了解就业市场的变化,培养学生的职业兴趣和职业定向意识,提高学生的就业技能和就业方法,为大学生就业提供能力和方法的指导"。② 英国各高校普遍投入大量的人力、物力和财力,加强大学生就业指导模式建设工作,为促进大学生顺利就业提供优质的指导与服务。

早在1884年,英国剑桥大学就组织成立了教师规制委员会,该机构作为中小学校长与大学相关教师沟通的平台,服务于大学生就业工作。随后,英国

---

① 周红、夏义堃:《英国高校就业指导服务的发展启示》,《江苏高教》2006年第5期。
② 韩洁:《从牛津大学看英国看大学生就业指导服务》(上),《中国就业》2006年第11期。

其他高校纷纷效仿,成立相应的就业指导机构或组织来指导和服务于大学生就业。在英国,"最早的职业指导中心成立于1892年的牛津大学,已经有一百多年的历史。而正式起用CAS(Career Advisor Service)始于20世纪70年代。这一时期,英国职业指导机构的事业得到了很大发展,从业人员的数量和素质都上了一个台阶"。① 英国早期就业指导机构的主要职责基本上是负责收集、提供毕业生就业信息和安排招聘会等,其组织结构和功能相对简单,作用和效果也不尽理想。20世纪六七十年代,英国高等教育开始扩张,大学毕业生日益增多,就业压力开始显现,大学生就业问题引起了政府、高校和社会各界的广泛关注。1964年在大学校长委员会支持下提交的《赫沃兹报告》中,对全国大学生就业状况进行了调查,该报告建议高校加强大学生就业指导,设立专门的就业指导机构,负责大学生就业教育、就业指导与咨询、就业服务等工作。英国行业联合会于20世纪80年代末提出了颇有影响力的观点:"就业指导被视为一种市场决策机制:既能创造和发展劳动力市场,又是推动教育和培训市场的一种手段,而不是一种社会福利的边缘学科。"②近年来,英国高等教育更是得以迅猛发展,20世纪90年代以后,一大批技术性学院升格为大学,2002年英国高等教育入学率达到38%,大学毕业生人数也随之激增,就业压力进一步加大。新的就业形势对大学生的就业结构、就业质量、就业率、择业技巧、职业生涯规划、就业咨询和就业服务等提出了更高的要求,促使英国政府、高校、社会和社会组织重新审视原来的大学生就业指导模式。经过不断发展和完善,英国的大学生就业指导模式建设工作迎来了前所未有的发展机遇,其内容更加充实,内涵更加丰富,也更具时效性和针对性,逐渐发展和形成了独具特色的大学生就业指导模式。

二、英国大学生就业指导模式基本内容

英国大学生就业指导模式呈现多元化特征,各种力量参与其中,共同促进其发展和完善。目前,英国"大学生就业问题引起了社会的普遍关注,无论是

① 向琪:《英国高校就业工作的特色与启示》,《黑龙江高教研究》2008年第3期。
② 王劭弥、任强:《英国就业指导的发展历程及思考》,《河北农业大学学报》(社会科学版)2011年第2期。

政府还是学校和社会组织等都高度重视大学毕业生的就业指导服务工作,教育与技能部的政府网站专门开设了毕业生就业网页,直接为毕业生提供服务。"①为更好地解决大学生就业问题,英国政府建立了一个全国通行的就业指导和服务网络信息平台,方便大学生和用人单位交流和沟通。高校将就业指导摆在学校其他各项工作的中心地位。一些非营利性社会组织,例如,英国毕业生就业指导服务委员会、行业联合会、雇主协会等为大学生就业指导模式建设工作提供强大的支撑。政府、高校、用人单位以及一些社会组织机构相互补充、相互作用、相互影响,建立了现行的大学生就业指导模式,共同促进和服务于大学生就业。

（一）政府在大学生就业指导模式建设中的主要作用

英国实行大学毕业生自主择业的就业制度。政府对大学生就业工作虽然只是宏观引导,不直接负责,但是政府对高校毕业生就业工作高度重视,出台相应的政策和措施,如改革教育政策、建立就业工作评价机制、提供资金支持、规范行业协会行为等,为建立健全大学生就业指导模式提供坚实的保障。

1.高等教育综合改革

1998年,时任英国首相布莱尔在阐述执政思想时提出要大力加强大学生职业教育工作。在高等教育序列中设立两年制"基础学位",大学生可采取网络学习、在职学习和在校学习等多种方式进行,此举受到雇主和大学毕业生的普遍欢迎,起到了显著的成效。英国创新、大学和技能事务大臣约翰·德纳姆提出"政府计划推出系列举措,鼓励学生们在私企和公共事业领域进行实习、做义工或是继续读研"。② 2002年英国高等教育质量保证局就提出"应将职业生涯教育、就业教育、就业信息和就业指导等整合到高等教育体系,要求加强学校就业指导服务部门与各学院的内在联系和工作配合,为学生未来的就业和职业发展奠定基础"。③ 2011年6月,英国政府发布了新的高等教育白皮书,"强调将大学置于市场竞争之中,把学生置于消费者的中心地位。高校、学生、雇主之间的联系,对大学生的学习及职业生涯至关重要,白皮书就此提

① 周红、夏义堃:《英国高校就业指导服务的发展启示》,《江苏高教》2006年第5期。
② 邢超伟:《英国拓展大学生就业多元化策略之管窥》,《当代教育论坛》2010年第5期。
③ 周红、夏义堃:《英国高校就业指导服务的发展启示》,《江苏高教》2006年第5期。

出了一系列措施,目的就是为了密切各方联系,从而培养出更合格的有良好学习经历的毕业生"。① 英国通过相应的高等教育综合改革和措施调整,进一步改进和完善了高校的人才培养模式,这些对于加强大学生就业指导模式建设,优化大学生知识结构和提升职业竞争力,促进毕业生充分就业等起到越来越重要的作用和影响。

2.建立就业工作评价机制

英国完善的就业工作评价机制对大学生就业指导模式建设起到很好的促进作用。首先,对各高校进行排行。英国高校启动"毕业生去向"调查项目。近年来,英国每年几乎所有的大学都会对大学生毕业6个月后的去向进行调查,覆盖率达到毕业生总数的80%以上。在"毕业生去向"调查项目中,政府引入"毕业生水平就业"项目来衡量一所高校的毕业生就业质量和办学水平。"毕业生水平就业"概念最先由英国华威大学就业研究所提出,经过一段时间的运行,逐渐在英国各高校得以推广和广泛实施,取得了良好的效果。其标准主要有三个方面,具备其一即可算作"毕业生水平就业"。一是提出大学生未来将要从事职业岗位所需的知识、技能和经验必须在大学学习、生活中获得;二是考核大学生是否具备承担管理职务的素质与潜能;三是大学生是否具备较高层次的人际交往能力。综合上述标准,最终形成高校"毕业生水平就业"的相应数据,此数据的真实性和可靠性要接受独立机构审计,最终成为各类大学排行榜的重要权威数据和信息来源。虽然英国政府对各高校毕业生就业工作的硬性要求很少,但所有高校对毕业生就业都非常重视,究其原因是大学生就业排行榜的导向作用,排行榜在一定程度上直接或间接地影响着一所大学的社会声誉、招生乃至生存和发展。其次,进行就业质量统计。一般情况下,英国高校毕业生就业质量的统计工作由高等教育统计署和各高校完成,《卫报》《泰晤士报》等新闻媒体也积极参与其中,社会各界都普遍信赖和认同这个统计结果。英国法律明确规定,每年各高校都要向高等教育统计署递交大学生就业状况报告书。同时,英国有健全的法律和制度来保证毕业生就业状况的真实性和可靠性。例如,英国1994年颁布的教育法案,1998年颁布的北

---

① 王焕现:《英国高教改革:把学生置于体系中心》,《中国教育报》2011年8月23日。

爱尔兰法案、数据保护法案等,都对大学生就业质量统计问题做出明确要求,规定被调查毕业生和大学有义务提供真实、可靠的信息。根据形势和发展需要,英国不断完善和发展大学生就业工作评价机制,对大学生就业指导模式发展和完善起到了积极的促进作用。

3.资金支持

受国内经济发展速度减缓和 2008 年以来全球金融危机的惯性影响,近年来,英国适龄劳动人口失业率有所加剧。据英国劳动市场调查结果显示,"18 至 24 岁年龄段失业群体增长最快,2008 年第四季度达 60 万人,占新增失业人口的 40%。大学生就业难,其祸首是金融危机将英国经济拖入衰退,企业或裁员,或冻结新工作岗位"。① 面对新的就业形势,英国政府审时度势,采取积极的应对方案和措施,为大学生就业指导模式建设工作提供强大的资金支持。为此,政府设立"高等教育创新基金",用于支持校企合作以及科学和工程类毕业生创业培训、创办企业等,同时,还对提高大学生的职业技能培训工作进行有计划地资金投入。进一步提高大学生的职业素质和就业技能,使大学毕业生能够顺利就业成为政府关注的重点。英国在 2010—2011 年技能投资战略白皮书中指出:"政府投资 4.4 亿英镑用于年龄超过 19 岁的人去培训技能。其中 3.5 亿英镑通过技能资助机构提供给训练部门,用于 340 万成人的学习。"② 为应对大学生面临的就业困境,政府积极为大学生提供就业培训所需的资金,提高大学生的职业技能和就业竞争力,对他们获取理想的职业岗位起到十分重要的作用。

(二)高校在大学生就业指导模式建设中的主要作用

在英国,大学毕业生的就业质量、就业层次和就业率等同样是高校生存和可持续发展的生命线。一方面,高校就业工作面临的直接问题是提高大学生的就业质量,其重点不是简单地帮助大学毕业生找到工作,而是提高其受雇能力,以便于大学生找到更适合自己的职业岗位。另一方面,通过建立完善的大学生就业指导模式,来保证招生的生源质量和提高大学的社会声誉、畅通社会

---

①　邢超伟:《英国拓展大学生就业多元化策略之管窥》,《当代教育论坛》2010 年第 5 期。

②　Skills Investment Strategy,2010-11.Departmentfor Business,Innovation and Skills,2009,11.

资源与大学的对接渠道等,其目标是帮助大学生在就业时更具竞争力,在职业生涯中更具职业发展潜力。"英国 High Fliers Survey 对 24 所大学的在校毕业生调查表明,75%的在校毕业生都接受过学校提供的就业指导服务,其中80%的学生认为就业指导服务对个人成功就业的帮助成效显著。"①因此,各高校对大学生就业指导都非常重视,不断加强就业指导模式建设,完善和拓展其功能,为大学生就业提供形式多样的就业指导和服务。

1.就业指导机构

英国各高校普遍建立了专门的就业指导机构,设置有接待室、洽谈室、咨询室、用人单位资料库以及图书室等办公场所,工作人员必须具备心理学、教育学或相关学科硕士或博士学位,机构内部人员分工明确,基础设施完备,经费充裕,为大学生就业指导服务工作的顺利开展提供了良好的条件。当前,"英国高校职业指导中心都是大中心的格局,人数都超过国内提出的每 500 名毕业生配备一名专职就业工作人员的比例"。② 如牛津大学,早在 1892 年就建立了专门的就业指导机构,配备就业资料阅览室、用人单位和毕业生面谈室、会议室等,并将用人单位的招聘宣传册发给大学生,为大学毕业生提供各类就业信息。经过多年的发展和完善,牛津大学的就业指导模式走在英国高校的前列。目前,"牛津大学的就业服务中心设有 1 名主任、2 名副主任、12 名就业指导师、5 名负责信息管理咨询的人员,此外,还有秘书、负责招聘会以及印刷等工作的人员,共计 35 人,是全国最大的高校就业服务中心。就业服务中心一年的经费有 100 万英镑,其中的四分之三由学校拨给,四分之一来自为招聘单位服务的收费和赞助"。③ 再如,英国里丁大学全日制在校生约 2 万人左右,学校十分重视毕业生就业工作,不断建立、健全就业指导机构,设置 4 个部门,分别为职业咨询中心、职业生涯管理技能课程中心、雇主合作关系部和职业信息中心。基础设施完备,拥有资料室、咨询室、洽谈室、会议室、报告厅、休息室、信息室等。在就业指导人员队伍建设上,采取专、兼职相结合的办法,配备专职就业指导人员约 20 人,兼职人员 10 人左右。专职人员主要从有丰

① 周红、夏义堃:《英国高校就业指导服务的发展启示》,《江苏高教》2006 年第 5 期。
② 向琪:《英国高校就业工作的特色与启示》,《黑龙江高教研究》2008 年第 3 期。
③ 韩洁:《从牛津大学看英国看大学生就业指导服务》(上),《中国就业》2006 年第 11 期。

富就业指导经验的人员中选聘,兼职人员主要从心理、人力资源管理等专家中选聘,专业从事职业指导咨询工作。

2.工作内容

英国高校就业指导机构工作内容非常全面和具体,"就业指导部门同用人单位保持着长期联系,及时了解用人单位人才需求的情况,并向学生提供就业信息,帮助分析学生的具体情况、计划求职方向、面试过程中的注意问题,为这些刚刚步出校门、缺乏工作经验和社会经验的大学生提供更好的服务"。[①]

英国大学生就业指导工作开展得相对较早,"剑桥大学早在1884年就成立了就业指导协会,为本校学生到中小学和大学任教提供咨询服务"。[②] 目前,英国各高校就业指导机构普遍开展了全方位、全过程和立体化的大学生就业指导与服务工作。主要内容包括:开设职业指导课程、举办就业指导讲座及培训、举行校园招聘会、发布就业信息、提供职业测评、就业咨询服务、进行职业生涯规划辅导、开展创业指导活动等。同时,就业指导机构广泛与各用人单位以及往届校友建立联系,获取各类就业信息资源;统计本校历届毕业生去向,争取雇主资源;促进校企合作,为大学争取社会支持等。目前,英国的大学生就业指导已经贯穿于大学生大学期间的学习和生活,学生从进入大学就开始接受职业生涯教育和各种就业技能培训,其职业管理能力培训尤为突出,内容涵盖职业意识、职业能力、就业观、就业力、具体的个性化就业指导和求职技巧指导等,强调通识教育和社会技能培训,层层递进,连接紧密。为更好地促进大学生理论与实践相结合,英国高校鼓励和支持大学生在大学学习期间主动参加社会实践活动,积累工作经历。如高校现在普遍推行和实施的"三明治年计划"和"实习生的招聘专场"就是一种很好的社会实践模式。"三明治年计划"即"允许和鼓励大学生在校读书期间(尤其是大三和大四)去用人单位带薪工作一年,并将工作结果记入学分,学校可以为其保留学籍,学生实习结束后返校继续修完学位。学生可以在实践中培养职业态度、获得实践经验,以及了解自身能力、性格、就业潜能,从而帮助学生做出更周全的职业选

---

① 王莉:《国内外大学生就业现状比较研究》,《中国科技创新导刊》2009年第32期。

② 荆德刚:《国外高校毕业生就业模式研究》,《教育研究》2009年第8期。

择"。① "实习生的招聘专场"即高校就业指导机构广泛收集就业实习信息，帮助在校生寻找实习机会，根据大学生的专业、学历、性别等特点，有针对性地推荐他们到实习单位实习，提高大学生的职业素质和技能。这些措施促使大学生在实际工作中积累就业经验、培养职业技能，从而提高大学生职业发展能力。另外，英国高校中"全员化"就业指导氛围浓厚，几乎所有的高校教师都担任大学生的导师，用人单位招聘毕业生时常常要征询其导师的推荐意见，导师也非常乐意为大学生就业提供必要的帮助。据统计，英国高校约有30%毕业生由导师推荐而成功就业。

英国高校大力加强就业指导服务网站建设，"各校都建立了自己的毕业生就业指导服务网站，网站内容涉及机构职能、信息发布、法规制度、职业测试等就业指导的各个部分。并形成了完善的、功能齐全的覆盖面广泛的就业信息网络，提供全方位的网上信息查询、网上指导、网上招聘等"。② 这些就业指导服务网站，为大学毕业生及时获取有效的就业信息提供方便、快捷的服务。

（三）社会组织在大学生就业指导模式建设中的主要作用

除政府和高校外，英国各类社会组织对促进大学生就业指导模式建设工作也起到相当重要的作用。一些有关大学生就业的社会组织，如成立于1967年的英国毕业生就业指导服务委员会（AGCAS）是英国高校就业指导服务的专业化、行业性组织，对大学生进行就业信息、就业指导、就业教育乃至就业指导队伍培训的平台，在大学生就业指导模式建设过程中发挥着重要的作用和影响。再如，"英国高校就业指导中心还有一个强大的行业后盾——英国职业指导服务协会及所提供的服务。行业协会不仅负责从业人员的培训，还集中全国高校和研究机构的专家力量，编写了大量专业的、丰富的职业辅导、择业指南、就业信息汇编等资料，发布有权威性的评估和就业率统计等。加盟的成员高校资源共享，免费使用，极大地丰富了高校职业指导的内容和手段"。③ 另外，英国社会的各行业协会也纷纷参与到大学生就业指导模式建设工作之中，各自建立相应的行业性就业指导网站，为毕业生提供各种就业指导和服务。

① 向琪：《英国高校就业工作的特色与启示》，《黑龙江高教研究》2008年第3期。
② 周红、夏义堃：《英国高校就业指导服务的发展启示》，《江苏高教》2006年第5期。
③ 向琪：《英国高校就业工作的特色与启示》，《黑龙江高教研究》2008年第3期。

第三节　德国大学生就业指导模式

"德国是世界经济强国,具有很发达的高等教育体系,具有较完备的大学与高专一体化结构与'双元制'职业教育体系。德国的高校毕业生就业模式,无论是定位,内容,还是实施,都受其经济结构和历史文化的影响而自成一体,且十分成功,值得我们仔细研究和认真借鉴。"[1]有学者指出,"解决大学生就业问题,世界各国做法各有特色。如德国,就是以政府系统解决为主渠道,高校辅助参与,高校并非主体"。[2] 目前,"德国以联邦劳动局设在全国的 10 个大区中心、178 个地区局、660 个服务网点为龙头,以劳动局专门设在大学附近的大学服务组为重点,为高校毕业生就业提供广泛的社会服务,高校、教育部门、非政府组织虽然参与,但表现并不突出,德国模式彰显的是政府的力量、公共服务的价值"。[3]

德国大学生就业工作主要由联邦劳动总局及其所属的各州联邦政府劳动局组织实施。各级劳动局设立相应的就业指导机构,建立健全就业信息中心。为促进大学生就业指导模式建设,德国政府建立了通行全国范围的就业信息网络服务平台,为大学毕业生提供广泛的就业信息指导与服务。通常情况下,各类雇主和大学毕业生都可登录信息网查询,免费共享就业信息资源。在德国,虽然高校和一些社会组织也积极参与大学生就业指导与服务之中,但表现出来的作用并不十分突出。经过多年的整合和发展,德国基本上建立了以政府为主体,高校加强教育培养、提供就业指导和服务,政府教育部门和一些社会组织为辅助,大学生"自我负责、自由择业"的就业指导模式。这种模式主要体现在政府在大学生就业工作中的主体地位,充分体现出政府的公共指导与服务价值,"公共服务型"特征十分明显。

---

[1]　段丽华、储克森:《德国促进高校毕业生就业的保障体系》,《中国职业技术教育》2007 年第 3 期。

[2]　向琪:《英国高校就业工作的特色与启示》,《黑龙江高教研究》2008 年第 3 期。

[3]　荆德刚:《国外高校毕业生就业模式研究》,《教育研究》2009 年第 8 期。

一、德国大学生就业指导模式概况

20世纪70年代后,德国高等教育步入大众化教育阶段,这与世界其他国家一样,大众化高等教育必然带来大学毕业生大众化就业。"德国高等教育推行学生实习和做义工的制度,更加体现了对培养学生实践能力、综合素质的重视。"[1]在德国,大学生毕业后能否顺利就业,主要靠政府主导、就业市场调节和运作,靠大学生的综合素质和自身就业竞争力,高校只是负责培养和指导,对其就业问题则不承担相应的责任和义务。德国政府、高校、企业、社会组织等相互制约、相互补充和相互协调,共同在大学生就业过程中发生作用和影响,形成具有自身特色的大学生就业指导模式。在这个模式中,以各类企业、大学生为主体,政府及其下属相关职能部门为主渠道,充分发挥其咨询、培训、介绍、指导和服务功能,高校为大学生提供培养、教育和指导场所,以增强大学生的职业素质和生存能力为目标,各类社会组织是大学生就业指导模式建设工作的有益补充。

值得一提的是,德国实施的"慕尼黑就业模式",这是一种德国高等教育与就业市场紧密相结合的就业指导模式,主要解决在现行高等教育人才培养模式下,高校培养的人才如何适应快速变化的就业市场需求,如何实现大学毕业生高层次和高质量就业的问题。这种模式自建立以来,迅速在全国高校得以广泛应用,经过不断发展和完善,已于2001年正式向欧洲其他国家的高校推广。"慕尼黑就业模式"主要有以下特色:"一是大学、企业界、劳动局的全方位合作,他们通过在组织上和经济上的相互支持以及信息上的有效沟通,真正把学生就业准备作为共同的任务来完成。二是在大学里设立就业市场学院,专门负责学生专业能力以外的其他能力的培训,包括社交能力、独立工作能力、计算机操作能力和市场营销能力等全方位的基本素质和职业能力培训。三是企业界常年为大学毕业生提供实习基地,并且负责实习生的培训与考核。"[2]这种就业指导模式的优势在于,以政府劳动局为主导,

---

① 全力:《国外大学生就业模式及对我国就业工作的启示》,《北京教育》2007年第3期。
② 朱红:《"慕尼黑就业模式"的启示》,《中国大学生就业》2002年第8期。

高校、企业和劳动局三方通力合作,共同作用和服务于大学生。这样,大学生在毕业前对社会有了更加清晰的认识,提前有针对性地做好就业的各项准备工作,以便于未来择业时更快地适应就业市场的需求。劳动局及社会组织不断加强对大学毕业生的职业能力和实习培训,大大提高了毕业生的求职成功率。同时,通过这种就业指导模式的有效运行,用人单位往往也会更容易招聘到自己满意的人才。

二、德国大学生就业指导模式基本内容

20世纪90年代以来,德国面临着欧洲一体化、东西德合并后经济转型和融合、高等教育改革和调整等多种因素的影响,国内总体就业形势不容乐观,曾一度出现高失业率现象,大学毕业生就业受到一定程度的冲击。近年来,大学生就业问题引起了德国政府的高度重视,为促进大学生就业,德国建立了以政府为主导、高校、企业以及各种社会组织共同参与的大学生就业指导模式。这种模式无论在定位、内容和建设途径上,还是在具体实施策略上,都深受其社会经济发展结构、社会价值体系、高等教育制度以及历史文化等多种因素的影响,经过不断发展和完善,形成了自成一体的大学生就业指导模式,业已成为德国大学生就业工作的亮点。

（一）政府在大学生就业指导模式建设中的主要作用

德国政府在大学生就业指导模式中起主导作用,劳工部在拥有大学的城市设立专门为大学生就业提供指导和服务的工作团队,工作措施得力,效果显著。通常的做法是,德国政府通过颁布各项法律、发布就业信息及组织就业培训等,为大学毕业生提供高效的就业指导和服务。

1.加强立法,规范大学生就业指导和服务

德国政府将大学生就业视为社会整体就业的重要组成部分,统一纳入法制化、社会化管理和运行轨道,实行市场化就业,主要采取的方式为政府就业主管部门为主,高校、企业和社会组织等积极参与,大学生自主择业。大学生作为社会适龄就业人口的普通一员,与社会其他成员一样享受各种就业政策、就业指导和服务,政府并没有将大学毕业生作为特定对象,特别制定相应的优惠政策和措施,而是将其作为普通就业人员一样,依法进行统一

管理。为进一步加强就业工作,德国颁布了诸如《德意志联邦共和国基本法》、《联邦职业教育法》、《劳动统一法》、《劳动法院法》、《就业促进法》、《非全日工作法》、《大学生法》、《劳动中介法》、《失业保险法》、《社会保险法》等法律法规,这些都与大学毕业生就业有着直接的关联,也与大学生就业指导模式建设密切相关。根据法律规定,大学毕业生在求职过程中,有权得到相应的就业信息、咨询、培训指导和个人进修等服务。这些法律的颁布对于进一步扩大就业市场,保护大学毕业生的合法就业权利,实现就业市场的公平竞争等起到重要的作用。例如,法律规定了大学毕业生入职后的最低工资标准;鼓励大学毕业生自主创业,创造良好的创业环境;要求大学生有一定的实习时间和实习经历,企业要给大学生实习、实践创造良好环境;规定了大学生到企业实习、学习期间的合同、报酬等相关内容;自下而上设立县、州、联邦三级劳动法院系统,审理雇主与雇员之间的劳动关系争议;开展大学毕业生再就业培训等。同时,对于不同种族、不同民族以及外国人在其国内求职择业,也通过立法做了详细而具体的规定。可以说,"德国是目前西方国家中制定了最详尽的解雇程序的国家,且有独特的教育体制和就业管理体制"。①

2.提供高效的公共就业指导服务

德国政府劳动部门负责整个社会的就业问题,当然也高度重视大学生就业问题。在德国,联邦劳工部和各级劳动局负责为大学毕业生就业提供全方位、多角度的就业指导和服务。一是发挥联邦劳工部的作用。德国联邦劳工部是政府主管全社会就业的法定机构,也是主管大学生就业指导的职能部门。联邦劳工部的主要任务就是制定联邦的各项就业相关政策,加强公共就业指导和服务,力图促进全民就业,就适龄劳动人口就业问题与各州、各地方劳动部门协调解决。同时,德国建立了全国统一的就业信息网络平台,"联邦劳动局特设大学生职业指导处并附属信息中心。信息中心有一个全国通行的网络平台,用人单位和学生都可用任何一台电脑登录,免费共享资源"。② 德国各

---

① 全力:《国外大学生就业模式及对我国就业工作的启示》,《北京教育》2007年第3期。

② 段丽华、储克森:《德国促进高校毕业生就业的保障体系》,《中国职业技术教育》2007年第3期。

州相关企业的用人信息,由当地劳工部门统一收集、整理后直接传输到联邦劳工部信息管理中心,中心审核后对外发布,并及时进行就业信息的数据更新,这些数据对任何人都是公开的。联邦劳工部以规范的管理程序、高效的指导服务,鼓励和吸引企业提供数据,有时雇主可以直接将用人需求信息通过口述的方式描述给劳工部信息中心,信息中心在 24 小时内反馈相关信息。二是发挥各州劳工机构的作用。在联邦劳工部的统一管理和协调下,各州劳工部门负责属地范围内适龄劳动人口的就业问题,为求职个体、企业和相关机构提供有关的培训和就业指导服务业务。主要包括:提供就业岗位、提供就业咨询、为雇主提供咨询服务、资助职业培训和残疾人就业、创造就业岗位、促进就业市场协调发展等,并及时地进行相应的数据统计和跟踪调研,以便于改进和完善政府的就业公共指导、培训和服务工作。

3.大学生就业指导与服务

德国大学生就业指导模式比较完善,其就业指导与服务工作大致可分为三个层次。一是对在读大学生进行相应的职业技能培训和就业指导课程讲授,增强大学生的综合素质,提升其就业竞争力。二是对即将毕业的大学生进行就业指导,提供各类招聘信息。三是对毕业生中有一定社会经验或工作经历的大学生,直接介绍给企业,再由企业与大学生进行洽谈。一般情况下,德国高校的就业指导课程开设由各劳动局所属的专业委员会负责。各专业委员会十分注重加强内部工作人员的职业道德培养和职业技能提升,每名工作人员负责一两所高校,定期到高校为大学生教授相应的就业指导课程。此举在一定程度上既解决了高校毕业生职业能力素质与社会就业市场不相适应的矛盾,也有效缓解了大学教师和大学生对就业市场了解不足的矛盾。为保证和促进大学生顺利就业,劳工局与企业、社会就业服务机构和高校通力合作,为此,政府成立了专门的就业服务机构——大学协调中心,该中心配备专职人员,划拨充足的经费,办公地点多设在属地内高校相对集中的区域,便于为大学生就业提供就近服务。大学协调中心的主要任务是:"对大学生开展咨询指导服务,指导学生学习中断时专业的选择和更换;举行信息发布会,针对工作领域、国内和国际劳动市场信息举办报告会、系列报告会和培训班;开办培训班和研讨会,主要内容为应聘的战略、应聘的训练、找工作和附加能力的培养;在雇主和大学教师之间建立联系,为企业推荐学生。"①经过不断发展和改进,目前,大学协调中心已成为德国大学毕业生获取就业信息的重要渠道。

(二)高校在大学生就业指导模式建设中的主要作用

德国高校具有"自主办学"的传统,强调大学教学和科研的独立性。在德国,大学生就业是社会问题,其就业工作主要由政府负责,高校不承担相应的责任和义务。但实际情况是,一所大学的毕业生就业率、就业质量和就业层次同样会直接影响到高校的社会声誉和地位、影响到高校的招生、影响到学校的生存和发展。"在德国,自20世纪90年代开始,高校纷纷成立了专门的职业指导服务机构,该机构成功地成为连接高校学生与社会用人单位的纽带,每年都为许多面对就业的大学生提供了有关职业的实际服务。进入新世纪以后,德国高校职业指导服务机构不仅提供众多就业信息与职业生涯辅导,同时都投入大量经费培养指导人才以保证就业指导人员的专业素质。"②德国各高校非常重视大学生就业指导模式建设工作,设立就业指导机构,普遍开展相应的就业指导,大力开展职业测评、心理测评与辅导,进行职业生涯规划、职业培训、择业技巧指导活动和提供有效的就业信息等,建立了符合自身可持续发展和实际需求的就业指导模式,为促进大学毕业生充分就业提供优质的就业指导和服务。

德国高校大学生就业指导模式的作用主要表现在以下几个方面。一是对大学生开展入学咨询指导。经过高中阶段的课程学习,在选择学校、选报专业时,高校为准大学生们提供相应的职业倾向测评服务,对他们感兴趣的问题开展咨询和指导。依据大学生个体的特长、能力、兴趣、性格和潜力等,指导和帮助大学生进行相应的专业选择、学业规划和职业生涯规划设计等。二是德国高校一般设立市场学院。大学生在校学习期间,除要完成规定的专业课程之外,还要在市场学院接受就业指导和实用能力的相关课程学习。每学年市场学院所开设的课程都会根据就业市场变化做出适当调整,学分设置占到大学生毕业规定总学分的18%左右。此举既增加了大学生职业技能,也大大缩短了大学生由学生角色到职业人角色的社会适应时间。同时,开设创业类课程,

① 段丽华、储克森:《德国促进高校毕业生就业的保障体系》,《中国职业技术教育》2007年第3期。

② 梅月云:《国外高校大学生就业指导模式分析及启示》,《宜春学院学报》2012年第7期。

帮助大学生树立创业意识,确立初步的创业目标。三是联系实习岗位。德国高校就业指导服务的一项重要内容就是帮助大学生联系实习岗位。大学生通过实习活动,进一步认识和了解用人单位,用人单位也对大学生有了充分的了解,这为大学生毕业后顺利到实习单位就业创设了有利条件。德国绝大多数高校大学生必须完成规定的实习时间后才能毕业,实习成为大学生学习生活的必修内容。大学生根据自己所学专业、兴趣、爱好选择相应的工厂、企业、科研单位等实习,及早接触职业环境,感受工作氛围,开阔视野,提升技能,为以后的就业趋向及职业发展奠定一定的基础。德国企业一般愿意接受大学生实习,通过实习达到相互了解,最终签订就业合同的比例并不在少数。一些用人单位为了让实习的学生再回来工作,还往往会资助学生完成学业,从而达到双赢的目的。由此,实习架起了大学生专业理论与职业实践的桥梁,提升了职业技能,也在一定程度上增强了就业竞争力。四是提供就业信息,举办招聘会活动。德国高校十分注重为大学生提供各类就业信息,建立就业信息资料库。同时,高校注重与用人单位建立良好的合作关系,定期召开招聘会,为双方提供必要的供求信息服务,架设毕业生和用人单位交流和沟通的桥梁。

　　事实上,德国大学生就业指导模式建设工作已渗透到高等教育的各个环节,这与德国的高等教育模式、教育特色和人才培养模式等相互影响、相互促进不无关系。近年来,随着德国社会经济的快速发展和高等教育认知理念的不断更新,人们逐渐意识到大学不仅要传授知识(教学),创造知识(科研),还有服务社会的职能,将大学的知识和技术优势推向社会、传播社会,即大学生在大学里学习的专业知识和培养的技能,要学有所用,学以致用。在现行的德国高等教育体制中,大学的类型主要有两种,一种是传统意义上的大学,另一种就是高等专科学校。"大学和高等专科学校两者都把专业教育作为教育的核心内容,所不同的是大学开设的课程并不直接与职业挂钩,而是强调培养学生的学术研究能力,在此基础上对学生进行专业教育;而高等专科学校则强调学科与课程的应用性,基本上开设注重实用的职业课程。"①两者在人才培养

---

① 秦元春:《大众教育与精英教育兼顾 高校教学与科研并重——独具特色的德国高等教育体系》,《淮南师范学院学报》2007 年第 2 期。

模式上也有一定的区别,大学注重的是"精英化"教育,而高等专科学校则更侧重于"大众化"教育,以促进大学生就业为导向。因此,德国高等专科学校定位明确,开设课程非常实用,直接面向社会,尤其重视专业学习的实践性以及课程的实践环节,3年中至少有两个学期的时间用于社会实践,在校内学习中也安排有1/3的实践课程,通过这种实用性的专业课程将大学生推向劳务市场的竞争中,又相对加强了大学生在校学习期间与企业、工厂、公司等用人单位的联系,使高等专科学校成为雇主和大学毕业生之间的桥梁和纽带,备受企业界青睐。值得注意的是,德国高等专科学校基于这个理念应运而生,并得到蓬勃发展,这种高等教育模式被称作德国的"王牌",成为德国高等教育的一大特色。

(三)社会组织在大学生就业指导模式中的主要作用

"德国是一个法制非常健全的现代化国家,同时也是当今世界上社会组织最为发达的国家之一,据统计,德国大约有100万个社会组织,其社会组织与人口比为1:75,社会组织已经成为德国社会不可缺少的重要组成部分,涵盖其商业、医疗、环保、教育、体育、文化、慈善等各个领域。德国社会组织具有范围广、规模大、类型多、历史悠久等特点,是国家机器运转的重要组成部分,历年来,为德国民众提供了众多的就业岗位。"①在德国,各类社会组织对大学生就业非常支持,在大学生就业指导模式建设方面起到积极的推动作用。社会组织主要为大学生提供就业岗位、支持一定的经费和组织实施就业培训等。同时,一些社会组织直接与高校联系,按照其所需人才标准对大学生进行相应培训。私人咨询介绍所向企业收取费用,充当企业、学校和学生之间的联络人等,为促进大学生顺利就业也开展了相应的指导和服务工作。

第四节　日本大学生就业指导模式

日本社会经济发展迅速,高等教育体系完善,人力资源丰富,这与其独特

---

① 张凤有、王大成等:《德国大学生就业工作考察报告》,《中国大学生就业》2010年第1期。

的地域、历史、文化等不无关系。"日本自然资源非常缺乏,人才资源几乎是唯一可以充分利用的资源。培养人才、珍惜人才、充分发挥人才作用是日本全社会的共识。因此,不管是政府、学校、用人单位都非常重视并积极参与高校毕业生就业和职业指导工作"。① 日本政府在对待大学毕业生就业问题上与美国、英国和德国等西方发达国家大致相同,即日本大学生求职择业时,需要靠自己寻求职业岗位。现阶段,"日本大学毕业生的就业制度是自由就业制度,政府和高校不负责安排毕业生的工作,但政府、高校、社会都非常重视高校毕业生就业和职业指导工作"。②

一、日本大学生就业指导模式概况

日本高度重视教育事业发展,高等教育主要依靠市场来调节,大学毕业生参与市场就业。日本的高等教育从 20 世纪 60 年代开始就由"精英化"阶段向"大众化"阶段过渡,到 80 年代就已完全进入"大众化"阶段。日本高校的入学率也从 1960 年的 10.3% 提升到 1998 年的 46.2%,基本完成了高等教育从"精英化"教育向"普及化"阶段的转变。③ 1999 年后,日本的高等教育全面进入"普及化"教育阶段。近年来,日本社会经济发展速度减缓,国内适龄劳动人口失业率居高不下,大学生就业问题成为日本亟须解决的社会问题。日本政府、高校和社会组织等普遍认识到高素质人才对社会政治、经济发展的重要性,都重视并积极参与到大学生就业指导模式建设工作中来。"日本的就业指导开始于 1915 年,公立的就业指导机构出现于 1920 年。1929 年,文部省训令强调了职业指导的重要性,此后,职业指导正式引进学校,并迅速普及。"④20 世纪 50 年代末,日本书部省颁布训令,将"职业指导"改为"出路指导",大学生职业生涯辅导理念开始逐步确立。随着国内经济发展和大学生就业形势的变化,20 世纪 90 年代末以来,日本高校大学生"生涯教育"逐步替

① 陈瑞武、曲铁华:《就业管理体制和职业指导现状及启示》,《中国高教研究》2005 年第 1 期。

② 李萍:《日本大学生就业管理体制及启示》,《科技与管理》2007 年第 4 期。

③ 鲍健强等:《日本大学生就业指导特点的研究》,《比较教育研究》2000 年第 1 期。

④ 王保义:《中日大学生就业比较研究》,《职业指导》2004 年第 2 期。

代"出路指导",相对完善的大学生就业指导模式也应运而生。

日本的高等教育层次分明,高校大体上分为国立、公立和私立三种形式,且三种形式并存,共同构成了日本现行的高等教育体系。相比较而言,国立、公立高校的毕业生就业相对容易,而私立高校大学生就业则相对困难。国立、公立大学主要进行的是"精英化"教育,由国家及地方政府提供相应的经费办学,困难家庭大学生可申请减免学费,也可申请奖学金。因国立、公立大学大多办学历史悠久,条件和环境较为优越,办学水平和办学质量相对较高,社会声誉好,能够吸引众多的优质生源,毕业生具有较高的综合素质,因此,用人单位招聘时会首先选择到国立、公立大学去选拔毕业生。雄厚的办学资源和充足的办学经费也使得国立、公立大学能更方便地为大学毕业生提供相应的就业指导。日本的私立大学主要面向大众,办学经费主要来自于学生所交的学费,政府只提供少量的资金支持。有的私立高校办学时间短,知名度不高,与国立、公立高校相比较,其办学经费、基础设施建设、社会资源等都有一定的差距。同时,私立高校的教育教学水平和质量也参差不齐,大学毕业生的综合素质相对薄弱,与国立、公立高校相比较,具有明显的劣势。因此,私立大学的毕业生在择业时与国立、公立大学相比,往往缺乏竞争优势。私立大学毕业生的就业质量和层次会更加直接地影响到学校的招生生源,招生数量又会影响到学校的办学经费。如果私立大学的毕业生就业质量不高,对其生存和发展的影响也更为直接和具体。因此,与国立、公立大学相比较而言,日本私立大学更加重视大学生就业指导模式建设工作。

二、日本大学生就业指导模式基本内容

现阶段,日本政府、高校、用人单位和一些社会团体都积极参与到大学生就业指导模式建设工作中来,"全员参与型"特征得到充分体现。"日本的就业指导是一种以就业信息为中心内容的模式,这种模式的出发点是通过各种方式向学生提供用人信息,着眼点是直接帮助学生找到一个用人单位,其效果主要通过就业率来衡量。政府、学校、社会和用人单位在对待毕业生就业问题上,形成合力,对毕业生进行全方位、多元化的指导和帮助。学校、政府、社会团体、用人单位,分别从不同侧面推动毕业生就业工作的进行,形成了立体的指导、援助和服务体系。"①近年来，经过不断改进和完善，日本逐步建立了符合高校自身特色的大学生就业指导模式，业已成为推动其大学教育教学改革和提高大学生职业素质和能力的重要途径。

（一）政府在大学生就业指导模式建设中的主要作用

日本政府高度重视大学生就业问题，将大学生就业指导模式建设工作提上政府重要工作日程，注重教育立法。日本相继制定了《日本国宪法》、《教育基本法》、《学校教育法》、《职业安定法》、《职业训练法》、《最低工资法》、《就业对策法》等与大学生就业相关的法规，这些法律法规的颁布与实施，在很大程度上缓解了大学毕业生的就业难问题，也为大学生就业指导模式建设工作提供了法律保障。日本政府对大学生就业指导实行国家和地方两级管理体制，"日本以法的形式强调了政府的职责，在文部省设置法和劳动省设置法中明确了文部省就业指导和就业援助的责任，突出了劳动省对毕业生进行职业介绍、职业指导、就业统计的职责。由于政府重视，日本实行全员参与的统一就业制度，即厚生劳动省和文部科学省全程指导、高校直至院系重点服务、企业和行业协会积极参与、毕业生提前主动就业"。② 在日本，地方负责毕业生就业指导的机构主要是厚生劳动省的派出机构——学生职业中心和职业安定所。各地方政府在大学生就业指导模式建设工作中起辅助作用。

1.国家就业指导机构

厚生劳动省在大学生就业，指导模式建设中的主要工作内容。日本主管国民福利和就业问题的机构是厚生劳动省，《劳动省设置法》中明确规定了厚生劳动省负责职业介绍、指导及其劳动供需调整相关事务的职责。在促进大学生就业指导模式建设过程中，其主要工作内容有：调查统计关于高校毕业生就业状况，根据统计结果，从宏观上把握就业动向；根据需要，设置、充实、完善毕业生的就业介绍、就业指导、就业服务机构；将最新的以毕业生为对象的用人信息统一汇总，印发各地大学，向毕业生无偿提供；在全国各地组织召开不同形式、不同规模的毕业生就业供需见面会，扩大毕业生选择机会；实施"未

---

① 陈瑞武、曲铁华：《就业管理体制和职业指导现状及启示》，《中国高教研究》2005年第1期。

② 荆德刚：《国外高校毕业生就业模式研究》，《教育研究》2009年第8期。

落实单位者 Job Support 项目",即设专人负责就业工作,在大学和企事业团体等的配合下,为未落实单位的毕业生开拓就业市场,帮助落实其工作单位,提高毕业生的一次就业率;和经济团体配合,推进 internship 项目(一种旨在增加学生就职体验的短期实习活动)的实施;对毕业生就业指导事业提供全面的技术支持;和各大学配合,实施大学生职业意识事业的项目。①

文部科学省在大学生就业指导模式建设中的主要工作内容。虽然日本大学生的就业问题不是由负责教育的文部科学省负责,文部科学省只是日本的教育主管机构,《文部省设置法》中明确规定了其负责统筹规划高校大学生奖学(助)金问题、保健及辅导(指导)相关的援助和咨询等事宜的职责。但是,文部科学省在大学生就业方面也有其相应的工作内容,主要有:"做好和毕业生就业相关的调查和统计分析,判断解释以上信息资料,掌握毕业生就业供需状况的动态,从总体上把握全国毕业生的就业形势;促进各大学毕业生就业指导体制的充实和强化,负责国立大学就业指导员的配置;指导各大学实施旨在培养学生职业观和自主选择进路能力的职业生涯教育。"②

厚生劳动省和文部科学省在大学生就业指导模式建设工作内容上,虽有主次之分,各自担负相应的职责,但也有交叉的地方,更多的是协调与合作。两者目的很明确,都是充分发挥其政府职能,提供相应的就业指导与服务,促进大学毕业生顺利就业。

2.地方毕业生就业指导机构

日本地方大学毕业生就业指导机构主要通过以下两种方式开展工作。一是设立学生职业中心。厚生劳动省在首都东京设立学生职业综合支援中心,在全国中心城市设立学生职业中心。主要进行相应的职业咨询和行业介绍;各类就业信息收集、整理和发布;开展就业支援活动;实施职业意识启发项目;残疾学生的就业支援;对用人单位的支援和与高校合作,举办大学就业指导人员培训等。这种自上而下的立体化就业指导模式因其运行规范、组织健全、覆

---

① 陈瑞武、曲铁华:《就业管理体制和职业指导现状及启示》,《中国高教研究》2005 年第 1 期。

② 陈瑞武、曲铁华:《就业管理体制和职业指导现状及启示》,《中国高教研究》2005 年第 1 期。

盖面广、受益人多等特点,很受大学毕业生的欢迎。二是职业安定所。职业安定所是厚生劳动省派出的基层机构,主要职责有:架设大学毕业生与用人单位联系和沟通的桥梁;对大学毕业生提供职业指导、职业介绍和职业信息等援助和合作;为愿意回家乡所在地就业的大学毕业生提供就业信息;在职业安定所内展示用人单位信息,为毕业生提供择业机会等。现阶段,日本的学生职业中心和职业安定所通力合作,相互补充,使其立体化就业指导模式的作用和效果更为明显和具体。

(二)高校在大学生就业指导模式建设中的主要作用

日本各高校对大学生就业指导模式建设工作也极为重视,既有就业指导教育教学方面的统筹安排,又有具体就业指导与服务工作的协调发展。

1.设立就业指导部门

日本基本上所有的大学都设有就业科或就业部,专门负责学生的就业指导工作。在日本,很多学生从一年级开始就接受就业指导,分析自己的长处或缺点、适合自己干的工作。① 目前,日本高校除普遍设立校级就业指导机构外,40%左右的高校设有院(系)级的就业指导部门,机构相对健全、办公经费相对充足、各项基础设施相对齐全。在就业指导人员配备上,"日本高校就业指导工作队伍基本实现专业化、职业化、专家化。虽然从事就业指导工作的老师有专兼职之分,但主体是一支具有相应学历、层次与岗位职责分明的专职队伍。就业指导工作者都持证上岗,长期从事特定领域的工作,经验丰富,对业务考虑的系统性较强,从事业务工作的延续性较长,相对比较稳定"。② 一般认为,"日本各大学虽然就业指导机构不尽相同,但都注重对学生采取个别辅导。在高校就业指导办公室中,单独设立了为个别学生辅导用的相谈室,为学生服务"。③ 在大学生就业指导模式运行过程中,各高校"指导机构往往与各大企业、公司或政府机构的人力资源部门保持着良好的关系,也善于向一些潜

① 井海明、王淑玉:《国外大学生就业模式及其对我国的借鉴意义》,《中国青年政治学院学报》2006年第6期。
② 周月华:《日本高校大学生就业工作及启示》,《新疆社会科学》2007年第5期。
③ 于伟、郭庆奎:《青年就业问题与对策研究报告》,天津社会科学院出版社2005年版。

在的用人单位推荐本校毕业生"。① 总体上讲,日本高校的大学生就业指导机构建设程度不一,各高校对大学生就业指导模式建设工作的重视程度和就业指导开展状况也有一定的差别。一般情况下,私立大学就业指导机构比较健全,配备的专职就业指导人员较多,例如,京都外国语大学 2003 年在校生 4000 余人,毕业 571 人,专职就业指导人员达到 10 名,同时,成立一个由 28 人组成的就业委员会来推动此项工作的开展。众多的国立和公立大学,由于其办学水平、办学层次相对较高,大学毕业生比较容易就业,因而在就业指导机构设立上也有较大的差别,有的高校甚至只在学生事务部设立"就职科"来负责大学毕业生的就业工作。例如,东京工业大学和大阪大学,只有 2—3 名就业指导专职人员,大量的具体工作由院(系)的兼职教师负责。

2.就业指导内容

日本高校的就业指导模式具有明显的信息化、全程化和个性化特点。如建立专门的就业指导资料室,方便毕业生查询;收集、整理并制作就业信息资料,免费向大学生提供;建立专业的就业咨询室,向大学生提供就业咨询和个性测试;与用人单位合作,对大学生开展相关的指导和模拟考试;组织大学生开展形式多样的就业实习活动等。现阶段,日本针对不同年级开设相应的就业指导课程,并适时举办相关就业指导讲座,强化就业教育,以期达到以下目的:(1)为求职者提供理念支持;(2)通过课程对职业生涯管理提供支持;(3)培养职业意识与就业愿望;(4)实现自立的职业发展;(5)为终身职业生涯规划提供支持;(6)了解自我;(7)了解职业;(8)了解与适应社会变化等。这种活动贯穿于大学生学习、生活的全过程。

(三)社会组织在大学生就业指导模式建设中的主要作用

日本各类社会组织也在大学生就业指导模式建设工作中起着重要的作用,为大学毕业生顺利就业做出了一定的贡献。"日本的社会职业咨询市场十分发达,有各种职业介绍所、人才中介所、人才测评机构和职业培训、资格认证、就业咨询等与就业相关的中介咨询服务机构。在日本,这些民间机构已经形成网络,分支机构遍布全国各地。如日本的人才介绍事业协会在全国已拥

---

① 李萍:《日本大学生就业管理体制及启示》,《科技与管理》2007 年第 4 期。

有四百多个会员单位,几乎遍布日本的所有城镇。他们由日本厚生劳动省职业安定局主管,协助学生就业,在厚生劳动省的监督下比较规范,大学生完全可以通过这些民间职业服务机构寻找到自己理想的工作。"①目前,"这些民间职业介绍所接受厚生劳动省的监督和检查,而且行业自律相对严格,所以各项中介咨询业务也比较规范"。②

第五节　国外大学生就业指导模式对我国的启示

我国高校就业指导起步相对较晚,大学生就业指导模式建设工作相对薄弱,与美国、德国、英国和日本等西方发达国家相比较,有相似之处,即政府、高校都高度重视大学生就业指导模式建设工作。也有不同的地方,即高等教育发展程度不同、国情不同、就业指导起步时间不同,我国大学生就业指导模式建设工作与西方发达国家相比较,尚有一定的差距。探讨和借鉴国外发达国家的大学生就业指导模式,参考其先进经验和做法,有助于构建中国特色的大学生就业指导模式,有助于政府、高校、用人单位、就业市场等各方形成合力,共同做好大学生就业工作,促进大学毕业生充分就业。

一、健全法律法规建设,规范和优化大学生就业市场

通过研究、分析和比较美国、英国、德国和日本等西方发达国家的大学生就业指导模式,我们不难看出,以上四国均注重建立、健全相应的就业法律和法规,规范和优化大学生就业市场。大学生与普通适龄劳动者等同就业,但不表示政府不关注和不重视大学生就业问题。各国政府均通过宏观调控手段,制定和颁布相应的法规,培育、建立和完善就业市场,规范市场秩序,创造公平的就业环境,以促进大学毕业生就业。近年来,我国政府高度重视适龄劳动力就业问题,相继出台了《中华人民共和国劳动法》、《中华人民共和国劳动合同

---

① 刘炳赫:《日本高校学生就业指导理论与实践研究》,东北师范大学 2007 年硕士学位论文。
② 王真真、于景涛:《日本高校毕业生就业对策及启示》,《当代教育科学》2012 年第 3 期。

法》《中华人民共和国劳动争议调解仲裁法》《中华人民共和国劳动就业促进法》等法律法规,在一定程度上有效保障了劳动者的合法权益。我们也应看到,有些专门针对大学生就业工作而出台的政策和法规则稍显滞后。如1997年3月27日,原国家教育委员会出台《普通高等学校毕业生就业工作暂行规定》,为高校毕业生就业工作的开展提供了政策依据,但近20年来没有做出相应修改和完善。随着我国高校毕业生就业问题的加剧,虽然国务院及其下属相关部委每年都针对高校毕业生出台相应的规定、意见和优惠政策等,但总体上没有形成连续、稳定的制度运行体系,还没有真正建立起高效、科学的运行机制,在操作层面上尚存在待改善的地方。因此,政府应充分发挥其宏观调控职能,建立和健全大学生就业相关的法律法规体系,规范和完善大学生就业指导模式的法制化建设工作,使大学毕业生走上依法就业的轨道。

二、完善大学生就业指导和培训机制

西方一些发达国家很早就开始注重劳动者的就业指导和培训工作,并将此项工作纳入政府年度财政预算(资料统计显示:在1990—1991年、1998—1999年,就业经费支出占GDP的比率,德国为2.15%、3.43%,日本为0.35%、0.60%[①]),明确政府各职能部门职责,设置专门的就业培训和指导机构,配备专职人员。从目前我国现实情况看,大学生就业工作经费还未真正纳入政府的年度财政预算,高校毕业生就业工作经费主要由各高校提供,由学生所交学费按一定的比例划拨。在实际运行过程中,各职能部门职责不明晰,政府、社会、企业、高校的就业指导、培训机构不健全,经费划拨和专职人员配备等方面也相对薄弱。在指导培训工作上,目前我国政府人力资源和社会保障部门和一些社会组织已广泛开展了不同层次、不同类型的就业指导和培训工作,如国家人力资源和社会保障部统一组织的职业指导人员(4—1)级认证、企业人力资源管理师(4—1)级认证;中国职业规划师协会统一认证颁发的中国职业规划师(CCDM)认证;美国咨询师认证管理委员会(NBCC)的中国代理机构北京

---

① [日]《国民经济计算年报》,《OECD National Accounts 2000》,转引自《经济研究》2001年第2期。

北森测评技术有限公司认证的全球职业规划师(GCDF)认证;各类社会组织举办的诸如高级职业指导师、职业规划师等。在实际运行过程中我们可以看出,政府部门组织的相关资格认证相对规范,各类社会组织举办的职业资格认证则差强人意,管理也较为混乱。一般情况下,受训人员只需交纳相应费用,认证机构进行象征性的资格审查,通过短短三两天时间的培训,就可获得相应的职业指导资格认证证书。这样,从业人员获得的资格证书的准入门槛和权威性相对较低,也很难得到社会的普遍认可。在经费划拨方面,目前,我国主要由省级、省辖市级、县(区)级人力资源和社会保障部门负责辖区内适龄劳动人口的指导培训工作,国家划拨的经费相对充裕,各社会团体、职业教育机构举行的各类职业技能培训,也能得到相应的补助。对于高校大学生这个庞大的就业群体来说,相应的就业指导和培训工作主要由各高校承担,各级人力资源和社会保障部门在经费划拨上并没有向高校倾斜,在高校办学经费普遍紧张的情况下,大学生的就业指导和培训工作受到一定的制约和影响。

因此,我国应尽快建立和健全大学生就业指导和培训机制,实行国家宏观调控和管理,地方政府层层落实,社会、企业、高校通力合作的就业指导和培训长效运行机制。各部门齐抓共管,通力合作,做到职责明确,经费划拨到位,组织保障得力,运行体制健全,课程设置合理,规范指导培训,人员配备齐全,从而不断完善和健全大学生就业指导模式,共同促进大学生就业工作。

三、强化高校大学生就业指导服务功能

美、英、德、日四国是世界经济强国,高等教育发达,大学毕业生长期以来实行的是市场就业模式,充分体现了市场对高校毕业生资源的优化配置作用。尽管如此,但各国均高度重视高校在大学生就业工作中的地位和作用,出台相应的政策和措施,为高校开展大学生就业指导服务工作提供有力的条件和保障。近年来,虽然我国政府高度重视大学生就业工作,相继出台了一系列政策和措施保障大学生顺利和充分就业,但受经济发展、领导重视程度、高校层次、类别、属性、所处地域、社会传统观念等多种因素影响,高校就业指导、服务工作整体上仍处在相对较低的水平,大学生就业指导模式建设工作总体上参差不齐。

高校不能简单地把大学生就业推向政府、推向社会,不能片面地认为大学生就业是政府和社会的事情,学校的职责主要是培养合格的大学生,大学生就业与高校无关。其实,高校毕业生能否顺利和高质量就业,与高校的人才培养模式和教育教学活动密切相关,与就业指导模式建设工作紧密相连。建设科学、高效的大学生就业指导模式,强化高校的就业指导与服务功能,既是高校的义务,也是高校应当承担的社会责任。目前,我国高校虽然普遍建立了相应的就业指导机构,也开展了相应的指导和服务工作,但各高校的就业指导机构建设状况差别明显,指导和服务的功能和效果也参差不齐。具体表现在,高校就业指导机构建设不均衡,在管理服务、课程教学、指导咨询等方面也差别显著。因此,各高校要进一步落实科学发展观,提高对大学生就业工作的认识,完善大学生就业指导模式建设工作,强化就业指导和服务功能,切实促进大学生的职业发展。

四、建立大学生就业指导监测和反馈机制

当今时代,世界多极化、经济全球化、文化多样化和社会信息化,国际合作交流日益频繁,综合实力竞争愈演愈烈。就高等教育领域而言,一所高校大学生就业率、就业层次和就业质量等存在问题,必然会影响高校的社会声誉和招生生源,形成办学的恶性循环,也造成教育资源的极大浪费,进而影响到高校的可持续发展,影响到大学生就业指导模式建设工作。同我国一样,西方发达国家的大学生就业率和就业质量也是关系到高校声誉和水平的重要指标。例如,英国高校不但重视毕业生的就业率和就业质量,更注重建立长效的大学生就业指导运行机制和就业市场反馈机制。英国高校就业指导机构配备专职人员常年进行毕业生质量跟踪调查,采集、分析和研究相关数据,涉及就业率、学生满意度和用人单位满意度等各个方面,调查结果能为高校人才培养提供客观、科学和权威的决策依据。英国政府"要求所有高校进行就业率和就业去向统计,所有资料送到英格兰高等教育统计局进行汇总,最终信息会反馈给政府,并且在《泰晤士报》等媒体公布大学就业率排行榜"[1]。英国的里丁大学

---

① 向琪:《英国高校就业工作的特色与启示》,《黑龙江高教研究》2008 年第 3 期。

物理系曾闻名全球,但2007年正式宣布关闭,究其原因是该系毕业生连年就业困难,社会声誉下降,招生困难,最终导致无法生存。这个事例虽然短时期内不会在我国部属高校发生,但是为我国的一些地方高校、民办高校敲响了警钟。目前,我国教育行政主管部门也要求各高校统计和上报就业率,要求建立毕业生就业状况监测机制和反馈机制,同时,加强了对各高校的就业工作评估。一些社会机构也参与到高校毕业生的就业状况调研之中,如麦可思公司作为第三方教育数据咨询和评估机构每年发布的年度《中国大学生就业报告》(就业蓝皮书),对毕业生的就业与收入、就业流向、求职分析、自主创业、工作能力及满意度等方面进行评价和分析。这些对我国高校毕业生就业状况的监测和反馈起到一定的作用。教育部提出"要进一步健全高校毕业生就业质量年度报告制度,完善报告内容和发布方式,9月份发布高校毕业生就业状况,12月底面向社会发布高校毕业生就业质量年度报告。加强毕业生就业创业与职业发展状况跟踪调查,完善就业质量评价指标体系,把大学生创新创业能力、就业创业状况作为高校评估的重要内容。建立和完善就业与招生计划、人才培养、经费拨款、院校设置、专业调整的联动机制,建立健全激励和约束机制,推动高校不断优化人才培养结构,提高培养质量,实现特色发展"。[①] 但从整体上看,无论是高校的毕业生就业率、就业状况上报,还是就业质量跟踪调查等,其科学性、客观性和专业性等都需进一步完善和提高。尤其是高校毕业生就业率统计工作,国家目前并没有制定严格和科学的统计标准,也没有正式引入第三方评价(社会专业调查机构的社会评价),高校在上报就业率时,弄虚作假现象时有发生,大学毕业生"被就业"的现象屡见不鲜。因此,每年公布的高校毕业生就业率也很难得到社会各界的普遍认可。要真正使大学生就业指导模式建设卓有成效,必须建立长效的就业指导监测和反馈机制。

做好大学生就业监测和反馈工作,需要从以下几个方面努力。一是做好高校毕业生就业市场调研。随着社会经济的发展和变化,就业市场对人才的需求也会发生相应的变化,因此,政府要加强对人才市场的调研,并将调研结

---

① 《教育部关于做好2015年全国普通高等学校毕业生就业创业工作的通知》(教学〔2014〕15号),2014年11月28日。

果定期向社会发布。二是做好高校毕业生就业率统计工作。教育部门应出台相应政策,完善高校毕业生就业率统计办法和措施,制定统一标准,加大对"弄虚作假"行为的惩戒力度。引入第三方评价机制,客观、真实地反映高校毕业生的就业状况。对连续多年就业率偏低的学校和专业,暂停招生或减少招生,并相应减少经费的划拨,真正做到就业率和学校的事业发展挂钩。三是做好毕业生就业质量跟踪调查。高校要定期开展毕业生就业质量跟踪调查工作,通过走访用人单位、座谈、问卷调查、第三方调查等形式,就用人单位满意度和毕业生满意度等,建立毕业生就业质量监测和反馈点,形成调查报告。高校依据毕业生就业质量调查报告,有针对性地改进人才培养模式,提高教育教学质量。四是加强高校毕业生就业工作评估。加强就业工作评估是对高校毕业生就业指导服务工作的促进和提高。评估应采取自上而下的模式进行,教育部可对各省级就业指导机构进行评估,各省级就业指导机构针对高校进行相应的就业工作评估,高校对院(系)进行评估。在评估过程中,发现和改正问题,提出改进和完善大学生就业指导模式建设工作的意见和建议,更好地促进大学生就业工作的开展。

第五章　创新大学生就业指导模式

"创新是民族进步的灵魂,是一个国家兴旺发达的不竭源泉,也是中华民族最深沉的民族禀赋。"①马克思认为,"创新是现实的人面对新的实际情况有目的地从事一种前人未曾从事过的创造性实践活动。通过这种创造性实践活动,人们不断破除与客观事物不相符合的旧观念、旧理论,发现客观事物的新属性、新联系、新规律,运用这些新属性、新联系、新规律,创造出新技术、新发明,生产出新的物质产品、精神产品以及新的社会关系产品"。② 如今,创新已经融入我们学习、工作和生活的各个方面。创新是一种理念,是一种选择,更是一种态度和行为。国家、民族、社会的发展需要创新,集体、组织、团体的发展需要创新,个人的职业发展同样需要创新。从某种意义上讲,没有创新,国家、民族、社会就失去了发展的动力;没有创新,一个集体、组织、团体以及个体也就失去了前进的方向。创新能力是一个国家和民族核心竞争力的重要标志。当今时代,惟创新者进,惟创新者强,惟创新者胜,创新驱动越来越成为国家命运所在,前途所系。高校向来是国家创新体系中举足轻重的力量,在我国全面建成小康社会的决胜阶段和实现中国梦的关键时期,高校比以往任何时候都更加需要自觉承担创新这一重大历史使命。大学生就业指导模式建设工作作为高校教育教学活动的重要组成部分,在大学生就业指导、管理、服务、教学和科研等方面有着重要的作用和影响。在新的就业形势下,创新性构建大学生就业指导模式显得尤为迫切。没有创新也就没有发展,如果高校因循守

---

① 《习近平在同各界优秀青年代表座谈时的讲话》,中国青年网,2013 年 5 月 4 日。
② 彭福扬、刘红玉:《关于产业的概念及其分类》,《湖南大学学报》(社会科学版)2008 年第 6 期。

旧,没有一定的创新能力,那么,我们所构建的大学生就业指导模式也就失去了应有的价值和意义。

现阶段,在我国大学生就业指导模式的相关理论研究和实践探索中,涌现出一些好的理论研究成果和实践探索典型。

大学生就业指导模式理论研究方面:赵天武提出构建我国高校"五位一体"的"钝"形个性化就业指导模式和ABC评估体系;①孙彬、刘浩等提出,以"职业生涯辅导"为导向,构建以人为本的就业指导模式;②张玉婷认为,在就业过程中,教师充当的是就业引导者和协助者的角色,而学生本身则处于就业主体地位,应创新高校自助式就业指导模式;③张光辉创新性地构建了一个适合学生生涯发展特点和就业新形势的就业指导综合模式;④郭江平提出了构建"三三四"的全程化大学生就业指导模式的设想;⑤徐孝娟结合最新的数据仓库技术,采用自顶向下的分层设计思想,构建了大学生就业网络信息服务模式;⑥任珊提出建立突出个性指导和职业生涯指导的高校毕业生就业指导模式。⑦

大学生就业指导模式实践探索方面:笔者主要选取8所富有特色的高校为研究样本。如北京大学模式、清华大学模式、武汉理工大学模式、兰州大学模式等就是几个值得借鉴的样板。同时,也有一批大学生就业指导模式建设工作特色鲜明的高校,如中国石油大学的就业教育模式、北京师范大学的"全程就业指导"模式、上海商学院的"三全"模式和复旦大学的生涯发展教育模式。

北京大学模式的特色是"职业指导"。北京大学从新生入学就开始进行职业生涯发展理念教育,通过开设大学生职业生涯规划课程教学,开展职业规

---

① 赵天武:《我国高校个性化就业指导模式研究》,华中师范大学2007年硕士学位论文。

② 孙彬、刘浩:《高校就业指导工作的现状与就业指导模式的创新》,《职业教育研究》2007年第12期。

③ 张玉婷:《创新高校自助式就业指导模式》,《中国校外教育》2009年第3期。

④ 张光辉:《大学就业指导模式研究》,上海师范大学2007年硕士学位论文。

⑤ 郭江平:《全程化大学生就业指导模式研究》,华中农业大学2007年硕士学位论文。

⑥ 徐孝娟:《大学生就业网络信息服务模式研究》,安徽财经大学2012年硕士学位论文。

⑦ 任珊:《高校毕业生就业指导模式探讨》,吉林大学2007年硕士学位论文。

划训练营、职业辅导工作坊、职场北大人系列访谈、职业经理人沙龙、职前教育网络课堂、职场点津、创业天地等多种形式的指导、教育活动,对大学生开展有针对性的就业指导。

清华大学模式的特色是创新职业生涯规划与团体辅导技术的理念。清华大学模式的核心是关注大学生职业能力方面的培养,在大学生团体职业辅导方面取得了理想的效果。通过开展各种职业发展相关活动,调动大学生内在动力,把大学生职业素质的培养与职业核心能力的提升作为清华大学人才培养的工作中心。

武汉理工大学模式的特色是大学生就业指导服务和队伍建设。目前,武汉理工大学已建立了规范化的校园人才市场,强化就业信息网建设,指导服务精细化特征明显。在就业指导队伍建设方面,加强师资队伍的培养和培训,进一步加大引进高学历人才的力度,全面提高就业指导师资队伍的理论和实践水平。目前,武汉理工大学已经建立了一支专业化水平较高的就业指导、创新创业教育师资队伍。

兰州大学模式的特色是大力开展就业实习项目。兰州大学实施一种直接以提高大学生就业竞争力,促进大学生就业为目标的就业实习项目,也称"方太模式"[①]。该项目的核心使命有三,一是找到学生、企业、学校之间最短的联通距离;二是搭建最有效的沟通平台;三是拓宽三方共赢的有效渠道。

中国石油大学的就业教育模式。学校依据行业特色,坚持"一个目标",即"以服务求支持、以贡献求发展";构建"四个平台",即"理想规划"、"素质拓展"、"社会激励"和"就业服务"平台,取得了良好的育人效果。这种模式认为"解决部分学生存在的成才目标模糊、脱离实际、不愿意投身基层建设等问题的关键在于创新就业教育模式,根据行业人才的成长规律和特点,教育、引导学生自愿投身生产一线,到社会最需要的地方,到最能够锻炼造就人才的基层去建功立业,从而实现国家重大战略需求与个人成才相统一"。[②]

---

① 兰州大学学生就业服务网,http://job.lzu.edu.cn/zhuanti/fangtaimoshi/。
② 吴小林、王英国等:《遵循人才成长规律　创新就业教育模式——中国石油大学(北京)以教育促进就业工作实践成果》,《思想教育研究》2009 年第 10 期。

北京师范大学的"全程就业指导"模式。北京师范大学建立了较为完善的校内毕业生就业市场和就业服务体系,基本实现了教育、指导、服务和管理"四位一体"的"全程就业指导"模式运行机制,在就业指导全程化建设方面较为突出,效果比较明显。

上海商学院的"三全"模式。学院依托市场,结合学院办学定位,秉承"以人为本,以终为始"的生涯教育和就业指导理念,坚持就业指导"全员化、全过程、全方位"的"三全"模式,落实学院制定的"分解矛盾、分类指导、分片包干、分层推进"的指导方针,不断完善其富有特色的就业指导模式。该模式运行十多年来,取得了较好的效果。

复旦大学的生涯发展教育模式。目前,复旦大学以提高大学生就业能力,保持较高就业率,提高就业质量为导向,坚持服务与教育并举,积极探索并总结凝练出"全员参与、全程渗透、全方位拓展、全面覆盖"的"四全"工作理念,合力推进大学生生涯发展教育和就业指导服务体系的建设。①

当然,任何一种大学生就业指导模式的形成、发展和完善,都有其特定的内涵、理念和环境。一些高校从理论研究和实践探索的角度,构建了相应的大学生就业指导模式,取得了一定的成效。经过深入研究发现,上述理论研究和实践探索虽有其可借鉴的地方,对发展和完善我国的大学生就业指导模式能起到一定的作用和影响,但也有其一定的片面性或局限性。因受笔者理论、实践、学识、认知等因素的影响,以上大学生就业指导模式可能只是笔者最浅显的总结,抑或只是笔者发现的冰山一角,其成功的做法和经验有待笔者进一步挖掘。总体来看,以上构建的各种就业指导模式都是从高校特定的校情出发,在一定的环境和条件下,能为本校大学毕业生提供必要的就业指导和服务,且能发挥一定的作用或效果。但因各高校的就业指导模式都有自身的特定发展环境,往往会从某一角度或某一方面考虑,有些模式很难普及或应用到其他高校,更别说能代表我国的大学生就业指导模式。对此,需要我们进一步加强研究和探索,借鉴国内外大学生就业指导模式建设的先进理念、先进做法和成功经验,结合高校自身发展的实际,大胆创新,不断完善和提高,建立更深入、更

① 资料来源:《2012年复旦大学学生就业指南》。

持久的具有中国特色和符合高校实情大学生就业指导模式,使之达到一种理想的状态。

创新是国家发展之根,是民族振兴之魂。创新性构建大学生就业指导模式是我国政府、社会、高校都必须重视和面对的重要课题,也是广大就业指导从业人员、就业指导专家和学者需要探究和思考的问题。为此,笔者重点参考了学术界相关研究成果和国内8所富有特色高校的大学生就业指导模式,同时有选择性地对国内不同层次、类别和属性的15所高校开展问卷调查,了解大学生就业指导模式现状,发现其存在的主要问题。进而在学习和借鉴西方发达国家相对成熟的就业指导理论与实践模式的基础上,结合笔者长期从事大学生就业指导一线教学、科研、管理、指导、服务的经验和体会,试图创新性构建"五位一体"大学生就业指导综合模式。

"每一种模式都强调某些变量,同时忽视和无视其他变量,结果,每一种模式都只能部分地解释组织的现实。在把这些模式结合的基础上,我们有可能更综合全面地认识组织。"①笔者试图构建的"五位一体"大学生就业指导综合模式,是一种整体和部分协调发展的模式,这五部分是有机统一的整体,只有五个部分之间紧密结合,相互影响,相互促进,才能达到一种理想的契合状态,忽视或分割其中任何一个环节,都有可能影响其它模式的发展,进而影响整体模式的功能和效果。

世界上没有任何一种"放之四海而皆准"的发展模式,当然也就没有一成不变的大学生就业指导模式。大学生就业指导模式的建立、发展和完善需要依据一定的现实基础和时代背景。这里所建立的"五位一体"大学生就业指导综合模式,目前还只是一个相对客观和理想的就业指导模式,会受到社会各种复杂因素的影响和制约。正如鲍得瑞齐(Baldridge,J.V.)所说:"试图寻找一个全面综合的模式是把问题过分简单化了,因为没有一个模式能够描绘出像大学这样的复杂组织中决策过程的复杂性。人们乐观地希望能够有一个模式来为我们总结概括这个复杂的管理世界。这个想法并不坏,除非我们要用

---

① 托尼·布什:《当代西方教育管理模式》,强海燕译,南京师范大学出版社1998年版,第229页。

现有的模式来遮挡视线,致使我们看不到组织的复杂性和各种重要的特征。"①笔者也充分意识到这一点,在构建大学生就业指导模式时,充分考虑其构成要素、建设理念和原则、运行机制等因素的影响,力图使这种模式更加符合中国特色和高校实际,更具普遍性和实效性。

"五位一体"大学生就业指导综合模式是在马克思主义、科学发展观等基本理论指导下构建的相对科学和合理的一种模式,具有互通性和共享性的基本特征,基本涵盖了现阶段我国大学生就业指导模式建设的基本内容,且有先进的建设理念和原则为指导,必将随着我国社会的发展和时代的进步,不断地做出相应的调整和完善,进而构建更加科学、更加客观的理想模式。

第一节　创新大学生就业指导组织模式

"组织创新是一种有目的的、创造性的活动,而不是对其他组织的创新成果的模仿和移植。从组织创新的内容来看,包括组织结构改变、内部权力关系的调整、组织任务的改变、组织流程的创新,以及组织的观念创新。"②梁洪松认为"组织创新的目的是为了使组织对外适应环境变化、对内满足自身发展需要,是组织在内部战略、文化、规模等因素改变以及外部技术、市场、政府等因素作用下,组织对结构、制度、流程、人员关系实施调整和变革,使组织通过变革不断适应外部环境变化的过程"。③ 从一定意义上讲,创新大学生就业指导组织模式同样如此。可以说,在中国特色的大学生就业指导模式建构过程中,没有完善的组织建设,不对现行的就业指导组织模式进行创新,就没有完善和成功的大学生就业指导模式。

调查发现,虽然目前国内高校普遍重视大学生就业指导模式建设工作,但

---

① Baldridge, J. V. Curtis, D. V, Ecker, G, and Riley, G. L., Policy Making and Effective Leadership.Jossey Bass,San Fracisco1978,p. 28.

② 郭韬:《关于组织创新含义的再思考》,《哈尔滨商业大学学报》(社会科学版)2003 年第 1 期。

③ 梁洪松:《基于企业生命周期的组织创新动因作用机理研究》,哈尔滨工业大学 2008 年博士学位论文。

在就业指导组织模式建设方面,如领导重视程度、组织机构建设、办公场所配置、工作人员配备、经费等方面还或多或少地存在一些问题。这些问题如不能得到有效和及时解决,会在一定程度上影响和制约本校就业指导组织模式建设。从促进高校可持续发展和大学生全面发展角度来讲,进一步提高认识,更新理念,创新大学生就业指导组织模式,这是开展大学业就业指导活动最基本的前提和基础,也是高校开展教育教学的重要内容。

一、成立校级就业指导组织机构

(一)成立校级就业指导领导机构

教育部要求"各地各高校要落实'一把手'工程,把就业创业工作摆上重要议事日程,及时研判形势,协调解决存在问题,确保高校毕业生就业局势稳定。"[1]要使大学生就业指导组织模式建设工作卓有成效,需要高校进一步提高认识,切实加强组织领导,认真落实大学生就业工作"一把手"工程,成立以"一把手"(书记或校长)为组长,分管就业工作的校领导(副书记、副校长)为副组长,各相关职能部门、各院(系)"一把手"为成员的毕业生就业工作领导小组(或毕业生就业工作委员会)。校毕业生就业工作领导小组为学校大学生就业指导和服务的领导决策机构,研究部署毕业生就业工作。学校就业工作领导小组每学年定期召开就业工作会议,就学校本学年或近期有关大学生就业方面的重大事件或热点、难点问题,听取各职能部门、各院(系)的汇报和建议;全面协调、总结和部署学校的就业工作,明确各部门的职责任务,加强督查、落实;加强校级就业指导机构建设,加大基础设施投入,划拨就业工作专项经费,配备一定的就业指导专职工作人员;根据需要设立相应职能科室等。

(二)校级就业指导职能部门

加强校级就业指导职能部门建设是做好学校就业工作的前提。教育部明确提出:"各高校要健全就业部门牵头,招生、教学、学生、武装、团委等部门齐抓共管的工作机制,定期研究毕业生就业创业工作,做到开学有部署、工作有

---

① 《教育部关于做好 2016 届全国普通高等学校毕业生就业创业工作的通知》(教学〔2015〕12 号),2015 年 11 月 27 日。

分工,过程有检查、年终有总结。"①校级就业指导职能部门(因学校不同,校级就业指导职能部门名称也有所不同,一般有以下几种情况:大学生就业创业指导中心、大学生就业指导服务中心、大学生就业指导中心、招生就业办公室、招生就业处、学生处下设就业科等)作为校内常设就业指导职能部门,在校毕业生就业工作领导小组的领导和支持下开展具体工作。这个职能部门应集大学生就业创业指导、教学、科研、管理、服务、信息收集与发布和市场开发等功能于一体,担负着大学生从入校学习到大学毕业期间的就业、创新创业教育教学和指导、服务等任务,整体负责大学生就业工作的组织机构管理、理论研究、实施方案制定、师资队伍培养、实践调研、就业手续办理等。国家现行就业政策规定大学生离校后的择业期为 2 年,在择业期内,毕业生可随时到学校办理与就业相关的各种手续,加之即将毕业的大学生,校级就业指导职能部门要同时面向 3 届大学生提供各种就业指导与服务,同时还要处理超过择业期的往届毕业生就业的各种遗留问题等。随着就业形势的变化,大学生就业指导与服务逐渐由过去的阶段性工作变为现在的全年性工作,毕业生人数增多,工作量加大,程序变得更为复杂繁琐。就业指导职能部门的工作理念也应紧跟就业形势发展而加以创新,其职能也应发生相应的转变,即由过去传统的"管理为主,指导服务为辅"向现今的"指导服务为主,管理为辅"的方式转变,进一步加大就业指导模式建设力度,促进毕业生就业工作的顺利开展。

一般情况下,校级就业指导职能部门主要有以下工作职责:制定全校大学生的就业工作规划;协调校内各相关职能部门开展就业创业工作;就业工作经费的管理与使用;就业指导、创新创业教育课程教学工作;各类毕业生就业市场开发;就业指导全程化、全员化、信息化和专业化建设;就业指导师资队伍建设;开展思想政治教育、就业教育、就业咨询、职业测评等活动;就业信息网站建设;组织全校性就业、创业指导大型活动;负责大学生就业指导科研工作;大学毕业生就业质量跟踪调查工作;各院(系)就业指导检查、监督和考评;接待各级各类用人单位,组织校园招聘会、宣讲会;办理就业协议书的签约、就业手

---

① 《教育部关于做好 2016 届全国普通高等学校毕业生就业创业工作的通知》(教学〔2015〕12 号),2015 年 11 月 27 日。

续办理、改派手续,以及应往届毕业生遗留问题等。

二、成立院(系)相应的就业指导机构

为切实推进毕业生就业工作的开展,按照学校要求,根据院(系)就业工作实际,院(系)应成立相应的毕业生就业指导机构。院(系)要成立以"一把手"(书记或院长)为组长,主管学生工作的副书记为副组长,分团委(总支)书记、各年级辅导员为成员的毕业生就业工作领导小组,全面负责本院(系)大学毕业生的就业创业指导、管理与服务工作。在条件允许的情况下,可配备就业指导专职人员,划拨一定的就业工作经费。主要工作内容包括:完成校毕业生就业工作领导小组、校级就业指导职能部门布置的各项工作;准确、及时上报就业相关材料;统计就业数据;积极开拓本院(系)专业特色和学科特点的就业市场;收集、整理、发布相关就业信息;本院(系)大学生就业指导计划制定和实施;做好本院(系)就业工作总结;本院(系)大学生就业指导教育教学活动的组织实施;为本院(系)大学生提供个性化、专业化就业创业指导、职业咨询和就业手续办理等。

三、成立就业创业指导教研室

目前,各高校虽然相应地开设了就业指导相关课程,但总体来说不甚理想。调查发现,大多数高校设置有专门的就业指导教研室,但也有相当部分高校尚未真正设置。因高校校情不同,就业指导教研室也有不同的名称(分别为职业发展教研室、就业创业教研室、职业发展中心、大学生职业规划与就业创业指导教研室、大学生职业发展与就业指导教研室等),其设置大致有以下几种情况,一是独立设置就业指导教研室;二是隶属于校级就业指导职能部门;三是挂靠于校内相关学院(系)等。无论教研室如何设置,其重要目标都是通过开展相应的就业创业教育教学和教研活动,促进大学生的职业发展,提高大学生的职业能力和素质。一般情况下,就业指导教研室具有以下职责:统筹安排全校学生的就业创业指导课程安排;大学生就业指导课程教学;组织编写相应的就业指导教材或讲义;就业指导专、兼职教师队伍的聘任、管理、培训和考评;就业指导教师职称评定;就业指导相关咨询;就业指导科研;课程教育

教学改革;教学比赛组织;教研室内部组织建设;经费管理与使用等。并在此基础上有所创新和突破,创新性开展更精细、更有针对性地教学教研活动,才能更大程度地发挥就业指导教研室的作用。

四、建立大学生就业指导相关学生社团组织

学生社团是大学生充分展示兴趣、爱好和特长的理想平台,也是大学生就业指导组织模式建设工作的有益补充。形式多样的社团活动是大学生全面提升职业素质的另一有效途径。目前,在校大学生基本上属于我们常说的"90"后,年轻而富有朝气,开拓精神和创新意识强,易于接受新事物,自主意识不断加强,渴望发挥和展示自我,因而,应运而生的各种学生社团组织吸引众多大学生的积极参与。高校应充分发挥学生社团的作用,将一些学生社团纳入学校就业、创业的管理、指导和服务范畴,并创新性地开展各类就业指导和创新创业活动。高校可根据自身实际,组织成立相应的大学生就业指导相关学生社团(如大学生职业规划协会、大学生创业协会等),帮助和指导学生社团开展相关的就业指导活动,搭建起大学生与社会、大学生与学校就业指导职能部门交流和沟通的平台。在具体工作开展过程中,要指导和帮助学生社团进行职业生涯规划、创新创业教育、就业指导方面的自我管理、自我服务、自我探索和自我学习,提高学生社团的整体水平。学生社团定期在学校、院(系)就业指导部门的指导下,开展诸如就业指导讲座、职业规划大赛、创新创业大赛、简历制作大赛、校园模拟招聘会、职业岗位模仿秀等活动,将大学生就业指导模式建设工作渗透到大学生的日常学习和生活之中。这样,通过大学生社团的广泛参与,举办各种丰富多采的活动,不仅可以拓展大学生就业指导的功能,提高职业规划意识,培养职业技能,还可以有效缓解学校就业指导师资不足、基础设施不完善等问题。

创新大学生就业指导组织模式,建立"校级毕业生就业工作领导小组主抓,校就业指导职能部门统筹,各相关职能部门积极配合,院(系)具体实施,大学生社团有益补充"的立体化就业工作格局,共同促进大学生就业指导组织模式的发展和完善,有利于学校就业工作的整体推进,也有利于提高大学生就业指导模式建设的实际效果。

第二节　创新大学生就业指导运行模式

大学生就业指导模式在发展和完善过程中逐步发展和形成自身的运行特征,主要包括两个层面:一是整体运行模式;二是在各部分具体运行基础上演绎出的连续和分阶段的运行模式(参见图1-3:大学生就业指导运行模式构成图)。两个层面既相对独立,又相互影响和相互协作,各子模式的顺利运行,构成整体运行模式,共同促进大学生就业指导运行模式的可持续发展。简言之,研究大学生就业指导运行模式的过程,就是研究和探索大学生职业发展的过程。

美国职业研究专家金兹伯格指出:"职业选择是一个动态过程,不是一次性完成的'选择',而是基于人们的职业观念做出的,而这种观念是在个体的成长过程中形成的,它伴随着人的身体和心理一起发展。这个发展过程可以分为几个连续的阶段,每个阶段都有特定的发展任务,如果前一个阶段的任务没有很好地完成,就会影响后一阶段的职业发展任务,导致择业发生障碍。"[1]从这个层面上讲,大学生就业指导运行模式的建立和完善,应贯穿于大学生职业生活的始终,依据不同时期的目标和任务而制定具体的实施方案,在运行过程中,不断完善和改进薄弱环节,并适当延伸和拓展一些指导与服务内容。

调查发现,在大学生就业指导模式运行过程中,有些高校并没有引起足够的重视,高校起核心作用、大学生处于主体地位的理念尚未真正树立,当然也不可能建设卓有有效的大学生就业指导运行模式。有的高校仅停留在传统意义上的求职择业指导、职业生涯规划和创新创业教育阶段,至于大学毕业生的职业发展、职业适应等内容尚未真正涉及,这在一定程度上破坏了大学生就业指导运行模式的整体性、连续性、普遍性和现实性,当然也发挥不了应有的作用和效果。高校可根据自身实际情况,以促进大学生顺利就业、成功创新创业

---

[1]　姚裕群:《职业规划与发展》,首都经济贸易大学出版社2003年版,第406页。

为出发点,结合大学生的认知、兴趣、价值观、个性等心理特征,构建适合自身发展的大学生就业指导运行模式,进而加以创新和完善,以促进大学生就业指导运行模式的良性发展。

一、引导大学生了解自我

(一)认识自己

人们认识自己的过程其实就是一个全面了解和认知自我的过程。大学生在制定职业生涯规划时,要全面审视和了解自己,对自身性别、专业、兴趣、特长、性格、智商、情商、思维和行为方式等进行全面的自我评估。第一,选择科学的职业测评系统进行测评,客观地认识自我。职业测评是心理测量技术在职业管理领域的应用,它以心理测量为基础,对人们的职业能力和素质进行相对科学、客观和系统的评价。以现阶段国内众多高校引入的"北森"职业测评系统为例,它可以帮助被测者了解自己的深层性格和动力特点,分析被测者所具有的潜在优势和不足,并提出相应的建议,从而开启被测者对自身职业生涯的探索动力。一般情况下,职业测评结果只是一个较为重要的参考依据,至于具体到个人,则要具体问题具体分析。第二,通过自我评估,建立职业目标。在自我评估过程中,"重点应该放置于使大学生形成明确的自我概念、实现积极有效的自我控制、获得自我责任感并进而转化为选择的力量、决定的力量和行动的力量"。① 大学生自我评估的重点是分析和评价自己的能力、兴趣、职业生涯、人生目标、工作环境、休闲活动和自身偏好等,使大学生达到"知己知彼,百战不殆"的境界,从而依据评估结果建立适合自己的职业发展目标。

(二)职业价值观澄清

职业价值观是个体一般价值观在从业中的体现,它不但决定了人们的择业倾向,而且决定了人们的工作态度,它是个体在长期的社会变化中所获得的关于职业经验和职业感受的结果,它属于个性倾向的范畴。② 价值澄清主要是指在人的价值观形成过程中,通过分析和评价的手段,帮助人们减少价值混

---

① 张海燕:《大学生职业辅导》,华东理工大学出版社 2002 年版,第 8 页。
② 于海波、张大均、张进辅:《高师生职业价值观研究的初步构想》,《西南师范大学学报》2001 年第 2 期。

乱,促进同一价值观的形成,并在这一过程中有效思考和理解人类价值观的能力。当前,各种价值观、意识形态不断地相互碰撞、重组和融合,这在一定程度上影响了大学生的价值观判断,往往会出现"我爱的职业不爱我,爱我的职业我不爱"的尴尬局面。马克思指出:"在选择职业时,还必须清醒地估计自己的能力。那些较多地研究抽象真理,而不大深入生活本身的职业,对青年来说是危险的,因为这会使他们脱离现实,一事无成。只有那些能深入生活,把理想与现实、思想与行动紧密结合起来的职业,才是一个有为的青年所向往的。只有这样的职业,才有可能发挥自己的才能,对人类做出有益的贡献。"①大学生在做职业选择时,面临着职业价值观澄清问题,需要大学生正确认知以下问题。(1)我喜欢做什么(职业兴趣)? (2)我能做什么(职业能力)? (3)我适合做什么(个人特质)? (4)我最看重什么(职业价值观)? (5)社会允许我做什么(社会需求)? (6)我现在该干什么(职业目标)? (7)我"人职匹配度"如何(胜任特征)? 等等。这些问题如果不能得到有效地解决,或多或少地会对大学生正确价值观的树立造成影响,进行影响大学生的职业选择。高校要充分利用价值澄清理论的原理和方法,对大学生进行世界观、人生观和价值观教育,引导其树立科学的职业价值观。高校就业指导人员不能把价值观直接教给学生,而只能通过分析评价等方法,帮助学生形成适合本人的价值观体系。对大学生价值观形成的引导不能采取封闭式的灌输,而是要让其勇于面对现实,在充分认识自我的基础上,积极参与职业体验,增长社会经验,了解社会需求,遵循价值观基本原则,采取个人取向和集体取向相统一、一元性和多元性相统一原则,以澄清自我价值观念判断、选择和自我教育的协调发展,从而树立科学的职业目标。

二、职业环境评价及职业探索

(一)职业环境评价

大学生在确立职业目标时,要充分认识和了解自己所处的职业环境,正确

---

①　马克思:《青年在选择职业时的考虑》,《马克思恩格斯全集》第40卷,人民出版社1982年版,第7页。

评估环境因素对自己职业生涯发展的影响,客观分析职业环境的特点、现状和发展趋势等情况,准确把握自身在诸多职业环境影响因素中的优势和劣势,清楚自己制定职业规划的内容哪些为环境所允许,哪些为环境所限制。一般来讲,专业是一个人未来职业发展的基础,大学生确立职业目标最基本的出发点就是其所学专业的主导性。因此,大学生应在充分了解自己所学专业的基础上,依据本专业现状及未来发展趋势,充分分析当前的政治环境、社会环境、经济环境、政策法律、人力资源需求、行业特性、发展前景、工作内容、所需能力、薪资待遇等因素对自己未来职业生涯发展的影响,并对职业环境做出一个客观评价,以利于在复杂的环境中趋利避害,使自己所确立的职业目标更具科学性、客观性和前瞻性。

(二)职业探索

了解和认知职业是大学生进行职业探索的前提和基础。"职业探索是一种复杂的心理过程,简单来说,职业探索是个人对自我特质以及各种不同的职业或者工作内涵,乃至对个人环境关系与资源进行探索,以便对未来的职业发展目标确立更明确的导向。"①在"你知道如何进行职业探索和体验吗"的调查中发现,60.87%的大学生表示"自己不能,需要老师协助";仅有16.25%的大学生选择"可以自己完成"。大学生在校学习生活期间,大多处于相对封闭的校园环境中,对职业一般不会有太多的认识和了解,在确立职业目标时往往会显得无所适从,也就谈不上我们常说的"人职匹配"的理想状态。因此,进行相应的职业探索,提高大学生的职业探索能力是高校就业指导模式建设工作的一项重要内容。

1.拓宽职业信息渠道

大学生应学会利用社会实践或毕业实习、毕业见习等渠道接触一些社会职业岗位,以获得真实的职业体验。同时,进一步拓宽职业信息渠道,通过父母、亲戚朋友或校友的关系,参观自己感兴趣的用人单位,现场观摩和了解自己感兴趣职业岗位的真实情况,也可以利用假期、周末或课余时间参加一些兼职工作或勤工助学活动。这些都是大学生了解职业信息的最直接、最有效途

---

① 刘海薇:《大学生职业探索行为及影响因素》,《才智》2012年第11期。

径,可以获得对职业的直接体验和感受。

2.进行职业生涯人物访谈

"所谓生涯人物访谈,就是通过对同一行业中数位资深工作者的深入交流获取职业信息的一种方法。这不但可以检验和印证以前通过其他渠道获得的信息,而且可以了解到工作者的内心感受,可以了解到此工作领域里一些比较深入的信息:比如显存和潜在的入职标准、核心素质要求、晋升路径等。"①一般情况下,职业生涯人物访谈可以了解受访者的职业发展路径,了解行业领域背景和发展趋势,借鉴他们职业发展过程中的经验和教训,并可以借此建立个人人际关系网络,拓展自己的人脉资源。

3.开展有针对性的社会职业实践活动

社会职业实践体验是大学生了解社会职业信息的有效渠道。大学生社会职业实践应围绕将来可能从事的职业领域展开,有着很强的方向性和目的性。在现行用人机制影响下,用人单位更关注的是大学生的专业知识和职业素质能否适合职业岗位需求,而不是其兴趣有多广泛,特长有多明显等。也就是说,有针对性的社会职业实践活动相当于大学生提前进行"入职"体验,可以更准确、更全面地了解职业信息。大学生充分施展其能力和作用的空间是其未来的职业领域,相应的职业探索对大学生快速适应职业岗位、顺利实现角色转换能起到有效的帮助和指导作用。

三、合理的职业生涯规划

肖恩认为"个人生涯发展具有阶段性特点,并将个人职业生涯发展分为成长、幻想、试探、进入工作世界、基础训练、早期职业生涯规划、中期职业生涯规划、中期职业生涯危机、领导或非领导者的后期职业生涯规划、衰退和离职以及退休等九个阶段,强调即使同一个人在人生发展的不同阶段也有相同的需要,每个阶段必须面对一些共同的问题和具体的任务"。② 一般情况下,职业生涯规划对大学生未来的职业发展将起到不可或缺的作用和影响。"关注

---

① 杨桂华:《知识经济与社会变革:知名专家学者访谈》,华夏出版社 1999 年版。

② Donald A.Schon.http://www.nvc.vt.edu/alhrd/Theorists/Schon.htm.

人、培养人、发展人是大学生职业生涯规划的根本,职业生涯规划的最终目的
是促进大学生的全面发展。"①大学生要充分了解职业生涯规划的制定流程,
借助一定的职业测评工具,对自己的兴趣、爱好、能力、性格等有一个客观的认
识和了解。这样,大学生才能根据自己的职业倾向,结合自身所处的职业环境
和专业特点,确立科学的职业目标,制定合理的职业生涯规划,设计最佳的实
施路径。

(一)职业生涯规划

"所谓职业生涯规划,是指个人根据对自身因素和客观环境的分析、总结
和测定,确立自己的职业生涯发展目标,选择实现这一目标的职业,制定相应
的工作、培训和教育计划,并按照一定的时间安排,采取必要的行动实现职业
生涯目标的过程。"②一般认为,职业生涯规划理论始于心理学,经过不断发展
和融合,哲学、社会学、教育学、管理学、经济学等学科理论逐渐融入并渗透至
其中,逐渐发展成为一个综合性、交叉性较强的理论和实践体系。在现实生活
中,任何一个目标的实现都离不开对它进行科学认知、系统规划、有效管理和
付诸实施,大学生职业生涯规划同样如此。在"你知道职业生涯规划的基本
程序吗"调查发现,仅有 13.05% 的大学生表示知道,"不知道,希望知道"的占
到 45.03%,这也反映出大学生对职业生涯规划的认知不足。大学期间是大
学生世界观、人生观和价值观形成和发展的重要时期,也是职业生涯建立和形
成的重要阶段。大学生要想在未来的职业发展上有所作为,科学、合理的职业
生涯规划功不可没。职业生涯规划包括诸多内容,需要我们认真地学习和掌
握。因职业生涯规划存在诸多不可控因素的影响,制定超过 10 年、20 年或更
长的具体规划并没有实际意义。对大学生而言,主要指大学学习、生活期间和
毕业后三至五年以内的规划,如学业规划、时间规划、理财规划、健康规划、素
质提升规划等。大学生在汲取大量知识、培养各种技能的同时,也可能面临着
诸如网络、黄、赌、毒等种种诱惑。如何尽快摆脱各种不良的诱惑,最好的办法
就是制定科学、合理的职业生涯规划,为自己设立一定的职业发展计划,制定

---

① 徐子勇:《大学生职业生涯规划目的是人的全面发展》,《中国大学生就业》2005 年第
16 期。

② 杨河清:《职业生涯规划》,中国劳动社会保障出版社 2005 年版,第 132 页。

职业发展目标方案,让大学生活的每一个环节都有目的性,使专业选择、学习方法训练、知识体系构建、能力素质培养和对社会环境、职业环境的认同等方面都服务于自己的职业发展目标。

　　大学生一旦制定了职业生涯规划,所有的行动和计划都将紧紧围绕规划目标和实现路径进行,具有相对稳定性的特点,一般不要轻易做出大的改变,正如俗语所说"有志之人立长志、无志之人常立志"。我们不提倡"三天打鱼、两天晒网",但是我们也应清楚地认识到,现实生活中,"计划赶不上变化"的现象时有发生。因此,大学生所制定的职业生涯规划并不是一成不变的,而是随着个人认知水平的提高和社会职业环境的改变,有一个不断发展变化和修正完善的动态调整过程。我们应注意,这个动态调整一般不是颠覆性地改变,而更多的则是微调。因个体情况不同,职业生涯规划制定的流程也不尽相同。一般情况下,制定大学生职业生涯规划应遵循以下流程(见图5-1)。

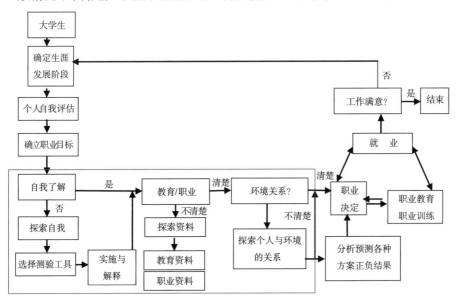

图5-1　大学生职业生涯规划流程图

　　1.确立职业目标

　　调查发现,对未来三至五年有职业目标,大学生"不太确定"的高达49.48%;13.35%的大学生没有职业目标。职业目标是职业生涯规划的核心内容之一,2014年,教育部要求"深入开展个性化辅导与咨询,帮助毕业生合理确立职业目标,及时疏导毕业生求职过程中的焦虑、依赖等心理问题,增强其应对竞争及挫折的抗压能力"。① 大学生在确定好人生目标及职业长期发展目标之后,可将其进行分解,一般情况下,目标可分为人生目标(包括求学、工作及退休后的整个人生的发展规划)和职业目标(即为获取职业至退休这一时间段的目标,又可分为长期、中期和短期目标三种)。长期目标(5—10年)、中期目标(2—5年)和短期目标(2年以内)。短期目标又可分为年目标、月目标、周目标、日目标等。目标是一定时期内个人的努力方向,达到目标的路线可能有多条,方法有多种,但最佳路线的获取和最有效方法的发现,则是大学生顺利实现职业目标的根本保证。

2.科学职业定位

职业定位就是要为职业目标与自己的潜能以及主客观条件谋求最佳匹配。② 在"你知道如何进行职业定位吗"的调查中,55.59%的大学生表示不能独立完成职业定位,需要老师协助;26.09%的大学生对职业定位处于迷茫状态,自己不能进行职业定位;只有18.32%的大学生表示可以完成职业定位。这也在一定程度上反映出大学生很少对自己未来的职业发展有一个合理的定位和规划,大多数还是处于迷茫焦虑的状态。周围、李佳等人调查表明:"大多数学生还不能确定自己未来的职业方向,迷失方向型、他主决定型、探索未定型和焦虑性未定型的学生共占76.67%。"③赵颂平、张荣祥的调查显示,"大学生对职业生涯规划方面的知识既渴望又陌生,对自己的生涯设计感到迷茫、无所适从。低年级同学在选择课程时往往夹杂着很多的盲从因素"。④ 也有专家指出,"国内外大量调查表明,除少数专业外,能够在毕业时具有清晰且长远职业目标的学生通常为百分之十几,百分之八十以上的学生则是处于模糊或没有目标状态。我们的就业指导必须立足于这个现实,切实帮助多数处

---

① 《教育部关于做好 2015 年全国普通高等学校毕业生就业创业工作的通知》(教学〔2014〕15 号),2014 年 11 月 28 日。

② 辉文:《如何明确自己的职业定位》,《中国人才》2001 年第 3 期。

③ 周围、李佳等:《大学生生涯规划的现状调查与干预研究》,《黑龙江高教研究》2004 年第6 期。

④ 赵颂平、张荣祥:《关于大学生职业生涯规划的调查与分析》,《现代教育科学》2003 年第3 期。

于不清晰和不确定状态的学生摆脱困惑,引导他们发现与目标激励不同的职业发展路径"。① 科学的职业定位是以自己的最佳才能、最优性格、最大兴趣、最有利的职业环境等基本信息为依据而展开。大学生进行职业定位时,要综合分析自身性别、性格、兴趣、特长、专业等与职业的相匹配程度,从而对自身未来的职业目标进行科学定位(见图5-2)。

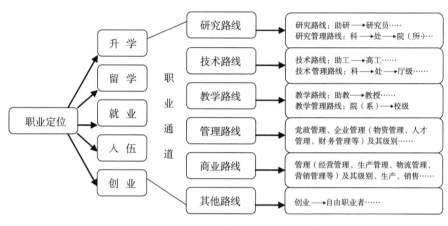

图5-2 职业定位示意图②

3.制定实施路径

制定职业生涯实施路径是大学生职业生涯规划的重要内容,职业目标的顺利实现要有具体的实施路径作保证。实施路径一旦确定,职业生涯规划的所有内容都将围绕着它进行和展开。一般来讲,实施路径越详细越好,例如,大学期间要完成哪些任务和目标,每学年要完成哪些任务,每学期要完成哪些,每个月要达到什么目标,每周要完成哪些任务,有时甚至可以制定每天要完成什么计划和任务等。

四、完善就业指导内容,加强就业帮扶

(一)完善就业指导内容

在"对学校提供的就业指导"调查中发现,大学生"非常了解"的仅占

---

① 任占忠、谢伟:《中国特色就业指导理论探索》,《中国大学生就业》2013年第6期。
② 《大学生职业发展教育导论》,河南出版集团2011年版。

19.15%。在"对学校就业指导内容"了解方面,大学生对"就业指导课程"、"提供用人单位信息"、"职业测评服务"等传统意义上的指导内容了解程度较高,对"就业政策咨询"、"就业心理辅导"、"就业程序咨询"等内容了解程度则相对较低。构建大学生就业指导模式的根本目的是促进大学生健康成长成才,帮助大学生了解和掌握就业政策和措施,树立正确的就业观念,保障毕业生顺利就业或成功创业,其主要内容包括形势政策、职业测评、创新创业教育、就业信息、就业心理、择业权益、就业渠道和择业技巧等方面的指导。高校在开展就业指导时,应根据大学生的专业、性别特点和就业趋向差异等而各有侧重。为切实提升就业指导的质量和效果,高校可在传统指导的基础上,实行分类就业指导,即根据大学生择业需求,如到企业、事业单位招考、公务员报考、出国、自主创业、参军、服务基层等,针对不同类型,采取不同的指导方式,不断拓展和完善就业指导内容,提高大学生就业指导运行模式的针对性和时效性。

(二)开展就业困难群体帮扶

因多种因素影响,各个高校都会或多或少地出现零就业家庭、优抚对象家庭、农村贫困户、城乡低保家庭、贫穷家庭、女大学生、少数民族大学生以及残疾等就业困难的高校毕业生群体。高校应将就业困难群体大学生列为重点对象实施重点帮扶,增强其就业竞争力,进而实现顺利就业。2014年11月,教育部提出:"要进一步加大对就业困难毕业生的帮扶力度,准确掌握家庭困难毕业生、少数民族毕业生、女性毕业生、残疾毕业生等各类困难群体的具体情况,指定专人负责,实行'一生一策'动态管理、精准帮扶。认真做好低保家庭毕业生的求职补贴发放工作,有条件的地方应将享受国家助学贷款毕业生纳入求职补贴对象范围。要针对困难毕业生的不同特点和需求,通过举办专场招聘活动、技能培训、岗位推荐等多种方式,帮助他们实现就业。"[1]2015年4月,国务院明确要求:"将求职补贴调整为求职创业补贴,对象范围扩展到已获得国家助学贷款的毕业年度高校毕业生。"[2]因此,高

---

[1] 《教育部关于做好2015年全国普通高等学校毕业生就业创业工作的通知》(教学〔2014〕15号),2014年11月28日。

[2] 《国务院关于进一步做好新形势下就业创业工作的意见》(国发〔2015〕23号),2015年4月27日。

校要高度重视此项工作,在提供经济帮扶、就业信息帮助的同时,更要帮助就业困难大学生完善知识结构、掌握求职技巧、开发职业潜力、增强专业素养,帮助他们明确职业目标,树立竞争意识,培养职业道德,克服不良的择业心理等。针对各类就业困难群体毕业生在就业过程中表现出来的各种问题,分别开展针对性、个性化的指导与服务,从而最大限度地增强就业能力,促进其未来的职业发展。

五、加强大学生职业适应、发展指导

传统的大学生就业指导模式以指导和帮助大学生顺利落实相应的职业岗位为目标,促进大学生充分就业为目的,至于大学生就业后如何适应职业和促进职业发展则很少关注。其实,大学生的职业发展是一个整体和连续的过程,贯穿于职业生涯的始终。因此,高校在开展大学生就业指导活动时,除加强传统意义上的就业指导外,还要注重大学生角色意识转换、职业适应和职业发展等方面的指导与服务,提高其职业适应和发展能力,以便于大学毕业生更好地适应社会和融入职场。

(一)大学生职业适应指导

"大学生就业情况是高等教育成果最直接的体现,而就业指导工作做得是否有效,又直接影响学生就业的质量。有效的就业指导对于学生很快地融入岗位、适应社会起到重要的作用。"①大学毕业生走向社会是其人生发展过程中的重大转折点,也是职业生涯的发展起点。大学生走上工作岗位后往往会发现,职业环境与校园环境有着明显的区别。如何更好地适应全新的环境,如何尽快地完成角色转换,这是大学毕业生走向社会、融入职业环境时将要面临的重要问题。

1.角色适应

当人们的社会角色发生变化后,往往会很自然地产生一些不适应现象,如戒备、困惑、焦虑、急躁等,这是人们自我保护的本能反应。如果一个人在一定的

---

① 唐玲、蒋舜浩:《对高校就业指导模式变革的理性思考》,《中国高教研究》2004 年第1 期。

群体或组织中长期处于这种心理状态之下,势必影响到角色转变和自我发展。因此,大学毕业生走向工作岗位后,要学会调整心态,尽快适应职业角色。佛罗里达大学丹尼尔·费德曼教授(Daniel Feldman)提出了"入职冲击"(entry shock)概念,他认为,大学毕业生将要进入的世界与他们将要离开的世界迥然不同。同时,对大学环境和工作环境的区别,丹尼尔·费德曼做出了比较(见表5-1)。

表 5-1　大学环境与工作环境①

大学环境	工作环境
1.弹性的时间安排 2.你能够逃课 3.更有规律、更个别的反馈 4.长假和自由的假期休息 5.对问题有正确的答案 6.教学大纲提供清晰的任务 7.分数上的个人竞争 8.工作循环周期较短:每周 1 到 3 次班级会面,每学期为 17 周 9.奖励以客观性标准和优点为基础	1.更固定的工作时间 2.你不能缺工 3.无规律和不经常的反馈 4.没有暑假,节假休息很少 5.很少有问题的正确答案 6.任务模糊、不清晰 7.按照团队业绩进行评估 8.持续数月或数年更长时间的工作循环 9.奖励更多是以主观性标准和个人判断为基础
你的教授	**你的老板**
1.鼓励讨论 2.规定完成任务的交付时间 3.期待公平 4.知识导向	1.通常对讨论不感兴趣 2.分派紧急的工作,交付周期很短 3.有时很独断,并不总是公平 4.结果(利益)导向
大学的学习过程	**工作的学习过程**
1.抽象性、理论性的原则 2.正规的、结构性的和象征性的学习 3.个人化的学习	1.具体的问题解决和决策制定 2.以工作中发生的临时性时间和具体真实的生活为基础 3.社会性、分享性的学习

2.环境适应

大学毕业生步入社会,迈向职场,面对的是全新的职业环境。大学毕业生要正确对待和客观分析自己所处的职业环境,自觉调整心态,积极主动地适应和融入新环境,建立适合自身的职业发展空间。一是树立良好的个人形象。

———————————

① ［美］Redarno Lenzsmapeno Peetosrn:《职业生涯发展与规划》,侯志瑾、伍新春等译,高等教育出版社 2005 年版,第 286 页。

在社会交往活动中,个人的形象、言行、气质、举止等在交往对象心目中往往会形成综合化、系统化的印象和感觉。良好的个人形象是一个人在社会上的立足之本和立业之基。大学生要想获取理想的职业岗位,并期待在未来的职业生涯中有所建树,必须注重个人形象的树立,在气质培养、人格塑造、职业素养养成等方面不断完善和提高。二是建立和谐的人际关系。一个人的知识结构和职业素质可以通过后天的学习和锻炼获得,不易改变的是一个人的态度、理念和处世习惯。大学生刚刚走向社会,面对错综复杂的职业环境,更需在人际关系方面调整好自己的坐标,尽量避免因人际关系问题而影响自己的职业发展。

(二)大学生职业发展指导

大学毕业生告别校园,走上工作岗位,如何尽快融入职场,得到领导和同事的认可,为今后的职业发展打下良好的基础? 如何在众多"职场新人"中脱颖而出,成长为职场精英? 如何才能够让自己始终保持职业发展的强劲势头? 通常情况下,有效的职业发展指导是实现大学生职业发展目标的根本途径。

1.树立终身学习理念

终身学习强调人的一生必须不间断地接受教育和学习,不间断地更新各种知识,保持应变能力,以使其符合时代、社会的需求。大学毕业生是我国人力资源的重要组成部分,是广大青年群体的优秀代表,要实现自身的职业发展目标,更要树立终身学习的理念。当前社会经济发展进入新常态,科学技术发展一日千里,新旧知识和技能更替进一步加快,大学生要实现高层次、高品质的职业发展目标,仅仅依靠学校的教育教学活动往往难以达到理想的效果,只有依靠终身教育的支持和保障才有可能完成或实现。正如习近平总书记引用一些数据那样:"有人研究过,18 世纪以前,知识更新速度 90 年左右翻一番;20世纪 90 年代以来,知识更新加速到 3 至 5 年翻一番。近 50 年前,人类社会创造的知识比过去 3000 年的总和还要多。还有人说,在农耕时代,一个人读几年书,就可以用一辈子;在工业经济时代,一个人读十几年书,才够用一辈子;到了知识经济时代,一个人必须学习一辈子,才能跟上时代前进的脚步。"①

----

① 习近平:《在中央党校建校 80 周年庆祝大会暨 2013 年春季学期开学典礼上的讲话》,人民日报,2013 年 3 月 3 日。

2.强化职业发展

对大学生进行科学合理的职业发展教育,就是教育和引导大学生正确分析职业环境,确定未来职业发展目标,以及制定相应的工作、培训和教育计划,并按照职业发展目标实施路径要求,以实际行动实现职业目标的过程。经过大学的学习和生活,大学生或多或少地进行或接受过相应的职业发展教育,如何对自己的职业生涯规划进行有效的管理,强化未来的职业发展,这是每一位大学生都要重视和解决的问题。大学阶段正处于职业生涯的准备和选择阶段,大学生通过学校教育和自身规划,将职业发展教育融入综合素质教育之中,自觉加强职业生涯规划管理,树立良好的职业意识,选择正确的职业发展方向,这是促进自身未来职业发展的前提与基础。

六、注重评估与调整

创新大学生就业指导运行模式是一个全面统筹考虑和不断总结、完善的过程。大学生要在职业准备和发展过程中不断检验自己的职业定位、目标、策略是否符合自身实际,是否能够有效实施。当外界环境发生变化时,需要大学生重新对自身职业目标进行自我剖析和评估,适时做出相应的调整。

在大学生就业指导模式建设工作过程中,我们应清醒地认识到,前五个部分之间相互作用、相互制约、相互影响,是一个由低到高循序渐进和不断变化的阶梯型发展过程,第六部分是对前五个部分的评估、修订与完善。六个部分环环相扣,层层递进。高校应根据实际情况,及时评估、完善和补充,适时加以创新,从而形成完整、系统的大学生就业指导运行模式(见图5-3)。

第三节　创新大学生就业指导课程教学模式

2007年国务院明确提出"将就业指导课程纳入教学计划①"。针对大学

---

① 《关于切实做好2007年普通高等学校毕业生就业工作的通知》(国办发〔2007〕26号),2007年4月22日。

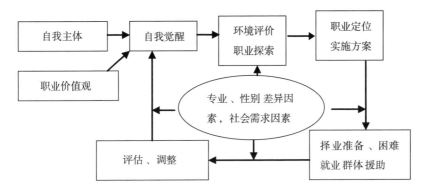

图 5-3　大学生就业指导运行模式流程图

生就业指导课程教学建设问题,教育部印发《大学生职业发展与就业指导课程教学要求》,并提出 6 条要求。一是切实加强领导;二是明确列入教学计划;三是加强师资队伍建设;四是改进教学内容和方法;五是落实经费保障;六是要求"各高校根据《大学生职业发展与就业指导课程教学要求》制订本校就业指导课程教学大纲和教学计划"①。2014 年国务院提出"高校要加强就业指导课程和学科建设,积极聘请专家学者、企业人力资源经理、优秀校友担任就业导师"。② 随后,教育部进一步提出:"加强就业指导课程和学科建设,要结合当前经济发展新业态和新常态,及时将学科专业动态和行业发展成果融入课堂教学,提高课堂教学的参与度和吸引力。"③国务院对大学生就业指导课程建设提出明确要求,教育部做出了相应地部署,这为高校开展大学生就业指导课程教学提供了有利的条件和政策保障。

　　调查中发现,因高校层次、类别和属性等不同,大学生就业指导课程教学开展状况呈现参差不齐的现象,在师资力量、课程门数、课时量、课程内容、授课方式等方面也有较大差别。一般情况下,一些部属高校大学生就业指导课程教学相对规范和完善,学生满意度较高。一些地方本科院校和专科院校的

---

　　① 《教育部办公厅关于印发〈大学生职业发展与就业指导课程教学要求〉的通知》(教高厅〔2007〕7 号),2007 年 12 月 13 日。

　　② 《国务院办公厅关于做好 2014 年全国普通高等学校毕业生就业创业工作的通知》(国办发〔2014〕22 号),2014 年 5 月 9 日。

　　③ 《教育部关于做好 2015 年全国普通高等学校毕业生就业创业工作的通知》(教学〔2014〕15 号),2014 年 11 月 28 日。

大学生对就业指导课程教学的满意度相对来说比较低,当然效果也不尽理想,尚有诸多问题需要解决和完善。究其原因,因机构建设、专兼职师资配备、经费投入、课程建设等综合因素的影响,一些高校在大学生就业指导课程教学模式建设过程中,缺乏全程化、科学化、系统化的考虑,造成"课程教学不能有效满足大学生的实际需求",不能有效解决大学毕业生在求职过程中遇到的困难和疑惑,当然也就不能从根本上提升其就业竞争力。

高校要想在就业工作中取得理想的效果,创新大学生就业指导课程教学模式将起着至关重要的作用。创新就业指导课程教学模式,即突破传统的就业指导课程教学理念,结合当前国家经济发展形势,制定课程教学整体规划、强化就业指导课程教学师资队伍建设、改进课程教学方式、突出课程教学重点等,切实提高就业指导课程教学的作用和效果。

一、制定课程教学整体规划

大学生就业观念的树立、职业素质的培养和职业技能的有效提升,职业生涯规划的制定与实施等,不是一蹴而就,而是需要一个相对漫长的过程。高校要对就业指导课程教学模式有一个整体的规划,构建一个从大学生入学到毕业离校乃至包括择业期内的全程化就业指导课程教学模式,实现就业指导课程教学的全过程覆盖。这就要求高校要进一步提高认识,明确就业指导课程的教学目标、内容、方式、管理与评估等要求。要切实加强就业指导教研室建设,做好就业指导课程的教学内容、课程设置、教学模式、教学评估、教学管理和条件支持等方面的整体规划。各高校应根据本校实际,将课堂教学、实践教学和网络教学等同对待,制定科学、合理的教学大纲。高校在就业指导课程教学开展过程中,应采取必修课和选修课相结合的形式,制定相应的课程教学计划,按照教育部规定的相关要求,设置相应的学分和学时。有条件的高校可根据实际情况有所提高。当然,高校也应正视大学生的年级不同和专业差别,其教学目标、教学内容、教学重点和教学方式等也相应有所侧重。

对大学一年级学生来说,要引导大学生适应大学生活,顺利完成其从高中生到大学生的角色转换。在角色转换过程中,科学、系统的职业测评能起到一定的促进作用,进而对大学生未来的职业发展起到重要的作用和影响。高校在开展就业指导课程教学过程中,应采用相应的职业测评方法,结合职业测评结果,对大学生进行专业前景分析和职业生涯规划启蒙,引导大学生根据自身实际初步规划自己的职业生涯,确立职业发展目标。

对大学二年级、三年级的学生,主要进行职业素质和能力的培养,完成详细的职业生涯规划,制定具体的行动计划;引导大学生树立正确的世界观、人生观、价值观、成才观、择业观、创业观和崇高的职业理想;提高大学生学习的积极性和主动性,强化专业知识积累,并根据职业发展目标适当调整知识结构,培养与职业目标相适应的职业能力和素质;开展创新创业教育,开设相应课程,重点培养大学生的创新创业意识和创新思维等。

对即将毕业的大学四年级学生而言,既要加强就业形势与就业政策教学,使大学生充分了解我国现行的就业制度和就业环境,又要针对大学生在择业过程中表现出的迷茫、困惑和不适应现象,加强择业心理调适与辅导。同时,辅以必要的职业咨询,解答大学生就业过程中的种种问题。在这一阶段,要注重安排诸如求职方法、求职礼仪、面试技巧、就业信息获取、心理调适、就业创业程序、就业手续办理等方面的教育教学内容。

对已毕业离校但尚在择业期内的大学毕业生,则应对其进行职业适应和职业发展等方面的教育教学,引导大学生树立终身学习的理念。当然,不同层次、不同类别、不同属性的高校应根据自身实际情况做出适当调整(如两年制、三年制专科院校,五年制本科医学院校,相关设置五年制专业的院校等)。

二、强化就业指导师资队伍建设

教育部对大学生就业指导师资队伍建设工作提出明确要求。早在2002年,教育部就明确提出"要尽快提高就业指导教师队伍的整体业务素质,把就业指导教师队伍建设摆到整个高校师资队伍建设的重要位置,努力提高就业指导队伍的专业化和职业化水平"。[1] 2012年教育部进一步提出,"各地各高

---

① 《教育部关于进一步加强普通高等学校毕业生就业指导服务机构及队伍建设的几点意见》(教学〔2002〕18号),2002年12月31日。

校要将就业指导教师纳入学校教师专业技术职务评聘范畴统筹考虑,建立和完善就业创业指导教师聘任、培养、使用、考核和激励制度"。① 创新大学生就业指导课程教学模式,强化就业指导师资队伍建设是关键。

(一)加强学科建设

"积极开展就业指导名师评选,落实普通高校就业指导专职教师纳入专业技术岗位系列的政策,着力提升就业指导队伍专业化水平。"②高校要将就业指导课程教学模式建设工作提升到关乎学校生存和发展的战略高度,加强就业指导学科建设,按照教育部要求,进一步明确就业指导课程教学的重要地位,把就业指导学科建设纳入到整个教学学科体系建设之中。第一,成立相应的就业指导教研室,配备一定数量的专、兼职教师,提供场地和划拨充裕的经费,保证就业指导课程教学工作的顺利开展。第二,设立就业指导科研专项经费,为该学科的发展提供资金保障,鼓励和支持从事该学科教学的师资队伍进行相应的理论和实践研究,使理论研究和实践探索充分相契合。第三,着力改善就业指导课程教学中行政、教学不分,专、兼职师资队伍比例失调的局面,推进就业指导学科的专业技术职称评定工作。目前,我国已有部分省份开始了就业指导学科专业技术职称评审工作。河南省在这方面走在了全国的前列。河南省人民政府要求"从 2008 年起,将高校毕业生就业指导列入大中专院校职称专业设置范围,解决就业指导教师职称评定问题"③,开创了全国就业指导专业职称评审先河。经过近几年的发展,目前,河南省部分高校已有 36 位就业指导高级专业技术职务的就业指导教师专职从事教学工作,其中正高级就业指导职称教师已有三位。此举不仅充分调动了广大就业指导师资队伍的工作积极性,也整体推动了河南省高校就业指导学科规范、有序地发展。

(二)规范师资队伍管理

"就业指导在我国高校课程体系中,就总体而言还是一门新设的课程,其

---

① 《教育部关于做好 2013 年全国普通高等学校毕业生就业工作的通知》(教学〔2012〕11号),2012 年 11 月 18 日。

② 《教育部关于做好 2012 年全国普通高等学校毕业生就业工作的通知》(教学〔2011〕12号),2011 年 11 月 10 日。

③ 《河南省人民政府关于进一步加强我省高校毕业生就业工作的意见》(豫政〔2008〕10号),2008 年 2 月 18 日。

教学方式方法正在不断改进中。其实教师的教育背景及工作经历,对该课程教学方式方法影响最大。"①切实规范就业指导师资队伍的管理,提高课程教学教师的专业知识、职业素质和道德素质,这是高校顺利开展大学生就业指导课程教学的前提和基础。第一,加强入口管理。高校在开展就业指导课程教学时,需要从教者具备相应的专业背景(如职业发展教育、心理学、教育学、人力资源管理等)、资格证(如国家职业指导师、心理咨询师、全球职业规划师等)和相关学科的专业职称(如就业指导学科的中、高级职称,人力资源管理、心理学等学科的中、高级职称等)。高校要高度重视就业指导教学师资队伍的选聘工作,从严要求,把好入口关。第二,完善考评机制。就业指导师资队伍是高校师资的重要组成部分,高校应将其纳入师资考评范围,建立切实可行的管理、考评体系,切实加强就业指导教师队伍的管理。高校应根据本校就业指导教师队伍建设的实际,依据教育部对高校就业指导师资队伍的建设要求,制定和规范就业指导师资队伍的师生比例、从业资格、岗位职责、考核标准等,条件许可时,可设立专项基金,通过职业素质评估、科研活动开展、工作业绩展示、职业技能大赛、讲课说课大赛、大学生网上评教等方式,评选出优秀的就业指导教师,大力表彰,给予一定的精神和物质奖励,并将评选结果作为职务晋升和职称评定的重要参考依据。通过对就业指导师资队伍规范化、制度化、科学化的考评,建立充满活力的竞争机制。第三,强化教学研究。就业指导教学研究主要包括相关论文撰写、教材编写、课题研究等内容。从调研情况看,目前,各高校的就业指导课程教学师资队伍普遍参与到教学研究之中,也取得了一定的成果,但总体来说还不理想。因各高校重视程度不一,在教学研究上也表现出参差不齐的现象。为此,高校要进一步提高认识,加大支持力度,强化教学研究,鼓励广大从教人员能积极参与其中,可有效地提升其理论水平,也能为提高学校的就业指导教学质量提供有力的理论保障,达到理论与实践相结合,从而实现以教学带动科研,以科研促进教学的理想效果。

(三)改进课程教学方式

高校开展相应的就业指导课程教学,可以有效地帮助大学生自我觉察、扩

---

① 屈振辉:《用马克思主义理念创新高校就业指导课程教学工作》,《中国大学生就业》2015年第6期。

大职业探索范围、增强职业决策能力、提高职业能力和素养。课程教学的顺利开展,有利于大学生树立科学的择业目标,提高就业竞争力;有利于促进学校的校风、学风和教风建设;有利于提高和促进大学生的全面发展。传统的就业指导课程教学模式以课堂教学为主,实践教学和网络教学为辅。我们应看到,大学生就业指导课程教学与传统的专业课、公共课教学等既有联系,也有一定区别。一般情况下,大学生就业指导课程教学具有更强的实践性、实用性、参与性和互动性等特点,涵盖教育学、经济学、心理学等多学科的知识。因此,高校必须进一步改进就业指导课程教学方式,引入多样化的教学手段,打破传统的思维模式,在注重课堂教学的同时,加强实践教学和网络教学环节,让大学生在学习过程中发现自己的劣势与不足,进而自觉完善和提高自己,从而实现三种教学方式的有机结合和相互融合,不断激发大学生的学习热情,提高其参与就业指导课程教学的主动性和积极性。

课堂教学主要包括树立职业意识、职业发展规划、职业素质提升、求职择业指导、创新创业教育、职业发展与适应等内容。高校要切实加强就业指导教材建设,选用或编写适合本校的就业指导教材,突出教材内容的科学性、实用性、针对性和完整性;定期组织相关专家开展调研,在科学预测、深入调研的基础上,及时补充和完善新的内容,淘汰和摈弃一些不适宜的过时内容。

实践教学主要包括参观单位、实地考察、社会实践、勤工助学、就业见习、顶岗实习等。高校可适时地组织大学生走出校园,熟悉和了解职场。如参观、考察相关的用人单位;访问已在一些领域成绩突出的校友;组织大学生参加就业见习和顶岗学习;组织大学生参与模拟招聘会;开展相应的职业实训和职业体验活动等,同时,"积极组织职业规划大赛、职业体验项目等课外活动,充分发挥就业实践活动的带动作用,进一步提高就业指导的覆盖面和实效性"。①通过开展形式多样的实践教学,进一步提高大学生的职业认知能力。

网络教学主要包括网上测评、职业论坛、网上咨询、网络学堂、网上指导等基本内容。现阶段,多媒体大数据时代已经到来,现代信息技术的迅猛发展使

---

① 《教育部关于做好 2015 年全国普通高等学校毕业生就业创业工作的通知》(教学〔2014〕15 号),2014 年 11 月 28 日。

得就业指导课程网络教学成为可能。高校应切实提高对网络课程教学的认识,开发相应的网络教学系统,强化网络教学的功能和效果。

(四)突出教学重点

新的历史时期,大学生就业工作已走向市场化的运行轨道,大学生就业指导课程教学模式建设工作也应遵循市场化运行和变化规律。高校的就业指导课程教学必须紧密结合当前的就业形势和政策,突出教学重点,主要包括以下几个方面:一是突出就业观念教学。在开展就业指导课程教学时,加强"三观"教育,重点将思想政治教育充分融入到就业指导课程教学之中,引导大学生进行正确的社会认知和自我认知,进一步转变就业观念,树立崇高的职业理想,建立科学的职业目标,在择业时自觉提高思想政治觉悟,将国家利益、社会需求和个人发展有机结合起来。二是突出就业形势、政策教学。就业形势与政策是大学生择业时应掌握的重要内容。在开展课程教学时,要向大学生介绍市场经济条件下大学生就业形势和国家、省级政府及本校相关的就业政策,如现行针对社会适龄劳动人口的就业政策、针对大学生就业的优惠政策、基层就业项目、大学生应征入伍、自主创业优惠政策等,引导大学生树立艰苦奋斗的创新创业意识,提高大学生的就业竞争力和创新创业能力。三是突出就业指导教学内容。就业指导教学内容是课程教学的核心部分,包括职业规划、择业技巧、创业教育、职业适应、职业发展等诸多内容。通过这一环节教学,可使大学生熟练掌握求职择业的基本技巧,弥补自身的缺陷与不足,从而自觉加强职业素质培养,提高自身的综合素质,增强个人的就业竞争能力。四是突出就业手续办理和就业法规教学。让大学生充分了解和掌握就业手续办理的基本程序,熟悉哪些择业行为为法规所允许,哪些为法规所限制,进而在择业时自觉遵守相关法律和法规。

第四节　创新大学生就业指导思想政治教育模式

创新大学生就业指导思想政治教育模式既符合中国特色,也是中国国情和高校实际所决定。调查发现,一些高校并没有将大学生就业指导与思想政治教育充分结合,在开展就业指导过程中,思想政治教育的导向功能没有得到应有的发挥。目前,大学生思想政治教育教学多在大学一年级进行,而就业指导多在高年级进行。因两者时间的不同步,很多高校仅在世界观、人生观、价值观、就业心理、择业观和创业观等就业教育中融入了一些思想政治教育内容,且多以讲座、报告会等形式开展。在"你喜欢的就业指导课内容"调查中,仅有21.84%的大学生选择"思想政治教育";在"对学校就业指导内容"了解中发现,仅有32.30%的大学生选择"思想政治教育"。这在一定程度上也反映出,将思想政治教育充分融入大学生就业指导模式之中是各高校应注重和加强的问题。高校要充分认识思想政治教育在大学生择业过程中的重要作用,分析和总结一些不良的影响因素,创新大学生就业指导思想政治教育模式,将思想政治教育充分融入大学生就业指导模式建设工作之中,既是高校教育教学的重要内容,也是高校实施大学生职业发展教育,进而促进大学生社会主义核心价值观养成,实现大学生全面发展的重要途径。

一、正确认识大学生就业指导思想政治教育模式的作用

（一）有助于促进大学生社会主义核心价值观的养成

"社会主义价值观有广义和狭义之分,广义的社会主义价值观就是对社会主义价值观所形成的总体认识和看法;狭义的社会主义价值观指的是社会主义的价值观念。社会主义价值观属于历史范畴的概念,根据时代的不同其内涵及形态也有差异。"①当前,我国正处于社会价值观多元化的社会转型期,人们的思想活动呈现明显的选择性、独立性、多变性和差异性特征,人们的道德意识、理想观念和价值取向等也表现出多样性和层次性。在大学生理想信念教育问题上,中共中央、国务院明确提出:"以理想信念教育为核心,深入进行树立正确的世界观、人生观和价值观教育。"②在大学生"三观"教育体系中,世界观、人生观和价值观三者紧密相连、相互影响、相互制约和相互促进,共同构成大学生的核心价值观,其中世界观是主体,价值观是世界观的重要构成要素,是人生

---

① 田海舰、戴沐:《社会主义核心价值观初探》,《道德与文明》2007年第1期。
② 《中共中央国务院关于进一步加强和改进大学生思想政治教育的意见》(中发〔2004〕16号),2004年8月26日。

观的核心。价值观决定着大学生的价值取向、价值追求以及对待客观事物的基本态度,成为大学生求职择业时决定取舍的内在依据和行为动力。"坚持德育为先。立德树人,把社会主义核心价值体系融入国民教育全过程。加强马克思主义中国化最新成果教育,引导学生形成正确的世界观、人生观、价值观;加强理想信念教育和道德教育,坚定学生对中国共产党领导、社会主义制度的信念和信心;加强以爱国主义为核心的民族精神和以改革创新为核心的时代精神教育;加强社会主义荣辱观教育,培养学生团结互助、诚实守信、遵纪守法、艰苦奋斗的良好品质。"①大学生的价值观不是与生俱来的,而是在学校、社会和家庭的共同教育、培养和影响下,在大学生学习、实践过程中形成和发展起来的。因此,高校在大学生的教育和培养过程中,在开展思想政治教育时也应赋予其显著的社会主义价值观特征。

现阶段,我国正处于思想大活跃、观念大碰撞和文化大交融的特殊历史时期,也是人们对社会价值观进行反思、裂变、重组和更新的关键时期,在这种时代背景下,加强大学生就业指导思想政治教育模式建设工作刻不容缓。"社会主义核心价值体系是兴国之魂,决定着中国特色社会主义发展方向⋯⋯大力弘扬民族精神和时代精神,深入开展爱国主义、集体主义、社会主义教育。倡导富强、民主、文明、和谐,倡导自由、平等、公正、法治,倡导爱国、敬业、诚信、友善,积极培育社会主义核心价值观。"②随着我国高校毕业生人数逐年增多,大学生就业压力进一步加剧,大学生的价值取向和价值观的养成也受到一定的影响和冲击。面对新情况,我们要充分认识到,"社会主义核心价值观与社会主义核心价值体系一样,反映着社会主义理论的思想精髓、社会主义运动的价值导引和社会主义制度的本质规定。对社会主义核心价值观的凝练,应当深入到有机统一着的社会主义理论、运动、制度之中获得其理论与实践的依据"。③ 大学生就业指导思想政治教育模式在高校的日益发展和完善,为大学生的社会主义核心价值观养成提供了广阔的平台。人民群众是创造历史和推动历史向前发展的主体,社会主义核心价值观所体现的也正是广大人民的最

---

① 《国家中长期教育改革和发展规划纲要(2010—2020)》,新华社,2010 年 7 月 29 日。
② 《胡锦涛在中国共产党第十八次全国代表大会上的报告》,人民网,2012 年 11 月 18 日。
③ 沈壮海:《解开凝练社会主义核心价值观的思维之结》,《思想理论研究》2011 年第 2 期。

根本利益和最根本要求。大学生群体是人民群众的一部分,将社会主义核心价值观基本内容融入大学生就业指导思想政治教育模式建设和发展之中,促使大学生核心价值观的养成,既是大学生思想政治教育的基本目标,也是客观现实的要求和时代赋予我们的责任。

(二)有助于大学生确立正确的政治方向

习近平总书记深情地说,中国梦是我们的,更是青年一代的,中华民族伟大复兴终将在广大青年的接力奋斗中变为现实。青年一代有理想、有担当,国家就有前途,民族就有希望,实现我们的发展目标就有源源不断的强大力量。这是总书记对青年大学生无微不至的关怀,也是总书记对青年大学生的殷切希望。青年大学生在未来的职业发展中能否确立正确的政治方向,关系到能否实现"中国梦"的根本问题。在新的就业形势下,大学生的思想观念、择业心态、职业价值观、道德观念、职业发展目标等日益呈现多元化的趋势,这对高等教育人才培养模式提出了更高的要求,也对大学生就业指导思想政治教育模式建设工作提出了严峻的挑战。大学生就业质量与高校的人才培养质量呈正相关,也与高校思想政治教育的功能和效果密切相连。在"你认为用人单位对大学生看重什么"调查中发现,只有 22.57% 的大学生选择"思想政治素质",这在一定程度上表明,现阶段高校的思想政治教育还存在着薄弱环节,亟需进一步提高和加强。如果大学生没有坚定的政治方向,缺乏相应的思想政治素质和政治敏感度,在择业行为上很容易会产生偏差,导致择业时不考虑国家和社会的需求,不考虑自身实际,一切从个人利益出发,从而会造成言行不一,理想与现实脱节的现象。因此,高校要高度重视大学毕业生思想政治教育工作,从大学生最关心、最现实的就业问题入手,将思想政治教育充分融入大学生的就业指导之中,引导大学生坚定正确的政治方向,自觉校正自己的择业思想和行为。

(三)有助于提高大学生的职业道德素养

"对大学生进行道德教育是我国高等学校思想政治教育的重要内容……道德教育为学生提供的作为道德认识起点的道德价值原则应具有明确的价值导向性,要体现道德教育的宗旨、目标,同时也应该具有基础性,因为道德价值原则具有程序性形式,并不直接表现为社会的具体道德规范,但却为具体道德规范的推导提供依据,并为解决道德问题提供指导。"①建设行之有效的大学生就业指导思想政治教育模式,开展道德教育,提高大学生的职业道德素养是促进其提高和完善的重要途径。现阶段,我们正处于社会主义初级阶段的特殊历史时期,受所谓"严峻"就业形势影响,"一些大学生不同程度地存在政治信仰迷茫、理想信念模糊、价值取向扭曲、诚信意识淡薄、社会责任感缺乏、艰苦奋斗精神淡化、团结协作观念较差、心理素质欠佳等问题"。② 一些高校开展的大学生思想政治教育薄弱,大学生在择业时职业道德素质欠缺,处处以自我为中心,为达到目的不惜一切手段,不计后果的现象时有发生,这种情况当然很不利于大学生的职业发展。高校在进行大学生就业指导时,开展行之有效的思想政治教育,既有利于培养大学生的职业道德素质、诚实守信和团队协作意识,也有利于培养大学生的艰苦奋斗精神和社会责任感,从而有效引导大学生在职业选择中正确处理个人、集体、国家和社会之间的关系,养成良好的职业道德。

(四)有助于大学生树立正确的就业观

所谓就业观,就是人们对就业的根本态度和看法。党的十八大报告指出:引导劳动者转变就业观念,鼓励多渠道多形式就业,促进创业带动就业,做好以高校毕业生为重点的青年就业工作和农村转移劳动力、城镇困难人员、退役军人就业工作。③ 大学期间是大学生就业观念形成、发展、调整和完善的重要时期。因此,高校应在就业指导模式建设中充分融入思想政治教育内容,准确把握青年大学生的思想、心理特征,做好国内外社会政治、经济形势以及就业政策的解释、宣传、指导和教育,有助于大学生树立正确的就业观,规范和引导其择业思想和行为,进而促进大学生更快、更好地适应未来的职业发展。教育部要求:"各地各高校要把思想教育和毕业教育有机结合起来,深入学习贯彻习近平总书记系列重要讲话精神,不断丰富思想教育内容和方式。积极组织干部讲政策、专家讲经验,引导广大毕业生树立正确的人生观、价值观和成才观。要把创新精神和创业意识的培养融入思想教育,激励更多高校学生在就

---

① 洪明:《大学生道德教育重在培育道德理性》,《高等教育研究》2009 年第 12 期。

② 《中共中央、国务院关于进一步加强和改进大学生思想政治教育的意见》(中发〔2004〕16 号),2004 年 8 月 26 日。

③ 《胡锦涛在中国共产党第十八次全国代表大会上的报告》,人民网,2012 年 11 月 18 日。

业创业实践中成就有梦想有奋斗有奉献的精彩人生。"①新的就业形势对劳动者的就业观念提出新的要求。一般情况下,一个人的就业观是其在就业过程中思想、观念和行为等的综合反映,随着社会政治、经济和文化的发展而不断发展和变化。在一定的职业环境中,一个人有什么样的就业观,也就内化为某种职业趋向性,在择业时就会做出相应的决策和选择。一份"大学生择业趋向问卷调查"显示:"八成的大学生认为当前就业形势不容乐观,他们把就业难的原因更多地归咎为'缺少实际技能,难以符合企业要求',占 31.2%。在'毕业后你最理想的就业单位是什么'的问题中,选择'编制内'和国企的最多,这两部分共占 59.8%。"②另外,我们也应注意到,近几年被吵得沸沸扬扬的国家公务员考试,出现动辄几百、上千甚至几千名考生扎堆报考同一岗位的现象,值得我们深思(见图 5-4)。

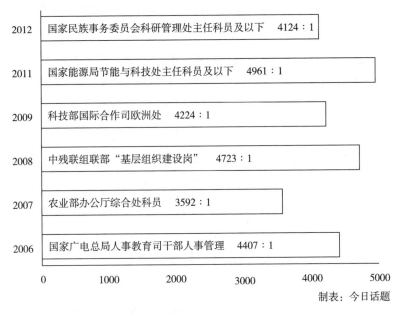

制表:今日话题

图 5-4 2006—2012 年国家公务员考试最热职位一览③

数据来源:国家公务员局、人力资源和社会保障部。

---

① 教育部关于做好 2016 届全国普通高等毕业生就业创业工作的通知(教学〔2015〕12 号),2015 年 11 月 27 日。

② 《媒体调查:59.8%学生的理想就业是进国企和编制内》,东北新闻网,2013 年 3 月 4 日。

③ http://view.news.qq.com/zt2012/guokao/index.htm? pgv_ref＝aio2012&ptlang＝2052。

二、大学生就业指导思想政治教育模式存在的问题

（一）思想认识不到位

随着高校毕业生就业市场化机制的全面实施和不断发展,进入市场逐渐成为大学生就业的主要渠道,在此背景下,思想政治教育的作用和功能也受到一定的冲击。据一项关于"思想政治理论课在大学生心目中的地位"的调查显示,"有 40.5% 的学生认为不太重要,有 8.8% 的学生认为一点也不重要"①。为提高大学生的就业率、就业质量、就业层次,提升社会的认可度和用人单位的满意度,很多高校注重对大学生开展一些实用性、时效性和实操性的就业指导,在一定程度上淡化了思想政治教育的育人功能和导向功能,从而导致大学生就业指导与思想政治教育相脱节的现象。据另一项调查显示:"大学生对政治类话题、政治人物或政治事件的态度,选择'很感兴趣,很关注'的占被调查总人数的 31.6%,57% 的被调查者只是'偶尔关注'。而选择'不清楚,不了解'和'厌烦'的被调查者,合计也占到了 13.1%。这说明大学生对于政治的关注在很大程度上存在着被动倾向,易受来自外界的暗示,缺乏主动精神和深入持久的兴趣。"②目前,在学校层面,一些高校对思想政治教育的作用和功能并没有引起足够重视,在大学生就业指导思想政治教育模式建设过程中存在急功近利的思想,没有将大学生就业需求与当前就业形势和实际结合起来,对于提高大学生的思想境界、认知水平等方面的认识还不到位,当然也无法加强对大学生开展有针对性的思想政治教育。在大学生方面,很多大学生认为找到理想的工作是其之所以上大学的中心任务。一些大学生认为通过接受学校提供的就业指导与服务,更快、更好地落实理想的用人单位,获取适合的职业岗位就是就业指导的最好体现,至于学校开展所谓的思想政治教育,纯粹是搞形式主义,既不能为自己择业提供帮助,也不能为自己带来职业岗位,从而对思想政治教育存在一定的逆反或抵触情绪。在这种情况下,一旦面临自身的切身利益时,一些大学生往往会抛弃原来已初步形成但并不稳

---

① 丁全忠、王宁:《论高校思想政治理论课教学存在的问题、原因及改进措施》,《经济与社会发展》2007 年第 11 期。

② 曹守亮:《大学生思想现状:行走在理想与现实边缘》,《光明日报》2013 年 1 月 8 日。

固的思想政治理论引领,出现一系列如职业价值观扭曲、法制观念淡薄、诚信意识缺失等思想与行为不一致现象,因而在职业选择时也变得更为现实和功利。这些认识不到位的现象,在一定程度上影响和制约着大学生就业指导思想政治教育模式的发展和完善。

(二)思想政治教育不能有效满足大学生就业指导的实际需求

"面对新形势、新情况,大学生思想政治教育工作还不够适应,存在不少薄弱环节。有些地方、部门和学校的领导对大学生思想政治教育工作重视不够,办法不多。全社会关心支持大学生思想政治教育的合力尚未形成。学校思想政治理论课实效性不强,哲学社会科学一些学科教材建设滞后,思想政治教育与大学生思想实际结合不紧,少数学校没有把大学生的思想政治教育摆在首位、贯穿于教育教学的全过程。学生管理工作与形势发展要求不相适应,思想政治教育工作队伍建设亟待加强,少数教师不能做到教书育人、为人师表。加强和改进大学生思想政治教育是一项极为紧迫的重要任务。"①目前,一些高校就业指导模式建设相对滞后,思想政治教育没有有效地融入到大学生就业指导之中,且教育教学方法也相对单一,多以传统课堂讲授的形式进行,一些先进的教学手段和方法并没有真正应用到教学中来。部分高校仍沿用传统意义上的理论说教,至于大学生的专业特色、性别差异、性格特征和内心实际需求等,并没有认真地调查、研究和分析,当然也不能结合大学生的就业实际需求而开展有针对性的就业指导,从而影响大学毕业生参与思想政治教育学习的积极性和主动性。另外,在就业指导师资队伍建设方面也不容乐观。一是高校普遍扩招,在校大学生人数逐年增加,在就业指导师资队伍总数相对稳定的情况下,一名教师往往要承担上百名或数百名大学生的就业指导课程教学工作。在此状况下,就业指导教师开展正常的课程教学尚显得力不从心,更别说在就业指导教学中充分融入思想政治教育。二是很多从事就业指导的教师并非具有思想政治教育或相关专业背景,知识结构相对单一,理论基础和实践经验缺乏,且没有进行相关的培训和提高,也在一定程度上影响了

①《中共中央、国务院关于进一步加强和改进大学生思想政治教育的意见》(中发〔2004〕16号),2004年8月26日。

大学生思想政治教育的成效。

（三）思想政治教育不能与时俱进

"与时俱进是改革开放新时期最突出的标志,也是改革开放以来大学生思想政治教育创新发展的突出标志。改革开放以来,大学生思想政治教育内化新理论、感知新实践、把握新特点、运用新技术、汲纳新知识、构建新体制、形成新成果,走过了创新发展的不平凡历程,回顾这一历程,深刻把握其与时俱进的可贵品质,对于我们直面新世纪新阶段大学生思想政治教育的新形势和新要求,以改革创新的精神开创大学生思想政治教育新局面,具有重要的理论和实践意义。"[1]在现行的高校人才培养模式中,大学生思想政治教育课程教学多在大学低年级进行,而大学生普遍在临近毕业时才真正关注就业指导。因两者的教育教学活动时间不同步,且两者的理论体系也有一定的区别,如果就业指导人员不充分重视两者的相互融合,很容易引起思想层面的不重视,在教学层面也极易形成彼此相脱节的现象。一些高校在开展大学生就业指导时,思想政治教育内容相对较为薄弱,且形成相对传统、固定的教学模式,造成思想政治教育与大学生就业指导相分离的现象。因而,为切实提高大学生就业指导思想政治教育模式的效果,高校应与时俱进地改进就业指导模式,在就业指导中充分融入思想政治教育元素,如开展思想政治教育讲座,举办先进人物事迹报告会,或是邀请一些优秀校友、成功人士、道德模范与毕业生座谈等,将思想政治教育内容内化到就业指导之中,这样,往往会更大程度上增强大学生就业指导思想政治教育模式的功能和效果。创新大学生就业指导思想政治教育模式,与时俱进,将思想政治教育充分融入大学生就业指导之中,切实增强思想政治教育的效果,是大学生就业指导模式建立和完善过程中必须面对和需要解决的问题。因此,高校在人才培养中,注重大学生就业指导与思想政治教育充分结合和相互渗透,能充分发挥思想政治教育的导向功能,使大学生正确认识国内外一些社会热点和焦点问题,自觉抵制种种不良思潮的影响和诱惑,引导大学生树立科学的职业价值观。

---

① 沈壮海、刘玉标:《与时俱进:改革开放以来大学生思想政治教育的突出标志》,《教学与研究》2008年第9期。

三、大学生就业指导思想政治教育模式的实现途径

(一)改进大学生思想政治教育方法

创新大学生就业指导思想政治教育模式,改进方法是实现理想效果的有效途径。高校就业指导人员应准确把握思想政治教育的本质和规律,正确运用思想政治教育的基本原理和方法,紧密结合当前大学生的就业形势,创新思想政治教育手段,改进思想政治教育教学方法,完善思想政治教育内容,切实提高大学生就业指导思想政治教育模式的效果。

通常情况下,思想政治教育要想在大学生就业指导模式建设过程中发挥更大的作用和功能,需要我们注重以下四个方面的结合。一是就业指导与日常思想政治教育相结合。高校就业指导人员应充分认识思想政治教育的连续性和阶段性相统一、全程性和整体性相统一的特征,将思想政治教育渗透到大学生就业指导的全过程,在日常的思想政治教育中不断灌输就业指导内容,使大学生在潜移默化中入耳、入脑、入心。二是注重自我教育与典型教育相结合。自我教育是大学生在学习生活和社会实践中受到一定的教育、熏陶和启迪而内化的自觉意识,对大学生的行为规范和价值取向起着决定性的作用和影响。典型教育具有形象直观、号召力大、感染力强的特点,教育效果也更深入、更持久。高校就业指导职能部门可通过多种渠道收集和整理应、往届优秀毕业生的典型事迹和材料,汇编成册发放给大学生;也可邀请社会各行业、各战线上有代表性的先进典型,通过职场人物生涯访谈,举办讲座、座谈会、报告会和就业论坛等形式,通过近距离交流,充分发挥典型教育与自我教育的作用,使大学生受到教育和鼓舞,进而将思想政治教育内化到自己的择业选择之中。三是注重集体教育与个体教育相结合。集体教育多是以院(系)、班级为单位,通过就业指导报告会、专家讲座等形式,对大学生择业过程中存在或出现的思想政治教育方面的共性问题进行集体教育和指导,具有受教育面大、范围广、容易协调和组织等显著特点。个体教育则是在集体教育的基础上,针对大学生思想和心理等个性差异,因人施教,采取个别谈话、个体咨询和重点帮扶等方式,对大学生实施个性化的指导和教育。四是注重理论教育与实践教育相结合。高校在大学生就业指导过程中加强思想政治

理论教育的同时,应注重实践教育环节。如定期组织大学生深入社会,深入基层,通过参观、实习和参加社会实践等方式,使大学生充分接触社会,了解社会、了解国情和民情,自觉提高思想政治觉悟,从而以更加积极的心态迎接未来职场的竞争和挑战。

(二)强化大学生的主体地位

传统的高校思想政治教育是将大学生作为受教育的客体,在开展就业指导过程中,大学生往往只是被动地接受思想政治教育的相关理论知识,在一定程度上忽视了大学生思想政治教育的主体地位。在这种传统惯性思维影响下,其结果往往是大学生作为思想政治教育的主体作用和自我教育功能受到一定程度的影响,当然也会对大学生学习的积极性和主动性产生一定的阻碍和制约。高校要进一步明确大学生思想政治教育的指导思想,"坚持以马克思列宁主义、毛泽东思想、邓小平理论和'三个代表'重要思想为指导,全面落实党的教育方针,紧密结合全面建设小康社会的实际,以理想信念教育为核心,以爱国主义教育为重点,以思想道德建设为基础,以大学生全面发展为目标,解放思想、实事求是、与时俱进,坚持以人为本,贴近实际、贴近生活、贴近学生,努力提高思想政治教育的针对性、实效性和吸引力、感染力,培养德智体美全面发展的社会主义合格建设者和可靠接班人"。① 大学生就业指导与思想政治教育是不可分割的有机统一整体。强化大学生就业指导中思想政治教育的主体地位,需要高校根据新的就业形势和发展趋势,坚持以大学生为本,树立以提高大学生职业素质和就业竞争力为目标的思想政治教育理念,进一步健全和完善有利于充分发挥大学生主体地位的思想政治教育体制,切实增强大学生自我教育、自我管理和自我服务的能力。这是创新大学生就业指导思想政治教育模式的精髓所在,也是提高大学生思想政治教育功能和效果的有效方式。

(三)优化大学生思想政治教育的环境

大学生群体是人类社会的重要组成部分,大学生的生存、发展和提高离不

① 《中共中央国务院关于进一步加强和改进大学生思想政治教育的意见》(中发〔2004〕16号),2004年8月26日。

开社会发展,离不开一定的社会环境。"努力营造大学生思想政治教育工作的良好社会环境;全社会都要关心大学生的健康成长,支持大学生思想政治教育工作;各级党委和政府要为高等学校创建良好的育人环境。"①这为大学生思想政治教育提供了有利的政策依据,也为思想政治教育创设了有利的环境和条件。

我们知道,当前各种积极和消极因素同时影响着高校的思想政治教育,影响着大学生就业指导模式功能和效果的发挥,影响着大学生的职业发展。优化大学生的思想政治教育环境,使思想政治教育深入、渗透到大学生就业指导模式建设工作之中,进而促使思想政治教育在大学生职业选择中发挥作用和影响,需要从以下几方面着手。一是优化社会环境。党和政府要切实加强和改进对大学生思想政治教育工作的领导,充分发挥其在社会意识形态中的主导功能,加强立法工作,营造安定有序、和谐团结的社会环境,提高大学生的道德素质,创设良好的思想政治教育环境,使思想政治教育在大学生就业指导中的功能和效果得到最大程度的发挥。二是优化高校育人环境。目前"我国高等教育虽然已经进入大众化发展阶段,但相对于基础教育而言仍然是精英化教育,因此,加强理论教育,增强理论武装是大学生思想道德教育的必然要求"。② 在我国,高校是高素质人才的培养基地,也是对大学生进行思想政治教育的主阵地。大学阶段是大学生思想道德品质养成、职业素质培养和职业技能提升的关键时期。高校应注重加强育人环境建设工作,增强"教学育人、管理育人、服务育人"三位一体的育人意识,营造积极、健康的校园育人环境。同时,建设优良的校园文化环境,加强校风、教风、学风和考风建设,使大学生在浓郁的校园环境中受到思想政治教育潜移默化的影响。三是优化网络育人环境。当前,大学生人手一部手机已成为现实,网络已深入到大学生的学习和生活,对大学生的成长成才有着重要的影响。可以说,网络已贯穿于大学生思想政治教育和就业指导的全过程,且会随时、随地地发挥着作用。一句话,网络无处不在,无时不在。如何更加有效地利用网络,激发正能量,进一步育人

---

① 《中共中央国务院关于进一步加强和改进大学生思想政治教育的意见》(中发〔2004〕16号),2004 年 8 月 26 日。
② 张峰:《关于高校德育学成教育的几点探讨》,《高等教育研究》2010 年第 2 期。

环境,这就要求高校应"主动占领网络思想政治教育新阵地。要全面加强校园网的建设,使网络成为弘扬主旋律、开展思想政治教育的重要手段。要利用校园网为大学生学习、生活提供服务,对大学生进行教育和引导,不断拓展大学生思想政治教育的渠道和空间"。①

（四）充分发挥高校政治辅导员的作用

"辅导员是高校教师队伍和管理干部的组成部分,是离大学生最近的人,是大学生的人生导师和知心朋友,在高校育人过程中发挥着至关重要的作用。"②无论从何种角度讲,高校政治辅导员都与大学生就业指导模式建设工作有着不可分割的关系。辅导员作为大学生的人生导师,在大学生学习、生活、思想政治教育和职业发展等方面起着其他任何组织和个人都不可替代的作用。教育部对高校政治辅导员工作职责提出了明确要求:"以班级为基础,以学生为主体,发挥学生班集体在大学生思想政治教育中的组织力量;组织、协调班主任、思想政治理论课教师和组织员等工作骨干共同做好经常性的思想政治工作,在学生中间开展形式多样的教育活动;积极开展就业指导与服务工作,为学生提供优质高效的就业指导与信息服务,帮助学生树立正确的就业观念。"③高校政治辅导员是开展大学生思想政治教育、就业指导和学生事务等工作的最基层管理者、指导者和组织者,是高校相关职能部门、其他教职员工与大学生紧密联系的桥梁和纽带。大学生在校期间与辅导员朝夕相处,在辅导员言传身教的直接带动和影响下,最容易建立稳定和巩固的相互信任关系,是高校开展大学生思想政治教育和就业指导的最理想人选,也是推进大学生就业指导模式建设工作的最佳人选。高校辅导员要充分发挥思想政治教育的功能和作用,将就业指导与日常的学生管理、思想教育充分结合起来,进一步提高大学生思想政治教育的针对性、实效性,引导大学生自觉培养爱国主义、集体主义观念,树立崇高的职业理想,提高思想政治觉悟,增强社会主义荣辱观的

---

① 《中共中央、国务院关于进一步加强和改进大学生思想政治教育的意见》(中发〔2004〕16号),2004年8月26日。

② 《教育部办公厅关于加强高校辅导员基层实践锻炼的通知》(教思政厅〔2013〕38号),2013年12月17日。

③ 《普通高等学校辅导员队伍建设规定(教育部令第24号)》,2006年7月23日。

认同感,使大学生在择业时始终把个人价值的实现与祖国和人民的利益紧密结合起来。

第五节　创新大学生就业指导网络化模式

调查发现,虽然大部分高校开展了相应的就业指导网络教学活动,普遍建立了专门的就业信息网站,开通网上咨询、职业测评、就业信息发布等,但从总体上看效果并不理想。在"你认为哪种求职渠道最有效"调查中选择"招聘网站"和"上网发信息"的分别只占到17.39%和13.25%;"你在求职时遇到问题会寻求哪种帮助"调查中选择"就业信息网站"的比例仅占10.14%。这也在一定程度上表明,在网络化快速发展和日益普及的今天,大学生在求职择业时,对网络仍持怀疑或谨慎态度,利用率并不高,当然也不能充分发挥网络化就业指导的优势。面对新形势,创新大学生就业指导网络化模式亟须提上高校就业指导的重要工作日程。

现代信息技术高速发展,大学生就业指导正向以网络信息技术为基础、以网络化为目标的现代化指导和服务模式转变,大学生就业指导网络化模式已成为可能。刘延东指出:"当前我国网民规模达6.32亿,其中手机网民规模达5.27亿,已成为世界上网民最多的国家,这既是挑战,也为快速提高公民整体科学素质带来的机遇。习近平总书记强调,现在群众都在网上。能不能有效利用互联网,在很大程度上已经成为决定科普工作能不能跟上时代步伐、实现跨越发展的首要因素。要突出互联网思维,主动把各项服务做到互联网上,特别是加强手机等移动互联网科普信息化建设,满足公众的个性化、泛在化、人性化需求。"[1]刘延东副总理的讲话,虽然是针对科普工作而言,但同样适用于就业指导。就大学生就业指导网络化模式而言,同样有着积极的影响和重要的借鉴作用。现阶段,网络信息技术的快速发展对大学生就业指导模式建设

---

[1] 《刘延东在听取"全民科学素质行动计划纲要"实施情况汇报时的讲话》,2015年1月28日。

工作提出了新的机遇和挑战。大学生在充分享受高效、方便和快捷网络化就业指导的同时,各种消极、颓废和阴暗等不和谐因素也充斥其中,影响和制约着大学毕业生的职业选择。当前,网络迅速普及,手机早已成为大学生的必备工具,短信、微博、微信、微视、飞信、QQ等网络媒介快速发展,各种信息垃圾和信息泡沫也严重泛滥。一些冗余信息、污秽信息、盗版信息、虚假信息和错误信息等都可以借助网络而广泛传播,各种色情、暴力、诈骗、赌博、毒品、网络病毒等有害信息触目惊心,且有愈演愈烈之势。大量无价值甚至负面、消极的信息,不但掩盖有价值的信息,使人们难以鉴别,影响决策,而且占用信息空间,污染信息环境,蚕食人们意志,混乱人们的信念,严重者甚至促使一些人的人生观、价值观和道德观等发生扭曲和错位。郑永廷早在1999年就先见性指出,网络"作为一种新的文化形态,在超国界的信息沟通和联系中,人们对本民族文化的归属感和认同感将出现淡化的趋势,尤其是在那些热衷于互联网的青年群体中,网络已经成了他们新的归属和精神寄托,国家、民族以及对国家和民族传统的忠诚都已被这个虚拟的世界所取代"。① 高校要充分认识大学生就业指导网络化模式的双重性特征,采取切实有效的办法和措施,最大限度地规避各种不利因素的影响,利用网络化手段加强和改进大学生就业指导模式建设工作,增强对大学生主流意识的培养和引导,强化其在网络化环境影响下的社会认同感和归属感,提高大学生对各种网络信息的甄别能力,充分发挥就业指导网络化模式的功能和效果。

一、了解大学生就业指导网络化模式的优势

大学生就业指导网络化模式建设工作,更多强调的是如何充分利用现代网络技术优势,为大学生提供各种网络化就业指导与服务。2005年刘治军提出"高校应充分利用网络的优势对大学生进行就业指导,建立规范化、科学化、法制化的高校毕业生就业网络市场,合理配置高校毕业生这一宝贵的人力资源,激发用人单位吸引人才、珍惜人才的积极性,增强毕业生竞争意识、创新

---

① 郑永廷、叶启绩等:《社会主义意识形态研究》,中山大学出版社1999年版,第290页。

意识以及适应社会的能力"。① 迟涛认为高校开展"网络化就业指导方式可以更有效、更快捷地通过网络了解学生的思想动态,更有针对性地在大学生中开展就业工作的思想政治教育"。② 在当前复杂严峻的就业形势下,传统的大学生就业指导模式已越来越满足不了大学生日益增长的多样化的就业指导需求,必须对其加以创新、发展和完善。加强大学生就业指导网络化模式建设工作是加快实现大学生就业指导信息化进程的重要举措,对充分发挥网络优势,进一步拓宽就业指导空间,实现就业信息共享,促进大学毕业生充分就业等具有重要的现实意义。"随着高端服务器、光纤交换机和海量存储系统等先进的网络设备的配备,现在利用网络开展信息资源共建共享、网络化信息服务体系的条件已基本具备,使网络化就业指导成为可能。"③现阶段,大学生就业指导网络化模式以高速发展的现代信息化技术为基础,在某种意义来说具有传统大学生就业指导模式无法比拟的优势,可有效地弥补传统就业指导的不足。主要体现在以下几个方面。一是网络拥有海量的就业共享信息。通常情况下,大学生所需求的就业指导共性内容基本上都可以从网络中获取。二是网络本身具有高效性和便捷性特点,可极大地方便大学生、用人单位、高校就业指导机构三者之间相互沟通和交流。三是能充分发挥网络的平等性和互动性,大学生和用人单位都可以及时地获取双方的基本资料,不但可以提高效率,节约成本,而且能避免双方旅途劳累,提升"双选"的实效性。四是网络能突破地域性和时空性的限制,同时,也能在一定程度上保护大学生的隐私,有助于大学生就业指导网络化模式的普及和宣传。五是网络化大学生就业指导形式多样,既有文字材料,又有视频内容,既有理论指导,又有模拟实践操作,表现效果好,感染力强,大学生更乐于接受。

随着互联网的普及,现代网络已渗透到高校教育教学的各个环节,大学生对网络的依赖程度越来越大。因网络信息传播具有开放性、时效性和普遍参与性等特点,以及方便、快捷和共享等优势,可以说,网络早已成为大学生学习、生活的一部分。现阶段,大学生就业指导网络化在高校得到广泛的发展和

---

① 刘治军:《积极探索高校网络化就业指导模式》,《中国大学生就业》2005年第12期。
② 迟涛:《探索高校网络化就业指导模式》,《中国大学生就业》2006年第4期。
③ 迟涛:《探索高校网络化就业指导模式》,《中国大学生就业》2006年第4期。

240

应用,使得大学生就业指导信息资源的共建和共享成为可能。大学生就业指导网络化模式的效果和作用日益显现,从大学生日常学习中的网上选课、提交作业、评教和邮件交流,到求职择业时的网络职前课堂、职业倾向测评、网络就业咨询、远程视频招聘,进而到就业指导机构进行的就业信息发布、形势与政策指导、各种就业表格下载、网上就业手续办理等,这些都充分显示了现代网络特有和无可比拟的优势。

二、创新大学生就业指导网络化模式的策略

基于网络的特有优势和大学生就业指导模式建设的本质要求,经过近年来的不断发展和完善,大学生逐渐了解和适应网络化的学习生活,也逐渐习惯利用网络进行求职择业,网络化就业指导必将成为今后高校开展就业工作的又一重要渠道。但从问卷调查结果来看,大学生在求职时选择"招聘网站"和"上网发信息"的比例并不高,这是一个大学生逐步适应的过程,也是一个需要我们正确引导的过程,需要引起我们的关注和重视。一方面大学生离不开网络,网络已渗透到大学生的学习和生活,另一方面大学生又不能真正信任网络,这也在一定程度上表明,大学生对网络还持谨慎怀疑态度。如何化解这种两难困局,创新大学生就业指导网络化模式,突破地域和时空限制,改进和完善传统大学生就业指导模式的薄弱环节,规避网络化就业指导的一些不利影响因素,为大学生提供全程化、专业化、信息化和个性化的就业指导,这些是当前高校大学生就业指导网络化模式建设必须面对和急需解决的问题。

(一)加强就业指导网络化模式基础建设

现阶段,网络在大学生就业指导过程中的作用和功能凸显。如何最大限度地在大学生就业指导过程中更好地发挥网络的正面导向作用,消除或规避一些不良因素的影响,加强就业指导网络化模式建设工作将成为未来高校开展就业工作的重要内容。

1.加强组织建设

高校要进一步提高认识,建立学校"一把手"亲自领导,主管校领导亲自抓,就业指导机构统筹安排,各职能部门和各院(系)具体落实的工作格局,成立相应机构和组织,责任到人,任务到人,目标明确,措施得力,切实加强大学

生就业指导网络化模式的组织建设。

2.制定实施方案

根据学校网络信息化建设工作的实际,采取有效措施,将就业指导网络化建设纳入大学生就业指导模式建设的整体规划之中,制定本校大学生就业指导网络化模式建设方案,建立、健全其运行、安全、管理和维护等各方面的规章制度,明确责任主体的职责、权利和义务。同时,将就业指导网络化模式建设纳入毕业生就业工作评价考核体系,完善考核制度,制定奖惩办法,稳步推进大学生就业指导网络化模式建设工作。

3.加大软硬件建设

加强硬件建设,在办公场地、计算机配备、互联网设备等方面提供有效的保障;加强软件建设,划拨专项经费,用于网络设备更新和维护;配备专业人员,不断优化和完善毕业生就业信息网站,适时更新和完善就业信息网内容;加强就业指导人员培训,提高其网络化就业指导的业务素质和水平;发挥各类社会组织的作用,加强与社会上各类人才交流中心网站、各类就业指导网站合作,进一步拓展大学生就业指导网络化模式的功能。

4.发挥示范带动作用

教育部可出台相应的政策,加强大学生就业指导网络化建设工作的宣传和引导,营造良好的大学生就业指导网络化模式建设舆论氛围。各省级就业指导主管部门要加强对各高校就业指导网络化模式建设工作的监督、检查和落实,可选择部分网络化建设成效显著的高校作为示范基地,给予一定的政策和经费支持。通过召开经验交流会、组织各高校就业指导人员到现场学习观摩等活动,树立先进典型,推广成果经验,营造良好氛围,推动大学生就业指导网络化模式建设工作向更高层次和更高水平发展。

(二)完善大学生就业指导网络化模式内容

目前,我国高校普遍建立了大学生就业指导信息网站。因受学校层次、类别、属性、所处地域和学校人才培养模式等综合因素的影响,大学生就业指导网络化模式内容参差不齐,当然效果也存在着较大的差别。一般情况下,大学生就业指导网络化模式可分为就业指导、就业服务和就业管理等模块,主要内容包括就业指导机构简介、招聘信息、生源信息、就业动态、就业指导、职业测评、就业教育、创业教育、就业政策、网站链接、网络职前教育课堂、视频课件、文件下载等。绝大多数高校的就业信息网站内容相对丰富和实用，标题清楚明晰，能在一定程度上满足大学生对就业指导的需求。但从总体上看，高校的就业信息网站尚有诸多待充实和完善的地方，模块单一、内容陈旧、方式趋同、更新速度和频率缓慢等问题依然不同程度地存在，不能有效满足大学生日益增长的深层次需求，需要进一步规范和提升。关于大学生就业指导网络化模式内容，有学者做过专门的统计（见表5-2）。

表5-2　大学生就业指导网络化模式主要内容①

类别	项目	主要内容
就业指导	技巧指导	就业指导、职业测评、职场攻略、就业指南、就业措施、求职技巧、签约须知、常见问题、经验教训、求职顾问、指点迷津
	政策分析	政策法规、就业形势、就业前景、就业分析、就业动态、就业机构、热点关注
	其他	就业手续、就业实训、成功案例、就业指导资料、名家职场箴言
就业服务	信息平台	个人求职、人才自荐、在线简历、考务信息、信息反馈、教育部通知、供需见面会、用人单位招聘信息发布栏、最新咨询
	网络服务	在线指导、资源下载、媒体链接、网上调查、信息系统、网上咨询、网站介绍、就业咨询信箱、就业网址
	其他	心理驿站、学生服务、企业服务、就业讲座、出国留学、考研之路、公务员专题、就业工作问答、就业论坛
就业管理	学生管理	毕业生推荐、毕业生信息、生源介绍、学子风采、人才库、优秀毕业生、毕业生管理
	用人单位信息管理	用人单位信息、单位信息库
	自身建设	工作动态、就业档案专业介绍、毕业生就业率、留言簿、管理工作、就业杂志、工作简报、就业工作通讯

在当前就业形势复杂严峻，就业压力凸显的大环境下，完善大学生就业指导网络化模式内容，有利于大学生了解和熟悉网络化就业指导，提高就业网站的利用效率；有利于大学生了解和掌握最新的就业指导资讯，获取有价值的就

①　肖建彬、杨帆：《关于我国高校利用网络进行就业指导的调查研究》，《高教探索》2005年第5期。

业信息;有利于大学毕业生与用人单位相互交流,方便双方双向选择。高校应根据国家现行的就业政策和形势,结合本校的特色和实际,进一步完善就业指导网络化内容,建立相应的模块,及时补充、添加和更新相关的内容(如最新的就业政策、就业形势、基层就业、出国就业、创新创业教育、应征入伍、公务员考试专题、就业教育、网上就业指导课程、远程面试系统、电子简历、职前网络教育课堂、分类指导、职业发展、职业适应、择业期内就业手续办理、超过择业期的就业手续办理、择业心理调适、权益保护、就业援助、特殊就业困难群体指导等),对一些过时、陈旧的内容(如往届生源信息、变化了的就业流程、过期的文件和用人单位招聘信息等)进行合并、调整和删除,使就业指导网站内容始终保持常新状态。

(三)整合网络资源,实现信息共享

早在 2002 年,教育部就明确提出"大力加强高校毕业生就业工作的信息化建设。信息化既是高校毕业生就业的工作目标也是重要的工作手段。要加大投入,抓紧进行就业信息网络化建设,努力实现资源共享"。① 经过十多年的不断发展和完善,高校网络化普及程度越来越高,大学生就业指导信息共享已成为未来开展大学生就业指导的主流趋势。就目前情况看,大学生就业指导网络化资源整合力度有待加强,就业信息共享程度还需要进一步提高。

例如,一些高校建立的就业信息网站,只对本校大学生开放,外校大学生无法进入;各类人才交流中心和社会职业介绍机构的网站实行收费登录;各级政府就业指导职能部门因为利益冲突,就业信息不能互联互通;等等。由于就业信息不畅通和不对称,出现用人单位招聘不到合适的毕业生,毕业生找不到适合的职业岗位的尴尬局面。为此,教育部指出:"要大力推进就业信息化建设,建立健全统一、规范的信息标准。2012 年 7 月前要全面推广使用'全国大学生就业信息服务一体化系统',积极探索使用手机信息报、微博等新媒体手段,建立和完善高校毕业生就业供求信息共享机制。"② 目前,全国有 31 个省

---

① 《教育部关于进一步加强普通高等学校毕业生就业指导服务机构及队伍建设的几点意见》(教学〔2002〕18 号),2002 年 12 月 31 日。

② 《教育部关于做好 2012 年全国普通高等学校毕业生就业工作的通知》(教学〔2011〕12 号),2011 年 11 月 10 日。

级就业网站完成嵌入,75 所部属高校和其他绝大部分高校在学校就业网站嵌入"全国大学生就业一站式服务系统"。2015 年,教育部要求:"各地各高校要充分利用'互联网+'技术,根据毕业生需求,将他们的求职意愿与用人单位岗位相对接,实现智能化供需匹配,为毕业生精准推送就业岗。广泛利用手机等移动终端,开展订制服务,为毕业生'送岗位、送政策、送指导',实现就业服务个性化、信息化。"①

2011 年以来,教育部大力整合网络资源,不断完善网络服务体系,建立并完善全国大学生就业公共立体化平台,努力实现信息共享。为进一步整合网络资源,教育部每年积极会同工业和信息化部、商务部、国务院国有资产监督管理委员会等部门举办近三十场全国性大型网上招聘活动,提供就业岗位信息三百余万条。连续举办全国中小企业网上百日招聘高校毕业生活动、全国民营企业招聘周活动,为中小、民营企业吸纳毕业生牵线搭桥。自 2011 年至今,连续四年举办国有企业面向新疆、西藏、青海少数民族毕业生双向选择洽谈会。

在享受网络快捷方便的同时,笔者也发现一些问题。基于网络的虚拟性和不可控因素,高校在开展网络化就业指导时,要引导大学生重点了解以下就业指导信息网站的一些常识问题。

合法:选择的就业信息网站是个人网站、私立机构网站,还是政府、高校、社会团体的公益性就业指导网站? 是不是合法的网站? 有无资质?

专业:网站提供的就业信息资讯或职业测评、咨询、指导等内容是否科学、客观? 是否真实、可信? 提供者的专业资历和业务水平如何?

内容:网站提供的就业信息内容是否能够在一定程度上满足大学生的实际需求? 是否保持常新的状态? 更新的周期是多长时间?

方便:网站的网页是否吸引人? 登录者是否能方便、快捷地登录、使用网站,并获取有利用价值的信息?

安全:登录者发布的个人信息资料是否安全? 电话、邮箱、地址、专业、性

---

① 《教育部关于做好 2016 届全国普通高等学校、毕业生就业创业工作的通知》(教学〔2015〕12 号),2015 年 11 月 27 日。

别等个人基本信息是否能切实得到保护?

倾向:求职时更信任哪些网站? 对某些就业信息网站不信任的原因是什么? 你认为理想的就业指导信息网站是什么?

费用:使用网站是否免费? 如果收费,费用是不是大学生普遍能接受的合理范围? 是否有一定的优惠措施?

以上这些问题,是大学生利用网络求职择业时必须搞清楚的问题,也是创新大学生就业指导网络化模式建设工作必须要重视的问题。

在大学生就业指导网络化模式运行过程中,就政府而言,政府就业主管部门要充分利用网络方便、快捷的优势,规避一些不利因素的影响。最大限度地开放、整合网络资源,加强监管、指导和服务,做到标准统一、网络互联、信息共享、服务规范,节约人力、财力和物力的投入,提高大学生就业指导网络化模式的质量和效率。就高校而言,高校在做好本校就业指导网站建设的基础上,应加强与政府就业信息网站、各高校就业信息网站、区域、行业性就业信息网站联盟、社会知名就业信息网站、各类人才市场信息网站和职业介绍机构网站等联合,建立有效的网络链接,构建更加透明、开放、畅通的就业指导网络化模式,最大限度地实现就业指导信息资源共享,增加就业信息量,提升信息访问量,提高信息使用频率和效率,才能使更多的用人单位和毕业生登录网站和有效利用网站,方便供需双方进行双向选择。

创新大学生就业指导网络化模式是一项复杂的社会系统工程,更是事关社会经济发展和国家安全稳定的重要任务。建设高效的大学生就业指导网络化模式,提高大学生求职择业的综合素质与竞争能力,充分发挥人才资源的社会效益和经济效益,满足我国社会主义现代化建设对高素质专业人才的需要,是时代的需求,也是未来大学生就业指导网络化模式建设的发展趋势。

参考文献

一、著作

1. 胡解旺:《大学生就业报告》,中国经济出版社 2004 年版。

2. 黄才华:《大学生就业指导》,教育科学出版社 2005 年版。

3. 何品荣:《大学生职业生涯规划与就业竞争》,电子工业出版社 2010 年版。

4. 童芍素等:《面向 21 世纪高等学校德育探索》,浙江大学出版社 2000 年版。

5. 林宏平:《新世纪大学生就业指南》,上海财经大学出版社 2000 年版。

6. 张伟远:《国外职业指导》,浙江教育出版社 1991 年版。

7. 关彤:《大学生就业指导》,清华大学出版社 2010 年版。

8. 河南省教育厅学生处编:《大学生职业发展教育导论》,河南出版集团 2007 年版。

9. 马玉栋、冯峰:《谈谈大学生就业问题》,河南人民出版社 2010 年版。

10. 河南省高校就业指导统编教材:《大学生就业指导》,河南大学出版社 2010 年版。

11. 就业与创业课题研究组编:《大学生就业指导》,北京出版社 2008 年版。

12. 赵国运:《大学生就业指导》,电子科技大学出版社 2009 年版。

13. 高桥、王辉:《大学生职业发展与就业指导教学指南》,中国出版集团现代教育出版社 2008 年版。

14. 冀学锋:《大学生求职择业指导》,湖南师范大学出版社 2006 年版。

15. 高校教材编委会:《大学生就业指导》,吉林大学出版社 2006 年版。

16. 张光辉、高耀明:《高校就业指导模式研究》,学林出版社 2009 年版。

17. 罗明忠:《大学生就业指导》,暨南大学出版社 2008 年版。

18.《马克思恩格斯全集》,人民出版社 1982 年版。

二、期刊论文

1. 廖泉文:《职业生涯发展的三、三、三理论》,《中国人力资源开发》2004 年第 9 期。

2. 郭江平:《全程化就业指导模式探析》,《韶关学院学报》2004 年第 2 期。

3. 郭江平:《增强大学生就业指导的针对性和实效性》,《理工高教研究》2004 年第 2 期。

4. 冯峰:《略论大学生职业发展教育的"五个"转变》,《继续教育研究》2014 年第 10 期。

大学生就业指导模式研究

5. 杜月菊:《高职院校职业指导工作的实践探索》,《教育与职业》2007 年第 15 期。

6. 高晓琴:《大学生就业指导工作的现状分析》,《南京林业大学学报》2005 年第 4 期。

7. 邢于仓、柳国强:《创业教育与职业教育的关系》,《社会科学论坛》2005 年第 2 期。

8. 孙彬、刘浩:《高校就业指导工作的现状与就业指导模式的创新》,《职业教育研究》2007 年第 12 期。

9. 刘喆:《大学生职业发展教育工作体系创新研究》,《理论月刊》2007 年第 5 期。

10. 尚利花:《高等学校就业指导实践模式的思考》,《人力资源管理》2010 年第 8 期。

11. 张光辉:《高校就业指导理想模式的构建》,《煤炭高等教育》2010 年第 4 期。

12. 莫丽雯:《浅谈我国高校就业指导模式的改革与创新》,《商业时代》2010 年第 28 期。

13. 张玉婷:《创新高校自助式就业指导模式》,《中国校外教育》2009 年第 3 期。

14. 陈霖:《构建全程化阶段式就业指导工作模式的探讨》,《中国医药导报》2010 年第 2 期。

15. 戴雪飞:《研究生就业指导与服务模式的发展和完善》,《教育探索》2009 年第 9 期。

16. 张雪黎:《构建以职业生涯规划指导为核心的高职生全程化就业指导模式》,《职业时空》2009 年第 1 期。

17. 吴刚:《独立学院大学生发展性就业指导模式的构建》,《江苏高教》2009 年第 2 期。

18. 王波:《论全程就业教育理念下高校就业指导模式的转型》,《福建论坛》(社科教育版)2008 年第 12 期。

19. 傅新华:《高校学生就业指导新模式的探索》,《中国成人教育》2008 年第 22 期。

20. 田一:《求知、求实:创新就业与创业指导模式》,《辽宁教育研究》2008 年第 4 期。

21. 韩丹:《职业生涯辅导及对大学生就业指导工作的启示》,《职教论坛》2004 年第 4 期。

22. 陈增寿、赵小萍:《国内外大学生就业指导工作比较研究》,《教育理论》2004 年第 4 期。

23. 王保义:《中美大学生就业指导模式比较研究》,《现代教育科学》2004 年第 1 期。

24. 年大琦:《加强高校毕业生思想政治教育对策研究》,《高教论坛》2008 年第 10 期。

25. 任经辉:《关于毕业生思想政治教育的思考》,《学校党建与思想教育》2006 年第 8 期。

26. 刘俊峰:《试论大学生就业指导中的思想政治教育机制》,《吉林师范大学学报》2007 年第 6 期。

27. 刘卫华:《关于高校就业指导中的思想教育策略》,《职业教育研究》2005 年第 6 期。

28. 黄昌建:《高校全程化就业指导模式构建研究》,《西南农业大学学报》2003 年第 2 期。

248

问卷 1:大学生就业指导机构及
工作内容现状调查

(高校就业指导主管部门填写)

尊敬的领导:您好!

首先,感谢您接受问卷调查。为分析并了解大学生就业指导模式现状并研究相应对策,特组织本次问卷调查。问卷中的问题和观点没有对错之分,请按真实情况和想法如实填写。笔者将严格遵守相关法律和规定,保证您提供的资料信息保密和不被非法利用。

谢谢您的支持与合作!

学校名称:_____

学校层次:□本科　　□专科

学校类别:□理科　　□文科　　□工科　　□医学　　□农学　　□师范

学校属性:□部属　　□地方

一、就业指导机构建设

1.职能部门设置

职能部门:□有　　□无

隶属部门:□学生处　　□招生就业处　　□教务处　　□其他:____

2.办公场地　总用房面积:_____ m²

□专门办公室　　□就业指导教研室　　□职业咨询室

□信息查询室　□档案室　□招聘会议室　□接待洽谈室　□其他_____

3.人员配备　总人数_____人

专职人员　_____人　兼职人员　_____人

取得就业指导相关资格证　_____人　心理咨询师　_____人

专兼职人员与学生比例　1：_____专兼职人员比例　1：_____

年龄构成　□20—30 _____人　□31—40 _____人　□41—50 _____人
□51—60 _____人

从业时间　□1 年_____人　□1—3 年_____人　□3—5 年_____人
□5—10 年_____人　□10 年以上_____人

二、就业教育

1.就业观念教育

□世界观　□人生观　□价值观　□就业心理教育　□择业观　□就业观　□成才观　□创业观

2.基层就业教育

□无　□有

主要形式:□讲座　□报告会　□课堂教授　□其他:_____

授课老师:□专职　□兼职　□外聘　□就业主管部门人员　□政工干部　□其他:_____

3.创业教育

□无　□有

主要形式:□讲座　□报告会　□课堂教授　□其他:_____

授课老师:□专职　□兼职　□外聘　□就业主管部门人员　□企业高管　□其他:_____

4.毕业见习教育

□无　□有

主要形式:□见习前集中讲授　□就业指导课程中讲授　□领导讲话

5.职业素质教育与培训

□无　□有

职业素质教育内容:＿＿＿＿＿＿＿＿＿＿＿＿

职业素质培训内容:＿＿＿＿＿＿＿＿＿＿＿＿

是否组织相关证书考试:□无　□有

授课老师:□专职　□兼职　□就业主管部门人员　□其他:＿＿＿＿＿＿

6.思想政治教育

□无　□有

主要形式:□讲座　□报告会　□课堂教授　□其他:＿＿＿＿＿＿

三、就业服务主要内容

1.就业市场服务

场地:□无　□有　面积:＿＿＿＿＿＿m^2

本校双选会:　□无　□有　规模:□全校型　□院(系)型　□专场招聘

校际双选会:　□无　□有　方式:□主办型　□参与型

2.就业信息服务

信息网站:　□无　□有

嵌入教育部"大学生就业一站式服务系统"□是　□无

网站功能(可多选):□政策发布　□信息共享　□网上招聘　□远程面试　□职业规划引导　□择业指导咨询　□在线课程　□生涯档案管理　□网络职业测评　□网络职业咨询　□就业指导信息化

3.测评与咨询服务

开展测评服务:□无　□有　测评软件:□无　□有

职业测评软件:名称1＿＿＿＿＿＿;名称2＿＿＿＿＿＿

开展咨询服务:□无　□有

咨询人员:□专业＿＿＿＿人　□兼职＿＿＿＿人

咨询内容:　□求职就业技巧　□就业心理　□专业分析　□行业发展

职业测评室:　□无　□有　专业测评人员:□无　□有

测评报告解析:□无　□有

4.就业手续办理

□就业服务手册发放　□了解就业政策　□了解就业协议书、报到证、户口、档案及人事代理办理程序

5.就业困难群体帮扶

帮扶类型:□困难家庭　□长线专业　□少数民族　□女毕业生　□残疾毕业生

提供的帮扶服务(可多选):□重点指导　□重点培训　□重点推荐　□人文关怀

6.就业维权

□宣传展板　□专题讲座　□网络宣传　□法律咨询支持　□其他

7.就业工作宣传

宣传主题:□就业创业　□工作经验　□先进经验　□先进典型

宣传形式:□典型人物报告会　□专题讲座　□到企业参观　□就业信息网站

四、急需解决的问题

1.软硬件建设

□领导全力支持　□机构到位　□场地到位　□人员到位

2.就业指导队伍

就业服务:□服务模式化　□服务体系化　□服务规范化　□信息服务化

就业教育:□职业发展全程化标准模式　□大学生创业教育师资培训　□就业课程体系模式　□就业教学信息平台

就业科研:□无科研带头人　□无科研规划　□缺乏校科研经费支持　□缺乏校方政策支持

培训师资:□业务培训制度化　□经验交流经常化　□一线就业指导人员稳定化

专职人员:□专业化　□职业化　□专家化　□信息化

3.就业经费(可多选)

经费划拨:□无计划　□有计划　□按教育部规定的比例划拨　□划拨

但数额不够

　　经费落实:□无法真正落实　□真正落实

　　经费使用:□经费使用合理　□经费使用不合理

五、您认为贵校大学生就业指导模式趋向于哪种类型?

　　□管理型　□指导型　□服务型　□其他

问卷2:大学生就业指导课程
开设及教学现状调查

（高校就业指导主管部门填写）

尊敬的领导:您好!

首先,感谢您接受问卷调查。为分析并了解大学生就业指导模式现状并研究相应对策,特组织本次问卷调查。问卷中的问题和观点没有对错之分,请按真实情况和想法如实填写。笔者将严格遵守相关法律和规定,保证您提供的资料信息保密和不被非法利用。

谢谢您的支持与合作!

学校名称:＿＿＿＿＿＿＿＿＿＿＿

学校层次:□本科　　□专科

学校类别:□理科　　□文科　　□工科　　□医学　　□农学　　□师范

学校属性:□部属　　□地方

一、教学师资情况

1.专职教师情况＿＿＿＿＿人

学历构成:□本科＿＿＿＿＿人　□研究生＿＿＿＿＿人

职称构成:□高级＿＿＿＿＿人　□中级＿＿＿＿＿人　□初级＿＿＿＿＿人

专业构成:□思政＿＿＿＿＿人　□"两课"＿＿＿＿＿人　□心理学＿＿＿＿＿人　□人力资源＿＿＿＿＿人　□管理学＿＿＿＿＿人　□行政管理＿＿＿＿＿人　其他专业:①＿＿＿＿＿　②＿＿＿＿＿　③＿＿＿＿＿　④＿＿＿＿＿

从业年限:□1年内＿＿＿＿＿人　□2—3年＿＿＿＿＿人　□3—5年＿＿＿＿＿人

□5—10 年_____人 □10 年以上_____人

2.兼职教师情况_____人

学历构成:□本科_____人 □研究生_____人

职称构成:□高级_____人 □中级_____人 □初级_____人

专业构成:□思政_____人 □"两课"_____人 □心理学_____人
□人力资源_____人 □管理学_____人 □行政管理_____人 □其他:
_____

从业年限:□1 年内_____人 □2—3 年_____人 □3—5 年_____人
□5—10 年_____人 □10 年以上_____人

3.就业指导教师教育背景(最后学历)

□思政_____人 □"两课"_____人 □心理_____人 □人力资源
_____人 □管理学_____人 □行政管理_____人 □教育学_____人
□其他:_____

4.就业指导教师接受培训情况

□没有接受过任何培训 □接受过就业指导培训 □接受过学校组织的
培训 □外出学习、进修过就业理论

二、课程建设

1.就业指导课程主要教学形式

□传统课堂教学 □学校网络就业指导课堂 □就业专题讲座 □走出
学校参观 □请企业高管与大学生交流 □请企业 HR 做职业分析 □请往
届毕业生谈职业素质 □看电教资料片 □职业素质拓展训练 □团体就业
辅导 □模拟求职招聘

2.开设课程信息

课程名称	学时	类型	开课学期	授课教师
1		□选修□必修	□大1□大2□大3□大4□大5	□专职 □兼职
2		□选修□必修	□大1□大2□大3□大4□大5	□专职 □兼职
3		□选修□必修	□大1□大2□大3□大4□大5	□专职 □兼职

3.就业指导教材

□有自编讲义　□有本校编写的正式出版的教材　□使用正式出版的省统编教材　□准备编写讲义　□准备出版正式教材

4.全程化的就业指导课程建设

□对全程化就业指导内容比较了解　□对全程化就业指导内容不了解

□已经开展全程化就业指导　□准备开展全程化就业指导

□进行全程化就业指导缺少科学的教学模式　□进行全程化就业指导缺乏组织机构

□进行全程化就业指导缺乏专业教材　□进行全程化就业指导缺乏专业师资

5.就业指导教学备课参考资料

□互联网　□省统编教材　□校统编教材　□报纸期刊　□音像资料□其他:_____

6.就业指导研究

撰写论文,出版教材情况:

□撰写论文_____篇,其中,正式发表_____篇;会议交流_____篇;

□教材撰写_____部,其中,正式出版_____部,主编_____部,参编_____部。

主持(参加)课题情况(共_____项):

□承担课题_____项;其中,主持_____项;参加_____项;已经完成_____项。

科研获奖情况(共_____项):

□国家级_____项　□省(部)级_____项　□厅级_____项□校级_____项

三、就业指导课程质量评价

学生需求	教学目的	就业指导实际效果	影响就业指导课程质量的原因
□未满足 □基本满足 □满足 □完全满足	□未实现 □基本实现 □完全实现	□差 □一般 □良好 □优秀	□师资不足　□单纯为完成教学任务　□课程内容枯燥、空洞　□教学方法效果差　□课程不能有效满足大学生的实际需求　□不能解决大学生的就业问题　□指导教师水平差　□课时严重不足

四、您认为现在学校的大学生就业指导课程教学存在哪些主要问题（就业主管部门根据学校情况写）

问卷 3:大学生就业指导现状及需求调查

（大学生填写）

亲爱的同学:

您好! 十分感谢您在紧张的学习生活中接受问卷调查。这是一份关于大学生就业指导模式现状及需求的调查问卷。调查结果仅作为加强和促进高校大学生就业指导模式建设研究之用,以提升大学生就业指导的质量和效果。请您放心填写。问卷内容分为自己填写和单选部分,自己填写部分请您认真填写,单选部分您只须在所选项前打"√"。您所选择或填写的答案没有对错之分,请您抽出宝贵时间填写问卷。

谢谢! 祝您未来的职业发展之路一帆风顺!

学校名称:＿＿＿＿＿＿＿＿＿＿

学校层次:□本科　□专科

学校类别:□理科　□文科　□工科　□医学　□农学　□师范

学校属性:□部属　□地方

一、学生基本信息

性别:□男　□女

专业类别:□理科　□工科　□文科　□农业　□医科　□师范

家庭所在地类型:□城市　□乡镇　□农村

学历层次:□本科　□专科

二、对学校就业指导的了解情况

1.对学校就业指导机构以及服务的了解

□非常了解　□比较了解　□一般　□了解一点　□不知道

2.对学校提供就业指导的调查

□非常了解　□比较了解　□一般　□了解一点　□不知道

3.对学校就业信息资源获取方式的调查

□非常了解　□比较了解　□一般　□了解一点　□不知道

4.对学校发布就业信息渠道的调查

□非常了解　□比较了解　□一般　□了解一点　□不知道

5.享受过学校提供的就业指导

□无　□有

6.对学校就业指导内容的了解调查(可多选)

□提供单位用人信息　□职业测评服务　□就业指导课程　□就业政策咨询　□就业心理辅导　□思想政治教育　□就业技巧指导　□就业程序咨询　□其他

7.对学校就业指导的总体评价

□很满意　□较满意　□一般　□较不满意　□不满意

三、职业测评调查

1.你了解职业测评吗?

□非常了解　□了解　□了解一点　□不了解

2.你是否对自己进行过职业测评?

□进行过　□没有进行过　□不清楚什么是职业测评

3.对所使用的职业测评软件的了解

□北森的朗途职业规划系统软件　□飞途职业测评系列软件　□学校自己开发的测评软件

4.你是否希望在就业前进行全面的职业测评,以了解自己的职业兴趣、性格特点和能力现状?

□非常希望　□不希望　□没有考虑过

5.对于职业测评的结果,你是如何处理的?

□完全相信　□完全不信　□仅做一般参考　□做重要参考

6.对职业测评报告,你需要解析吗?

□非常需要,不能完全看懂　□不需要,自己可以看懂　□没有考虑过

7.你认为职业测评对自身职业定位重要吗?

□非常重要　□重要　□不重要,可有可无　□一点没有必要

四、就业指导课程调查

1.你认为就业指导课应该从大几开始?

□大1　□大2　□大3　□大4　□大5

2.学校开设就业指导课情况

□无　□有

3.学校开设就业指导课数量

□1门　□2门　□3门　□4门　□5门

4.你喜欢的就业指导课开课形式(可多选)

□各院(系)上大课　□面向全校学生的专题讲座　□全校任选课　□小班上课　□必修课

5.你喜欢的教学方法(可多选)

□照本宣科　□师生互动　□案例教学　□专题讲座、报告

□请校友做讲座　□走出校门参观企业　□请企业家作专题报告

6.你喜欢的就业指导课内容(可多选)

□职业生涯规划　□择业心理　□就业法规　□面试技巧　□思想政治教育　□简历、求职书写作技巧　□创业教育　□职业发展理论　□专业分析　□职业分析

7.你认为学校就业指导课的效果

□非常好　□一般　□效果不好　□差

8.你认为就业指导与未来职业发展有关系吗?

□关系很大　□有一定关系　□关系不大　□没有关系

9.就业指导课的内容是否和你的需求一致

□一致　　□不一致　　□基本一致　　□相差较大

10.学校开设就业指导课对大学生就业的帮助

□帮助很大　　□帮助较大　　□一般　　□帮助较小

11.就业指导课对帮助你了解所学专业发展前景的程度

□很有帮助　　□有一定的帮助　　□一般　　□没有帮助

五、就业准备调查

1.就业途径选择调查

□先就业再择业　　□先择业再就业　　□自主创业　　□合伙创业　　□暂时
没有考虑

2.首选就业单位类型

□机关　□科研设计单位　□高等教育　□中初教育　□医疗卫生单位
□事业单位　□科研助理　□国有企业　□三资企业　□其它企业　□部队
□国家基层项目　□地方基层项目　□农村建制村　□城镇社区　□自主创
业　□自由职业　□其他灵活就业　□出国、出境　□其他

3.毕业前应该重点积累和准备什么(可多选)

□外语4/6级证书　□辅修第二专业　□职业素质培训　□社交、礼仪
培训　□社会实践

4.就业地域选择

□国外　□京/津/沪/渝　□沿海开放城市　□内地省会城市
□中小城市　□急需人才的边远/农村地区　□其他

5.工作后收入期望值

□1000元以下　□1000—1500元　□1500—2000元　□2000—2500元
□2500—3000元　□3000—3500元　□3500元以上

6.你认为影响就业成功的主要因素是(可多选)

□就业指导　□兼职经历　□社会实践　□各种证书　□专业学习　□
就业信息充足　□学校知名度　□校园文化　□自身综合实力

7.你知道如何进行职业定位吗?

□不能　　□自己不能,需要老师协助　　□可以自己完成

8.你知道如何进行职业探索和体验吗?

□不能　　□自己不能,需要老师协助　　□可以自己完成

9.你对就业的基本程序了解吗?

□了解　　□比较了解　　□不了解

10.在选择职业时,你考虑最多的是什么?（可多选）

□兴趣爱好　　□薪水高低　　□发展空间　　□工作稳定性　　□专业对口
□其他

11.你认为在求职择业的过程中,下列哪些因素的作用更重要(可多选)

□学校提供的就业信息　　□个人的努力　　□媒介信息获取　　□亲戚朋友
的引荐　　□其他

12.在求职前,你都做哪些准备工作?（可多选）

□制作简历和求职信　　□了解求职面试技巧　　□进行自我探索,了解自
己适合什么职业　　□对选择的职业进行职业分析　　□参加职业测评,进行职
业定位　　□参加职业技能培训　　□进行相关职业咨询

13.你认为哪种求职渠道最有效?（可多选）

□到人才市场　　□朋友介绍　　□学校双选会　　□招聘网站　　□父母　　□
上网发信息　　□参加各种招聘会　　□朋友　　□其他

14.实现就业的关键因素

□国家的整体就业形势　　□自身综合实力　　□社会关系　　□经济条件

15.你知道职业生涯规划的基本程序吗?

□知道　　□知道一点,希望知道得更多一些　　□不知道,希望知道　　□没
有考虑过

16.你是否有未来三到五年的职业目标?

□有　　□不太确定　　□没有　　□没有考虑

17.你认为用人单位对大学生看重什么?（可多选）

□专业　　□学校的知名度　　□能力　　□学历　　□思想政治素质　　□兼职
经历　　□工作经验　　□其他

18.你在求职时遇到问题会寻求哪种帮助?

□老师　□父母　□亲朋好友　□专业咨询机构　□自己决策　□就业信息网站

六、针对学校的大学生就业指导模式建设工作,请提出你的建议。

附录 2

河南省普通高等学校毕业生就业工作
评估指标体系及评分标准^①（试行）

一级指标	二级指标	三级指标	主要评估内容	评分标准	评估方法	得分
组织领导18分	战略规划6分	学校整体发展规划（3分）	就业工作纳入学校整体发展规划，学校毕业生就业工作思路清晰	就业工作纳入学校整体发展规划，1分； 把就业工作纳入学校年度重点工作，1分； 确定学校就业工作的基本方针、目标任务、工作重点及实施措施，1分	查阅学校发展规划或年度工作计划，听取校领导情况介绍	
		"以就业为导向"的相关政策（3分）	制定与就业工作挂钩的相关政策，并认真贯彻实施	学校在专业设置、招生计划制定、学校发展规划等方面制定与就业工作挂钩的相关政策，1.5分； 就业机构人员参与讨论和研究教学改革方案、专业设置和年度招生计划等重大事项，1.5分	查阅有关文件、领导批示及会议记录，座谈或访谈	
	机构设置5分	学校毕业生就业工作领导机构（2分）	机构健全，分工明确，措施得力	成立校毕业生就业工作领导小组，1分； 校毕业生就业工作领导小组每年研究、部署毕业生就业工作不少于2次，能及时解决就业工作中出现的重大问题，1分	查阅相关文件及会议记录等	
		学校毕业生就业工作机构（3分）	校级毕业生就业工作机构健全，工作人员岗位职责清晰	成立校级毕业生就业工作机构，2分； 就业工作人员岗位明确，职责清晰，分工合理，1分	查阅相关文件及会议记录等	

---

① 资料来源：《河南省普通高等学校毕业生就业工作评估工作指南（试行）》，2010—04—16。

一级指标	二级指标	三级指标	主要评估内容	评分标准	评估方法	得分
组织领导18分	领导重视3分	学校领导重视（2分）	实施"一把手工程"，将就业工作列入学校重要工作日程	学校主要领导重视，深入实施"一把手"工程,1分；将就业工作列入学校工作重要议事日程,学校领导定期研究就业问题,1分	查阅相关文件及会议记录等	
		院系领导重视（1分）	院系"一把手"重视，成效显著	院系"一把手"高度重视毕业生就业工作,定期召开会议,研究、部署毕业生就业工作,1分	查阅会议记录及工作档案	
	制度建设4分	工作制度（3分）	工作制度健全	学校制定就业管理工作制度,2分；学校就业专职工作人员工作时间、工作内容、工作职责明确,工作方法得当,工作效率较高,勤政廉政,1分	查阅相关文件	
		奖惩制度（1分）	就业工作奖惩制度健全	建立就业工作奖惩制度,每年定期对院（系）就业工作进行检查考核1次以上,1分	查阅相关文件	
基本条件22分	队伍建设9分	人员配备（4分）	学校就业工作职能部门专职工作人员数与毕业生数比例	学校就业工作职能部门专职人员数与毕业生数比例≥1∶500,4分	查阅人事档案和相关文件	
		学习、培训（2分）	定期组织就业专（兼）职工作人员参加学习、培训	每年在校内组织不少于1次的就业工作人员学习培训,1分；评估年内组织就业专（兼）职工作人员参加国家、省组织的就业工作人员学习培训不少于1次,1分	查阅工作档案和培训计划	
		学历、职称（3分）	学历、职称结构合理，能够满足学校就业工作需要	学校就业专职工作人员具有本科以上学历或具有中级以上职称,0.5分；学校就业专职工作人员具有相关职业资格证,0.5分；将高校毕业生就业指导列入职称设置范围,2分	查阅人事档案,相关文件及资格证书	

续表

一级指标	二级指标	三级指标	主要评估内容	评分标准	评估方法	得分
基本条件 22分	经费投入 3分	经费预算（3分）	就业工作列入学校当年经费预算	就业工作经费总额不少于本年度全校学生应交学费的1%，3分	查阅当年学校财务预、决算	
	设施设备 10分	工作场所（3分）	学校设有独立常设工作场所	学校设有独立、常设的招聘、洽谈接待场所，档案室，职业咨询、信息查询、职业指导教研室等办公场所，3分	实地考察	
		办公设备（1分）	配备确保就业工作正常运转的办公设备	配备计算机（专职人员人均1台）、多媒体等主要办公设备，1分	查阅固定资产档案，实地考察	
		信息网（4分）	开通就业网，有独立的网站、网址，并充分发挥作用	有独立就业网站、网址，1分；具有信息共享、政策发布、网上招聘、远程面试、指导咨询等网络功能，1分；加入网站联盟，与国家和省毕业生就业信息网互联互通，实现资源共享，1分；配备专人负责及时维护就业网信息，1分	实地、网上考察	
		学生用设备（2分）	学校就业服务机构配备满足毕业生就业需要的计算机和视频等设备	用于毕业生就业信息查询、网上"双选会"的计算机和视频设备，1000人以下不少于10台电脑、10套视频设备，1000人以上每增加200人增加1台电脑、1套视频设备，2分	实地考察	
指导服务 22分	就业指导 13分	就业指导课（6分）	就业指导课程建设完备	列入学校必修课教学计划，2分；学时不少于38个学时（其中创业教育不少于8学时，学分不少于2分），1分；配备优秀就业指导课专职教师队伍，1分；重视就业指导课程建设，以国家或省统编教材作为就业指导课的基础教材，教学大纲、教案等材料完备，1分；课堂效果明显，1分	查阅有关文件、教学计划、课程表、教案，现场听课，座谈	

一级指标	二级指标	三级指标	主要评估内容	评分标准	评估方法	得分
指导服务22分	就业指导13分	思想教育（2分）	开展多种形式的思想教育活动	对学生开展世界观、人生观、价值观、就业观、择业观、创业观和诚信教育，1分；开展毕业生文明离校教育活动，1分	查看相关材料	
		专题讲座（1分）	举办专题讲座、报告	根据当年的就业形势和学生需求举办讲座。邀请有关领导、专家、学者、校友等作专题讲座或报告，1分	查阅资料、走访、座谈	
		日常咨询服务（2分）	开展就业咨询服务，开展困难家庭学生就业帮扶工作	开展就业、创业咨询服务，工作记录完备，1分；开展困难家庭学生就业帮扶工作，措施得力，档案翔实，效果明显，1分	座谈、查看工作档案、问卷	
		职业指导教研活动（2分）	开展职业指导教学和科研活动	安排教学和实训等活动，0.5分；对学生开展职业生涯发展和创业教育，0.5分；开展职业指导经验总结、学术交流、理论探讨等活动，每年在省级以上期刊上发表论文不少于1篇，1分	查看相关资料	
	市场开拓6分	市场开拓（1分）	学校制定毕业生就业市场开拓计划	学校制定考察市场、进入市场、占有市场等计划，0.5分；措施得力，效果明显，0.5分	查阅工作档案	
		就业推荐（1分）	客观、翔实推荐毕业生	通过校园双选会等活动推荐毕业生，0.5分；通过发放毕业生生源、毕业生就业推荐表等材料推荐毕业生，0.5分	查阅资料、实地考察	

续表

一级指标	二级指标	三级指标	主要评估内容	评分标准	评估方法	得分
指导服务22分	市场开拓6分	毕业生就业见习基地和创业孵化基地建设（2分）	学校积极建立毕业生就业见习基地和创业孵化基地，推行和完善"双证书"制度	建立能够满足毕业生需求的就业见习基地，本科院校1.5分，高职院校1分；积极建立大学生创业孵化基地或加强与校外各类创业孵化基地的联系与合作，0.5分；高职院校积极推行"双证书"制度，毕业生持"双证书"达80%以上，0.5分	查阅协议、考察、走访等材料	
		学校毕业生就业双选活动（2分）	学校双选活动制度健全、管理规范、成效明显	学校双选活动制度健全，0.5分；学校举办双选活动申报、筹备、召开、结果信息报送等过程规范有序，0.5分；学校双选活动无虚假招聘，安全稳定，0.5分；学校双选活动成效显著，0.5分	查阅资料、问卷调查	
	信息服务3分	信息收集、整理、发布（2分）	积极主动收集、整理、发布就业信息	学校采用多种渠道、多种形式及时收集就业需求信息，1分；整理、筛选有效信息，0.5分；及时公开发布需求信息，0.5分	查阅资料、网上调查、问卷调查	
		需求信息数量（1分）	学校为毕业生提供足够的就业需求信息数量	就业信息需求人数/毕业生总数≥1，1分	查阅资料	
规范管理18分	工作规范11分	完成任务质量（6分）	常规工作符合国家和省有关要求，准确无误	毕业生源信息、就业方案编制规范，1.5分；如实、全面、准确报告毕业生就业状况，2分；毕业生就业手续办理准确规范，1.5分；无学生因就业工作上访，1分	省毕业生就业主管部门提供，实地考察	

一级指标	二级指标	三级指标	主要评估内容	评分标准	评估方法	得分
规范管理18分	工作规范11分	完成任务时效（5分）	高效完成各项工作任务	及时上报就业进展状况,1分; 及时上报毕业生生源、就业方案等,1分; 及时办理毕业生就业手续,1分; 按时参加会议和培训,1分; 按时上报年度工作总结、工作安排及其他材料,1分	省毕业生就业主管部门提供,实地考察	
	文档管理7分	文件档案（1分）	各级就业工作文件管理规范	文件齐全,整理规范,及时归档,1分	查阅相关档案	
		毕业生档案（2分）	毕业生档案规范有序	毕业生档案材料齐全,0.5分; 毕业生档案在校期间管理规范,0.5分; 转递及时、准确,0.5分; 无毕业生自带档案现象,0.5分	查阅档案转递记录材料	
		用人单位档案（1分）	用人单位信息资料档案齐全	建立用人单位信息库,0.5分; 用人单位基本情况、需求信息、联系方式等齐全,0.5分	查看相关资料	
		信息统计档案（2分）	各种统计表准确完备,管理规范	毕业生就业率统计表、待就业率统计表、灵活就业统计表、毕业生就业进展情况数据库、以专业为统计单位的"供需比例"等各类统计表管理规范,准确完备,2分	查阅相关资料	
		其他档案（1分）	其他有关档案管理规范	毕业生推荐材料、就业协议书（聘用合同）、毕业生登记表等档案管理规范,0.5分; 年度毕业生生源情况统计表、就业情况汇总表等档案管理规范,0.5分	查阅相关档案	

续表

一级指标	二级指标	三级指标	主要评估内容	评分标准	评估方法	得分
绩效评价20分	就业率10分	初次就业率（10分）	截至9月1日学校就业率	得分为：学校初次就业率×10	省毕业生就业主管部门提供	
	满意率5分	毕业生满意率（2分）	毕业生对学校就业工作满意程度	对学校就业工作满意人数/参加抽样调查毕业生人数≥70%，2分	抽样调查	
		在校生满意率（2分）	在校生对学校就业工作满意程度	对学校就业工作满意人数/参加抽样调查学生人数≥70%，2分	抽样调查	
		用人单位满意率（1分）	用人单位对学校就业工作和毕业生满意程度	用人单位对学校就业工作满意单位数/参加抽样调查用人单位总数≥70%，0.5分；用人单位对毕业生质量满意和基本满意的人数/参加抽样调查总人数≥70%，0.5分	抽样调查	
	调研与宣传5分	调研分析（3分）	经常深入开展毕业生就业调研、分析活动	制作年度毕业生就业状况白皮书，1分；在校内开展学生就业期望、教师就业指导、专职人员管理与服务等调研活动，1分；在校外开展毕业生就业跟踪调查、用人单位走访、市场需求分析等调研活动，1分	查阅材料座谈	
		就业宣传（2分）	积极做好就业宣传工作	利用学校网站、简报、广播等途径，积极开展就业宣传工作，0.5分；每年在省、市级报纸、杂志等有关媒体发表就业工作文章2篇以上，1分；每年在省《毕业生就业工作信息》发表就业工作信息不少于3篇，0.5分	查阅相关资料	

注：提供材料必须在本轮评估周期内。

后　记

　　大学毕业生是国家宝贵的人力资源,推动大学生更高质量就业是重要的民生工程。解决好大学生就业问题,有利于国家经济建设和综合国力的提高;有利于国民素质提高和和谐社会的构建;有利于合理使用好大学生资源,充分发挥其在社会主义现代化建设中的重要作用。

　　现阶段,大学生就业问题是摆在政府、社会、高校乃至家庭面前的重要问题。加强大学生就业指导模式建设工作,创新大学生就业指导模式,需要政府、社会、高校、家庭共同努力,齐抓共管,形成合力,促进大学生成长成才。如何更好地加强就业指导模式建设,及时把握问题的前沿是关键。把握了前沿,就牵住了问题的"牛鼻子"。什么是前沿? 前沿是不断发展变化的,有的问题从前是前沿,现在解决了或发现是过时了的假问题,那就不是前沿;有的问题从前不是前沿,但经过一段时间仍然不能解决或出现了新的情况,那就有可能成为前沿。大学生就业问题的前沿是什么? 切实、有效的就业指导模式或许是不二之选"。近年来,各高校都不同程度地开展了大学生就业指导工作,纷纷建立了相应的大学生就业指导模式。但总体看来,目前我国大学生就业指导模式的理论研究与实践探索总体上起步较晚,存在各自为战的无序化发展状态,各高校的大学生就业指导模式建设工作也很不均衡,且呈现千差万别的局面。

　　高校是大学生就业指导活动的组织者和实施者,在构建大学生就业指导模式过程中,高校担负着不可推卸的责任。虽然我国众多高校、专家和学者已看到了这一问题,也进行了相应的研究和探讨,但受政策制定、经济发展、就业体制、理念等因素影响,目前,我国大学生就业指导模式建设工作与西方发达国家相比,无论从理论探讨、实践探索上,还是在持久和深入程度上,尚存在着一定的差距。例如,大学生就业指导组织模式极不均衡,就业指导课程教学模式参差不齐,就业指导运行模式发展程度不一,就业指导思想政治教育模式急需完善,就业指导网络化模式有待提高等,决定了我国的现行的大学生就业指导模式仍处于探索和整合阶段,越来越满足不了大学生日益增长的就业指导需求。即便如此,我们应该看到,在党中央、国务院的高度重视下,大学毕业生就业工作迎来了前所未有的机遇。一是国家坚持扩大就业发展战略。把稳定和扩大就业作为经济运行合理区间的下限,以稳增长促就业,把就业创业作为经济增长的新引擎,并将建立公共投资和重大项目建设带动就业评估机制,同等条件下对创造就业岗位多、岗位质量好的项目优先安排。二是服务业发展模式和业态将进一步创新。国家将支持发展商业特许经营、连锁经营,大力发展金融租赁、节能环保、电子商务等生产性服务业和旅游休闲、健康养老、家庭服务等生活性服务业,提高服务业就业比重。加快推进农业现代化,加快转变农业发展方式。这些都为吸纳高校毕业生就业创业提供了更多机会。三是经济发展转方式、调结构将进一步有利于大学生就业。在转方式、调结构进程中,战略性新兴产业、先进制造业、高新技术产业、智力密集型产业大发展对高校毕业生就业将产生重要的拉动作用。四是大众创业、万众创新的新浪潮将进一步带动就业。国家相继出台了一系列促进大学生创新创业的政策举措,积极引导大学生投身大众创业、万众创新,这为大学生自主创业并带动更多大学生就业创造了良好条件。五是高校超前部署人才培养结构和规模,更加适应经济社会发展需要。高校将及时根据经济社会发展和产业结构调整的需要,进一步深化高等教育综合改革,认真做好相关专业人才需求预测,超前部署,快速反应,努力提高人才培养质量,从而进一步增强学生的就业竞争力和创业能力。

在经济发展新常态背景下,高校以党和政府高度重视大学生就业工作为契机,根据国务院《关于进一步做好新形势下就业创业工作的意见》的要求,加大对大学毕业生就业创业扶持力度,细化完善政策措施,优化大学毕业生就业创业环境。以增强大学生的就业能力为目标,主动适应经济社会发展新要求,把人才培养与社会需求紧密衔接,深化人才培养模式改革,依据社会需求调整专业结构,加快健全就业反馈机制,改进现有大学生就业指导模式的不足和缺陷,构建更加科学、合理的大学生就业指导模式,提高其科学性和针对性,从而实现大学毕业生更加充分、更高质量的就业。这是当前高校大学生就业指导的重要任务和目标,也是时代赋予我们的责任和使命。有理由相信,大学生就业指导模式建设工作必将会提到高校的重要工作日程,其理论研究与实践探索也必然会成为学术界广泛研究的重点和热点问题。

总之,笔者创新性构建"五位一体"大学生就业指导综合模式,将有助于政府制定大学生就业相关的政策和措施;有助于高校进行教育教学改革,优化高校人才培养模式,强化大学生就业指导模式在学校整体工作中的地位和作用;有助于缓解大学生就业压力,提升大学生社会适应能力,促进大学生充分就业;有助于政府、就业市场、高校形成立体化合作平台,实现高校、企业有效对接;有助于高校就业指导模式更加规范化、系统化、科学化,使大学生的基本能力和专业素质、职业技能等得到全面提升。

本书在撰写和成稿过程中,得到了华中科技大学马克思主义学院张峰教授的悉心指导和点拨,得到河南师范大学李永贤、高中建、刘怀光等专家的关心和帮助。同时,得到了河南省大中专学生就业服务中心、相关高校的大力支持。书中参考或引用了一些专家、学者的研究成果,在这里一并表示感谢。参考文献中没有提及的单位或个人,敬请谅解。

由于笔者学识、阅历和时间等原因,书中难免会出现一些错误或疏漏的地方。恳请各位专家和读者批评指正。

责任编辑:赵圣涛
封面设计:姚　菲
责任校对:吕　飞

图书在版编目(CIP)数据

大学生就业指导模式研究/冯　峰　著. -北京:人民出版社,2016.5
ISBN 978 - 7 - 01 - 015816 - 7

Ⅰ.①大…　Ⅱ.①冯…　Ⅲ.①大学生-职业选择-研究　Ⅳ.①G647.38

中国版本图书馆 CIP 数据核字(2016)第 026417 号

大学生就业指导模式研究

DAXUESHENG JIUYE ZHIDAO MOSHI YANJIU

冯　峰　著

人民出版社 出版发行
(100706　北京市东城区隆福寺街 99 号)

北京汇林印务有限公司印刷　新华书店经销

2016 年 5 月第 1 版　2016 年 5 月北京第 1 次印刷
开本:710 毫米×1000 毫米 1/16　印张:17.5
字数:280 千字　印数:0,001-3,500 册

ISBN 978 - 7 - 01 - 015816 - 7　定价:50.00 元

邮购地址 100706　北京市东城区隆福寺街 99 号
人民东方图书销售中心　电话 (010)65250042　65289539